民法典背景下
自甘风险规则研究

杨 艳 著

知识产权出版社
全国百佳图书出版单位
—北京—

图书在版编目（CIP）数据

民法典背景下自甘风险规则研究／杨艳著. —北京：知识产权出版社，2025.6.

ISBN 978-7-5130-9912-7

Ⅰ. D923.04

中国国家版本馆 CIP 数据核字第 2025LE5790 号

内容提要

本书是《中华人民共和国民法典》出台后对自甘风险规则全面研究的成果。全书共六章，依次梳理自甘风险规则演进过程，论述自甘风险规则中风险的内涵与界定方法、当事人知道及自愿接受风险的判断方法，在此基础上展开对民法典自甘风险的规范分析，并探讨我国自甘风险规则的司法适用。

本书适合侵权法领域研究人员、司法实务工作者阅读。

责任编辑：吴 烁　　　　　　　　　　责任印制：孙婷婷

民法典背景下自甘风险规则研究

MINFADIAN BEIJING XIA ZIGAN FENGXIAN GUIZE YANJIU

杨 艳 著

出版发行：知识产权出版社 有限责任公司	网　　址：http://www.ipph.cn		
电　　话：010-82004826		http://www.laichushu.com	
社　　址：北京市海淀区气象路 50 号院	邮　　编：100081		
责编电话：010-82000860 转 8768	责编邮箱：laichushu@cnipr.com		
发行电话：010-82000860 转 8101	发行传真：010-82000893		
印　　刷：北京中献拓方科技发展有限公司	经　　销：新华书店、各大网上书店及相关专业书店		
开　　本：720mm×1000mm　1/16	印　　张：13.75		
版　　次：2025 年 6 月第 1 版	印　　次：2025 年 6 月第 1 次印刷		
字　　数：230 千字	定　　价：88.00 元		

ISBN 978-7-5130-9912-7

前言

　　在美国法上，侵权责任的归责原则经历了漫长的演变过程，过失责任归责原则逐渐占据了主导性地位，侵权损害赔偿责任由被侵权人转移至侵权人一方。人们对于个人主义的狂热使得过失侵权责任的范围极度扩张，冗繁且数额巨大的损害赔偿责任绑架了人们的生活，甚至威胁到某些行业乃至整个社会经济的发展。这种极端化的归责原则的转换并不是侵权法发展的根本目的，自甘风险规则被法院采纳而限制被告所承担的过失侵权责任，即在原告自愿接受风险的情形下，让被告免予承担过失侵权责任。

　　起初，自甘风险规则是被美国学者及法院接受的一种完全免责事由，使原告回归到对遭受损害自我负责的状态。基于当初美国经济发展的政策考量，政策倾向于为处在发展初期的企业提供保护机制，当时美国的责任保险机制并不健全，社会保障制度也并不发达，企业的责任承担能力迫于自身发展的压力而显得捉襟见肘。但是，法院一度将自甘风险规则发挥到极致，以致适用该规则时显然变得过于简单粗暴，使得原告的损害赔偿权利被过分剥夺。这种不公平的法律适用问题出现后，比较过失规则被认为是扭转该不公平责任状态的更合理的责任分担范式，逐渐获得了越来越多的法官和学者的支持，也满足了当事人对公平的道德直觉。

　　随后，自甘风险规则的合理性和正当性受到了人们广泛的怀疑，美国法官和学者逐渐淡化以致摒弃其在美国侵权法中的地位。自甘风险规则在美国侵权法中出现了较多的质疑和废除的理由，《美国侵权法第三次重述》关于责任分担的部分甚至不再提及自甘风险规则。但是，仍有一些学者积极证明自甘风险规则在侵权法上的合理性和独立性，并对否定自甘风险规则的一些理论和判例进行抨击。因此，部分法官和学者谨慎地支持自甘风险规则在美国侵权法中继续生效，并限制性地将该规则适用于诸如滑雪等特定类型的侵权案件中。

在我国侵权责任法中，自甘风险规则的形成和发展也经历了较长较曲折的历程。《中华人民共和国民法典》（以下简称《民法典》）生效以前，虽然我国民法典草案、侵权责任法立法、修法活动中对自甘风险规则曾经进行了多次提及讨论，但是立法专家对该规则的态度存在较多不同声音，因而迟迟未能以规则的方式呈现。因此，自甘风险规则以成文法形式出现在我国法律中的时间较晚。但是，自甘风险规则早已经出现在我国法院的裁判文书中。通过对既有案例的梳理可以看出，我国人民法院在一些侵权纠纷案件的审理中已经采纳自甘风险规则，但是法院对自甘风险规则的理解和适用存在较多问题。首先，法官对于自甘风险含义的理解与适用在个案中存在很大差异；其次，法官对于应当适用自甘风险规则裁判的案件，由于没有相关的规范而不得不采纳其他规则作为裁判依据，如公平责任、公平原则、比较过失、侵权责任一般条款等；最后，适用自甘风险规则的案件范围没有统一的、明确的界定，不仅在侵权案件中适用，甚至在合同案件中也有出现。

2020年，自甘风险规则被我国《民法典》采纳，其已经成为侵权责任编中独立的免责事由条款。这不仅是我国《民法典》的一大创新，也回应了我国司法实践和社会发展对规则的需求。基于《民法典》立法专家坚持谨慎的立法态度，该条款的规范表述中采用了较多的限制性规定，如"具有一定风险的文体活动"、规则仅适用于"活动的参加者"。当前，这些限制性的规定也很难基于法律解释的方法做出较为统一的解释并加以适用，因而又会出现适用不统一甚至错误的情形。《民法典》出台后，我国民法学者倡导民法学的研究应该从立法论视角转向解释论的研究，对自甘风险规则的研究应该着重对规范中模糊的用语进行进一步明确。比如，对于文体活动的解释、对于风险的认定、对于当事人对风险认知能力和自决的判断等。结合具体类型侵权案件，自甘风险规则仅适用于文体活动的参加者，排除了活动中其他主体的适用。自甘风险规则仅适用于具有一定风险的文体活动，大大限缩了适用的行为的范围。这就需要结合《民法典》和《中华人民共和国体育法》（以下简称《体育法》）的相关内容，以回答规则设计中出于适用准确性的考量而采纳的该限制是否合理，是否能够实现规则的立法目的。因此，基于对《民法典》中新加入的自甘风险规则的理解和适用，最高人民法院的解释立场和学者对该条款的解释又存在不同的态度。有的观点支持应当扩张解释，适度扩大规则的适用范围，从而实现立法目的并回应社会对规则的需求；有的观点认为应该采取限缩解释的方法，避免规则的肆意适用造成不公平的司法效果。

由此可见，自甘风险规则在我国侵权法中经历了从无到有的过程，对该规则的研究也经历了从立法论到解释论的过程。《民法典》出台后，自甘风险规则的研究还有很多的解释工作需要完成，研究中既需要兼顾比较法上的研究成果，也需要注重在我国立法、学理、司法中积累的文献资料，更加全面地加深对规则的解释，为准确法律适用提供有力的论证。

因此，对于自甘风险规则的侵权法理论剖析成为本书的主体内容。本书从对该规则自身的解读入手，对其在美国侵权法上的存废问题进行理论论证。自甘风险规则实质上是基于原告的同意而剥夺其损害赔偿的权利，也即以原告的行为为对象进行分析。在自甘风险规则中，当事人知道并自愿承担风险应该成为该规则的核心，法律对于该核心因素的判断和认定应该成为准确适用该规则的关键。否则，自甘风险规则会出现被滥用或误用的后果，也会使其正当性受到法官和学者的质疑。在此基础之上，本书进而对《民法典》中的自甘风险规范进行分析，以解决规则设计中可能存在的问题，并尝试提供合理的可行性解释。最后，本书从实证分析视角进一步对自甘风险规则进行论证，从而回应自甘风险规则成为独立免责事由条款的合理性和可行性。

首先，自甘风险规则中的客观条件（即风险）的判断。风险是一个被多个学科关注的对象，而且其在现实社会中普遍存在并成为很多社会问题的导火索。自甘风险规则下的风险并非广义的风险，应该清晰界定在法律规制范围内的风险的含义及范围。自甘风险规则所应指涉的风险仅包括行为的内在风险，而非由侵权人的故意行为引发的或增加的风险，具体的范围界定还取决于具体行为发生的背景、主体的特殊性及相关政策判断和价值衡量。例如，在体育运动伤害中，内在风险必须是与特定运动必不可少的且当事人的注意无法完全避免的风险。此外，还需要考虑主体是否能够进一步影响风险的范围。

其次，当事人自愿承担风险是自甘风险规则的关键因素。其中，当事人知道并能够理解风险的内容及其可能导致的损害后果是前提条件。"知道"在民法学意义上通常分为"事实上知道"和"应当知道"两种情形：前者是当事人内心真实意思的反映，这需要在具体个案审理中通过事实认定而作出是否知道的判断；后者既需要根据当事人的行为进行证明，也需要依据法律上对于"知道"的一般认定标准进行客观性判断。当事人"应当知道"不应作为自甘风险规则中"知道"因素的认定，否则自甘风险规则会被扩张适用范围，进而导致滥用误用的结果。判断当事人"事实上知道"需要法官对案件事实的具体判断，通过当事人的举证和质证，兼顾考虑政策的影响及适当的价值判断。

因此，当事人事实上知道风险并在无外在压力时自由作出接受风险的选择，法院认为其自愿接受了该风险及其可能导致的损失。自愿选择既反映了当事人意思自治的私法基本原则，也是个人主义在法律规则中的体现。如何判断当事人是否自愿接受风险是一个比较困难的问题，主观心理状态的证明还依赖于法院对事实证据的判断。法院对事实依据的判断也倾向于采取主观的或裁判的判断方法而非刻板的客观判断方法，尽管这会受到司法效率和可行性等因素的影响。理论上，对于当事人自愿接受风险的判断问题会涉及主观判断和客观判断两种方法。如果采取客观判断的方法，法官就会根据理性人在同等条件下的自愿接受的标准认定其行为构成自甘风险，但是会忽视个案中的当事人自身特性及案件的特定背景等因素在判断中的关键作用，这往往会导致不准确的判断结果而错误地适用法律。因此，当事人事实上自愿承担风险才是设计自甘风险规则的真正目的，此处采取主观判断方法首先应该要求法官依据案件事实进行个案认定，以原告的行为作为该规则分析的对象，更加关注原告内心真实的意思表示，而非采取客观判断所依赖的普通的法定要件的考量。

在自甘风险规则一般理论论述的基础之上，本书结合《民法典》中自甘风险规则的本土化设计，对《民法典》自甘风险规则进行规范分析。首先，从立法资料梳理入手，认真分析《民法典》编纂对自甘风险的立法态度和立法选择，这能够彰显我国民法的立法价值。其次，本书对自甘风险规则的解释论进行分析。主要针对《民法典》出台后学者对自甘风险规则作出的学理解释和最高人民法院的释义进行梳理，以期对当前规范进行全面准确的评价。最后，通过前述两部分的论证，尝试对自甘风险规则的制度设计提出完善建议。综上，本书试图从不同的层面对现行有效的规范进行全面论述，从理论和实践层面对自甘风险规则在我国《民法典》体系中的价值进行探讨，从而试图对该规则可能存在的立法问题和完善途径提出可行性建议。

在以上论述的基础之上，本书还从实证的视角进一步完善对自甘风险规则的论述。这部分选取自甘风险规则适用的典型案例进行类案分析，此外基于我国《民法典》出台前后不同时间节点的案例中的法律适用进行比较分析。首先，《中华人民共和国侵权责任法》（以下简称《侵权责任法》）时代，自甘风险规则已经出现在我国司法实践中，甚至有的法院直接将其作为裁判的依据，而且适用的纠纷类型比较宽泛。其次，《侵权责任法》时代，本书将针对法官在涉及自甘风险规则案件裁判中适用法律存在的问题进行分析。最后，对《民法典》生效后出现的司法案例的分析，主要是针对立法采纳的立场和司法实践中存在的问题进行分析，针对立法提出完善建议，从而促进该规则在我国司法实践中发挥应有的价值。

目录

绪　论

一、选题背景及意义

自甘风险规则（assumption of risk），又被译为自冒风险、风险自负、自甘风险、自甘冒险、自愿承担风险等，我国译著及学术作品多称之为自甘风险。● 自甘风险规则通常认为源于罗马法中的法谚"自愿招致危害者不得主张所受损害"（Volenti Non Fit Injuria），其基本含义是当原告根据合同或以其他方式明示同意，或者用语言或行为等默示方式同意这样做的时候，他就自愿承担了该风险导致的损害。普通法上，自甘风险规则被认为最早在 1820 年的 Ilott v. Wilkes 案件中得到确认。该案中，法院认为，原告自愿将自己置于危险之中，其应当对自己的过错承担不利的后果●，而被告则可以依据该抗辩事由免于承担所有的侵权责任。自甘风险规则最早以成文法形式出现在《英国雇主责任法案》（*Employer's Liability Act*）中，后来被进一

● 王泽鉴.侵权行为[M].北京:北京大学出版社,2009:227-229;王利明.侵权责任法研究:上卷[M].北京:中国人民大学出版社,2011:403-404;王成.侵权责任法[M].北京:北京大学出版社,2014:174;陈聪富.自甘风险与运动伤害[J].台北大学法学论丛,2010(73);杨立新,吕纯纯.侵权案件应当适用自甘风险作为免责事由[N].人民法院报,2010-03-24(005);艾湘南.体育侵权案中如何适用自甘风险规则[J].武汉体育学院学报,2010(12).

● WARRE C. Volenti non fit injuria in action of negligence[J]. Harvard law review, 1895,457(8):462.

步适用到除雇主关系以外的法律关系中。❶ 在 1859 年，美国法学者弗朗西斯·希利亚德（Francis Hilliard）首次在其著作中提出自甘风险规则，认为其仅适用于存在先在法律关系的侵权案件中，后来该规则被美国法院逐渐承认并适用。❷《美国侵权法第二次重述》第 496 条对自甘风险规则进行了明确表述。现代侵权法理论强调，只有当原告在遭遇风险时表明其自愿接受风险责任，原告才需要承担该责任。❸

理论上，自甘风险规则具体区分为明示的自甘风险（express assumption of risk）和默示的自甘风险（implied assumption of risk），而后者又可以区分为主要的自甘风险（primary implied assumption of risk）和次要的自甘风险（secondary implied assumption of risk）。在比较过失规则出现之前，自甘风险规则并未被详细划分出如上的次级分类，因为各种情形下的自甘风险规则的法律效果都是相同的，即完全免除被告的损害赔偿责任。法院认为比较过失对自甘风险规则产生重要的影响，因此，有必要对自甘风险规则再次进行明确的类型划分。❹ 而且自甘风险规则可以适用的主体既可以是成年人，也可以是儿童❺，即不考虑当事人的民事行为能力或认知能力。具体来看，明示的自甘风险本质上是一个免责协议，包括以书面和口头方式作出的免于承担责任的合意。❻ 因此，其主要受合同法规则调整。当然，对于这类合同的有效性认定应该非常谨慎，不能随意剥夺潜在的被侵权人主张赔偿的权利。在多数情况下，法院并不愿意承认免责协议的效力。❼ 对于默示

❶ WARRE C. Volenti non fit injuria in action of negligence[J]. Harvard law review, 1895,457(8):464.

❷ 怀特. 美国侵权行为法：一部知识史[M]. 王晓明，等，译. 北京：北京大学出版社，2014:53;FELDMAN E A,STEIN A. Assuming the risk:tort law,policy,and politics on the slippery slopes[J]. DePaul law review,2010,259(59):269.

❸ 多布斯. 侵权法：上册[M]. 马静，等，译. 北京：中国政法大学出版社，2014:466.

❹ JEWETT K V,3 Cal. 4th 296(1992):304.

❺ 同❸.

❻ 同❸.

❼ ROSEMAN-ORR A I. Recreational activity liability in Hawai'I:are waivers worth the paper on which they are written?[J]. University of Hawai'i law review,1999,715(21):725.

自甘风险，即不存在明确的免责协议时，原告能够知道并且认识风险及其程度，自愿接受或面对这种风险及其可能发生的损害。❶ 在默示自甘风险规则中，主要的自甘风险被定义为被告无义务或者未违反义务时，不需对原告的损害承担责任。被告能够证明原告事实上知道且自愿承担一种或一系列具体的确定的风险，此风险可能现实化为原告遭受的实际损害，那么原告自身行为是否存在过失或不合理性则不被考虑。❷ 次要的自甘风险是被告主观上有过失，同时原告被认为对损害的发生也存在主观上的过失，而原告的过失表现为其知道被告的行为可能发生损害的危险仍自愿接受之，此时，被告不需对原告的损害承担侵权责任。❸ 后来，学者又认为默示的自甘风险规则完全可以由比较过错规则代替。在其他情形下，被告可以因此完全免于承担过失侵权责任。对于该问题存在不少质疑的声音，有观点认为，原告通过理性分析作出的选择行为，也即表面上看其主观上并不存在过错，反而得不到赔偿；而原告非理性的选择仍可以获得一定比例的赔偿。❹ 从法律效果角度看，自甘风险规则在侵权责任承担上可能会导致不公平的现象，与比较过错相比缺少合理的责任分担功能，完全免除被告的侵权责任并不能体现私法救济的公平性。也有学者质疑自甘风险是否可以作为一项独立的过失侵权责任的抗辩事由存在。❺ 有学者为了避免使用自甘风险规则带来的困惑，将从原告的行为分析的视角转换到对被告行为的分析，从而提出了被告不承担责任的依据是其不需承担注意义务或未违反注意义务。❻ 因

---

❶　BRUMMET T. Looking beyond the name of the game: a framework for analyzing recreational sports injury cases[J]. U. C. Davis law review,2001,1029(34):1040.

❷　MOORE D L. Please watch your language: the chronic problem of assumption of risk [J]. Catholic university law review,2011,175(61):181.

❸　KIONKA E J. Implied assumption of risk: does it survive comparative fault? [J]. Southern Illinois university law journal,1982,371(7):378-379.

❹　DIAMOND J L. Assumption of risk after comparative negligence: integrating contract theory into tort doctrine[J]. Ohio state law journal,1991,717(52).

❺　多布斯. 侵权法: 上册[M]. 马静,等,译. 北京:中国政法大学出版社,2014:465.

❻　SUGARMAN S D. Assumption of risk[J]. Valparaiso university law review,1997,833 (31):835-836.

此，美国很多州的法院逐渐停止了自甘风险规则的适用，转而由比较过失规则代替。

自甘风险规则的出现体现了美国法律尊重个人主义。当事人有权对自己的权益进行合理处分，并对自己的法律行为的结果承担相应的法律责任，但这种法律行为必须是当事人在意志自由且未受到任何压制的状态下作出的。[1] 对于明示的自甘风险规则，已有理论将其看作当事人所作出的一个有效的合同行为，因此合同法规则可以规制明示的自甘风险。对于默示的自甘风险，本身并不存在一个当事人作出的意思表示，也不可以当然地认为当事人的行为构成默示的合同，而应由其他法律理论加以解释。[2] 另外，在发展的过程中，侵权法的立法价值取向也会发生适应社会经济发展变化的匹配性调整，法律对于最高价值——正义的追求使得自甘风险规则在是否取舍的讨论中发挥着重要作用，矫正正义起初是侵权法理论最主要的价值追求[3]，其更加强调侵权法的补偿和制裁作用。随着风险社会的形成，各种可能包含高风险的新产品和以刺激性为特点的风险活动出现并逐渐受到人们的普遍接受，以个案角度审视侵权法矫正正义的价值已然无法满足现有纠纷的解决。[4] 风险分担被侵权法学者逐渐重视，分配正义也逐渐在侵权法的价值中凸显出来。[5] 但是，无法以单一的价值判断界定一部法律立法价

[1] BOHLEN F H. Voluntary assumption of risk[J]. Harvard law review,1906,91(20)：106-107.

[2] DIAMOND J L. Assumption of risk after comparative negligence：integrating contract theory into tort doctrine[J]. Ohio state law journal,1991,717(52).

[3] CALABRESI G. Some thoughts on risk distributions and the law of torts[J]. Yale law journal,1961,498(70)；POSNER R A. The concept of corrective justice in recent theories of tort law[J]. The journal of legal studies,1981,187(10)；SCHWARTZ G T. Mixed theory of tort law：affirming both deterrence and corrective justice[J]. Texas law review,1997,1801(75).

[4] 李国强.民法冲突解决中的利益衡量——从民法方法论的进化到解释规则的形成[J].法制与社会发展,2012(1):61;拉伦茨.法学方法论[M].陈爱娥,译.北京:商务印书馆,2003:279.

[5] KEATING G C. Distributive and corrective justive in the tort law of accidents[J]. Southern California law review,2000,193(74).

值❶，也无法使得一部法律能够满足妥善解决社会纠纷和适应社会发展的需要。因此，在分配正义逐渐显现的价值体系中，自甘风险规则的适用可能会争取到更大的正当性支撑。

自甘风险规则是普通法上过失侵权法中一个古老而又饱受争议的规则，其产生之初的重要地位与日后的销声匿迹同样给学术研究带来了常新的话题。这一规则之所以重要，是因为其起初被认为是在英美法上过失侵权责任中的主要抗辩事由之一，而且被广泛用于雇主责任、场所占有人责任、产品责任、娱乐与运动侵权责任等法律关系中。自甘风险规则在美国法上被肆意赋予多种含义而引发较多争议❷，在美国司法实践中也显现了比较棘手的问题，越来越多的法院和学者主张自甘风险规则不应作为一个独立的规则存在❸，其应被与有过失（contributory negligence）代替。随着比较过失规则（comparative negligence）的发展和繁荣，美国侵权法学者和法院更倾向于主张将自甘风险并入比较过失中。虽然这种日渐式微的发展趋势使得自甘风险规则的独立性丧失殆尽，以至在《美国侵权法第三次重述》中已不再被提及，学术研究对于自甘风险规则发展过程的关注并未因此停止。尤其在体育与娱乐侵权领域，有关自甘风险规则是否能够独立的讨论一直延续至今，仍有一些学者对于自甘风险规则的独立性持肯定意见，并指出其在解决一些案件的过程中发挥着比较过失无法替代的作用。❹

在我国民事法律立法过程中，自甘风险规则一直引起民法学者的注意。

❶ 张文显.法哲学范畴研究[M].北京:中国政法大学出版社,2001:195;王轶.民法价值判断问题的实体性论证规则[J].中国社会科学,2004(6);李国强.民法冲突解决中的利益衡量——从民法方法论的进化到解释规则的形成[J].法制与社会发展,2012(1):60.

❷ KEETON W P,DOBBS D B,KEETON R E,OWEN D G. Prosser and Keeton on torts [M]. 5th ed. Maryland:West Publishing Company,1984:480.

❸ SUGARMAN S D. Assumption of risk[J]. Valparaiso university law review,1997,833 (31);多布斯.侵权法:上册[M].马静,等,译.北京:中国政法大学出版社,2014:465.

❹ TRAVELLA D F. Duty of care to spectators at sporting events:a united theory[J]. Florida A & M university law review,2010,181(5);BOATMAN C D. A Knight/Li news update:a detailed analysis of the case law suggests that we should return to a consent-based assumption of risk defense[J]. Western state university law review,2013,57(41).

在过去的《侵权责任法》（已废止）立法过程中，学者对自甘风险规则是否应当加入其中就曾引发了讨论，但最后立法者未采纳自甘风险规则作为独立的免责事由条款。在多次民法典草案编纂中，多位专家学者在其主持的草案中都将该条作为独立的免责事由条款。2020 年通过的《民法典》最终将自甘风险规则加入其中。我国《民法典》作为在 21 世纪社会快速发展的时代出台的成文法典，其需要具有一定的先进性和时代性。虽然自甘风险规则是借鉴国外立法而拟定的规则，但是经历了多次立法论证而被纳入民法典，足以彰显其在我国侵权法理论中的价值。我国《民法典》中规定的自甘风险规则被认为具有一定的本土特色，当然这也引发了学者们进一步的讨论和评价，学者们对自甘风险规则的研究提出了诸多问题。例如，立法中对自甘风险规则所规定的限制性条件是否合理和必要，自甘风险规则是否有采纳的必要性，该规则如何准确适用等。《民法典》实施后，自甘风险规则也受到我国人民法院的关注，各级人民法院已经总结和公布了一些适用自甘风险规则的典型案例。但是，立法中对于该规则的模式选择仍然存在不足和可待完善的可能，随着后续司法实践中对该规则的法律适用，可能会呈现更多的立法无法解决的具体问题，仍需要通过法律解释等方法探讨，理论上进一步论证为将来可能的司法解释提供理论支撑，也为当下的司法实践中的法律适用问题提供解决路径。

二、研究现状

从已搜集到的文献可以看出，侵权法上的自甘风险规则作为舶来品，最早研究成果主要是美国侵权法文献中涉及自甘风险规则研究的著作和论文，其对于规则的论述比较细致，并对规则的理论问题不断进行更新和完善。美国不同的州立法或判例对于自甘风险规则的态度存在一定的差异。学者对各个州自甘风险规则的研究和不同领域中该规则的适用问题分析也形成了比较丰富的研究成果。具体来看，美国侵权法学者在其专著中都进行了详细的介绍，这包括晚近被翻译为中文的美国侵权法专著中都有涉及的自甘风险规则问题。❶ 在美国期刊文献中,早期的文献以自甘风险规则作为选题进行论证❷,后期大多数与体育侵权相关的论文中会涉及自甘风险规则的论证❸。当然,文中也会涉及一些美国的判例资料,这些判例资料会将自甘风险规则的问题更加直观地呈现给外国读者以供研究之用。美国侵权法上述相关资料显示出对于自甘风险规则的研究经历了一个变化发展的过程,而且趋势比较明显且集中。起初,学者对于自甘风险规则是从其理论层面进行剖析,主要解决自甘风险规则适用要件的分析,而且会涉及社会政策的考虑。在比较过失之后,学者较为集中地对自甘风险规则进行批判性的分析,以致出现否定自甘风险规则的观点。但是其中批判性论证中存在较多瑕疵,也显得较为粗糙和苍白无力。在具体的体育侵权法领域,学者更倾向于支持自甘风险规则继续生效,以解决体育侵权的特殊纠纷。这也得到了一些州特别立法的支持。

　　自甘风险规则作为舶来品,我国《民法典》出台以前,我国侵权法对于自甘风险的论述仍然是理论层面的介绍,也未通过联系我国现行侵权责任法进行细致的考虑。论文资料大多是以体育侵权或旅游伤害为背景对于

---

❶　例如,多布斯.侵权法:上册[M].马静,等,译.北京:中国政法大学出版社,2014;怀特.美国侵权行为法:一部知识史[M].王晓明,等,译.北京:北京大学出版社,2014;KEETON W P,DOBBS D B,KEETON R E,OWEN D G. Prosser and Keeton on torts[M]. 5th ed. Maryland:West Publishing Company,1984:480;GOLDBERG J C,SEBOK A J,ZIPUESKY B C. Tort law:responsibilities and redress[M]. 3rd ed. New York:Wolters Kluwer,2012:436-457.

❷　WARRE C. Volenti non fit injuria in action of negligence[J]. Harvard law review,1895,457(8);BOHLEN F H. Voluntary assumption of risk[J]. Harvard law review,1906,91(20);SUGARMAN S D. Assumption of risk[J]. Valparaiso university law review,1997,833(31);SIMONS K W. Assumption of risk and consent in the law of torts:a theory of full preference[J]. Boston university law review,1987,213(67);DORFMAN A. Assumption of risk,after all[J]. Theoretical inquiries in law,2014,293(15).

❸　ROSEMAN-ORR A I. Recreational activity liability in Hawai'I:are waivers worth the paper on which they are written?[J]. University of Hawai'I law review,1999,715(21);BRUMMET T. Looking beyond the name of the game:a framework for analyzing recreational sports injury cases[J]. U. C. Davis law review,2001,1029(34);BOATMAN C D. A Knight/Li news update:a detailed analysis of the case law suggests that we should return to a consent-based assumption of risk defense[J]. Western state university law review,2013,57(41).

自甘风险规则进行论述❶，大多数论文限于对自甘风险规则的制度的简单介绍，即含义、分类及简单的适用规则，并没有深入分析此规则自身的理论基础、适用规则、与其他规则的区分，以及其被纳入比较过错规则的理由等。这无法体现自甘风险规则在理论上的正当性及在法律适用中存在的问题，只不过是简单的对外来制度的介绍并在特定语境中对其进行生搬硬套的归位。这根本无法解决对于一个制度的废与存的合理性的充分论证问题。相关的侵权法专著对于自甘风险规则的论述也十分贫乏。大多侵权法专著会在抗辩事由一章里提到自甘风险规则，而有些专著尚未提到该规则。❷ 专著中对于自甘风险规则的论述也停留在定义的层面上，充其量将其与比较过错规则进行简单的比较，列出两者之间的区别。在学位论文资料中，对于自甘风险规则的研究大多集中于硕士论文，在侵权责任法颁布前后此类论文数量较多，而博士学位论文没有以自甘风险规则作为选题的论文，自甘风险规则是出现在侵权责任法相关选题论文的部分章节里。

在《民法典》出台以前，自甘风险规则并未被我国侵权责任立法采纳，虽然其受到了很多学者和学术论文的关注，但是在我国法律背景中对其进

---

❶ 艾湘南.体育侵权案中如何适用自甘风险规则[J].武汉体育学院学报,2010(12);田雨.论自甘风险在体育侵权案件中的司法适用[J].武汉体育学院学报,2009(11);韩勇.体育伤害自甘风险抗辩的若干问题研究[J].体育学刊,2010(9);刘雪芹,黄世席.美国户外运动侵权的法律风险和免责问题研究[J].天津体育学院学报,2009(3);赵毅.体育侵权中受害人同意和自甘风险的二元适用[J].武汉体育学院学报,2014(4);梁亚,李延生.自愿承受风险原则研究[J].河北法学,2007(3);汪传才.自冒风险规则研究:死亡抑或再生[J].比较法研究,2009(5);韩衍杰.自甘风险规则在大众体育运动健康权侵权中适用[J].政法论丛,2013(5).

❷ 王利明.侵权责任法研究[M].北京:中国人民大学出版社,2011;王利明,周友军,高圣平.侵权责任疑难问题研究[M].北京:中国法制出版社,2012;杨立新.侵权责任法[M].北京:北京大学出版社,2014;王利明.侵权责任法热点与疑难问题解答[M].北京:人民法院出版社,2010;王成.侵权责任法[M].北京:北京大学出版社,2014;王竹.侵权责任分担论——侵权损害赔偿责任数人分担的一般理论[M].北京:中国人民大学出版社,2009;于敏,李昊,等.中国民法典侵权行为编规则[M].北京:社会科学文献出版社,2012;[德]布鲁格迈耶尔,朱岩.中国侵权责任法:学者建议稿及其立法理由[M].北京:北京大学出版社,2009;黄本莲.事故损害分担研究——侵权法的危机与未来[M].北京:法律出版社,2014;沈志先.侵权案件审判精要[M].北京:法律出版社,2013;郭佳宁.侵权责任免责事由研究[M].北京:中国社会科学出版社,2014.

行研究，最好的一手资料并非这些学术成果，而是司法实践中的素材即裁判文书。笔者在"无讼案例"及"北大法宝"两个案例数据库共搜集到案例400余件。[1] 其中，法院提到自甘风险、风险自负、风险自担等的裁判文书可以将案由分为两大类，即合同和侵权。因此，"自甘风险"在我国被赋予了更多的含义。经过筛选的侵权案例中，法院适用自甘风险规则的案件的案由基本是人身权侵权案件，案情主要分为五种：体育运动伤害、户外娱乐、交通事故、触电事故及少数医疗侵权。值得注意的是，这些案件虽然适用了自甘风险规则，但是并没有给予一个理所当然的论证，至少案件中无法找寻到之所以适用自甘风险的基本因素的论证与事实认定。所以，案件裁判的结果基本可以归类为两种，如果法官基于自甘风险规则作出原告无法获得任何赔偿或补偿的判决时，原告会提出上诉。反之，法官虽然认定案件适用自甘风险规则，但是给予原告一定的补偿，上诉的可能就会降低很多。因此，自甘风险规则在我国已有的裁判中出现了不同于美国法上或司法实践中的法律意义和效果，法官在无法将其作为直接裁判依据的情况下会涉及自甘风险规则，但是裁判结果并非自甘风险规则产生之初或者在其本土法律体系中司法实践中的法律效果。虽然在我国以司法实践作为研究的素材中，没有直接法律根据的文本作为研究对象，显得缺乏比较深刻的说服力，但是司法实践中对于自甘风险规则的适用和呈现出来的问题更值得研究探讨。虽然我国的立法机制与美国不同，但是，司法实践仍

---

[1] 本书在搜集我国相关案例时借助"无讼案例""北大法宝"两个数据库，而前一个数据库案例更新更加及时，所以很多案例来自这个数据库。本书以"风险自甘""自甘风险""风险自担""自担风险""风险自负""自负风险""自愿承担风险""自冒风险""风险自冒""内在风险""不可避免的风险"等为关键词在上述两个数据库中进行搜索（其中，"无讼案例"检索到336个，"北大法宝"检索到64个）。此外，以"侵权"作为限定搜索范围，共搜集到330个案件。将此类涉及侵权的案件再次具体筛选出以下几类典型的案件：涉及体育侵权责任的案件大约有77个，涉及自助游或相关的案件有11个，涉及高压触电侵权的案件有13个，涉及交通事故责任的案件70个，涉及其他场所所有人或占有人的侵权责任案件大约26个，还有少量的医疗侵权案件。需要说明的是，以上述关键词和限定词进行搜索得到的案件结果中，有些案件虽然是侵权责任纠纷，但是涉及自甘风险的部分是案件中涉及的相关合同法律关系，因此，在具体案件筛选过程中将此类案件排除。在下文的具体案例分析中，仅就典型案例进行归类分析，因此，案件搜索的数据仅作参考之用。

是催生司法解释甚至是修订法律的坚实力量。而且，对于司法实践中法律适用问题的梳理，对于法律移植或者规则引进的本土化论证可以减少司法实践中的裁判错误或者裁判不合理情形。当然，这也是本书的写作目的之一，即尽力明确自甘风险规则的本质，尽可能梳理清晰其法律适用的情形和规则的法律效果，尽量减少其被我国法院误用而引发误判的可能。

值得注意的是，我国《民法典》的起草和研讨过程中，几乎每个版本的草案中都提到并将自甘风险规则作为独立的条款❶，虽然它对自甘风险规则条款的表述、具体的适用条件或范围、与民法典草案中的体系安排不尽相同，但是对于自甘风险规则的认可是毋庸置疑的。于2010年实施的《侵权责任法》并未采纳自甘风险规则，而《民法典》几个版本的草案拟定的时间有的早于《侵权责任法》，也有的晚于《侵权责任法》，它们却不约而同将自甘风险规则纳入草案中。在司法实践方面，涉及自甘风险规则的判决分布的时间跨度很长，对自甘风险提及的频率也很高。虽然《侵权责任法》未采纳自甘风险规则，但法院的裁判中仍然会出现自甘风险规则。在一个以成文法为传统的国家，一个依法治国的政策更加受到重视的时代，这种情况的出现又应当如何解释呢？上述民法典草案或司法裁判文书等对于自甘风险规则的提及或论述都可以看作是学理上的研究，那么，自甘风险规则是否在学理上尤其是我国民法学上仍有存在的必要和价值呢？其是否在我国立法和司法中也会遭遇与美国侵权法上同样的命运呢？如何解决其独立存在可能引发的诸如在美国侵权法中曾经出现的相似的理论上的争议与质疑呢？我国《民法典》中写进自甘风险规则的理论基础是什么呢？如何解释其在侵权责任编的体系安排呢？如何解释其在比较法上的不同与特殊性呢？

---

❶ 全国人大常委会法制工作委员会民法室.侵权责任法立法背景与观点全集[M].北京:法律出版社,2010;梁慧星.中国民法典草案建议稿附理由:侵权行为编·继承编[M].北京:法律出版社,2004;梁慧星.中国民法典草案建议稿附理由:侵权行为编[M].北京:法律出版社,2013;王利明.中国民法典草案建议稿及说明[M].北京:中国法制出版社,2004;于敏,李昊,等.中国民法典侵权行为编规则[M].北京:社会科学文献出版社,2012;布鲁格迈耶尔,朱岩.中国侵权责任法:学者建议稿及其立法理由[M].北京:北京大学出版社,2009.

　　民法典出台后，自甘风险规则的研究在近些年又出现了丰富的学术研究成果❶，学者们对于自甘风险规则的研究采用了不同的研究方法，但是，研究成果更多的还是停留在一些陈旧的、雷同的问题。例如，自甘风险规则的独立性，自甘风险规则适用的限制性条件等。另外，也有学者针对一些特殊类型的侵权纠纷对自甘风险规则进行论述，如体育伤害案件。❷ 通过梳理相关的研究可以发现，对于自甘风险规则的质疑并不鲜见，但是既有的分析却呈现了分析标准不统一的情况，如对于风险的类型的划分，学者们自说自话，无法论证分类的合理性。比如，对于自甘风险规则适用的问题，鲜见有成果针对该问题提供有操作性的适用指引。所以，既有的研究虽然新鲜出炉，但是依然停留在对于概念的争执上，无法从更深入的规范分析视角，结合我国立法和司法实践，提供有利于法律解释和适用的规则。所以，关于民法典出台后自甘风险规则的解释和适用问题依然是值得探讨的，而且这种探讨的目的在于解决立法中无法解决的法律适用问题，同时回应将来的司法实践对该规则的适用中应准确把握的问题。

　　综上，主要通过对中外有关自担风险规则的侵权法文献的阅读，可以得知，废止自甘风险规则的根本理由还在于比较过错制度的出现及发展。两个规则在具体适用中存在一定的相似性，尤其是受害人自身存在过失的情形。虽然规则适用中对于具体适用条件的认定仍是一个比较棘手的问题，如对于注意义务的认定、对于风险的认定、对于自愿这种主观态度的认定等，然而两个规则仍然存在差异，而且规则的理论根据不能简单等同，自甘风险规则在过失侵权责任中仍然是法律理论上一个值得探讨的问题。其实，自甘风险与规则过失相抵、受害人同意等规则本质上还是存在一定的差异的，自甘风险无法充分解释相关案件中形成的法律问题。因此，我国侵权法尤其是过失侵权规则还需要一个完善和再适应的过程，自甘风险规则的引入可能会对侵权法的理论和实务的发展带来一定的推动力。

---

　　❶　王利明.论受害人自甘冒险[J].比较法研究,2019(2).杨立新.自甘风险:本土化概念定义、类型结构与法律适用[J].东方法学,2021(4);周晓晨.论受害人自甘冒险现象的侵权法规制[J].当代法学,2020(2).

　　❷　谭小勇.自甘风险规则适用学校运动伤害侵权的司法价值与挑战[J].上海体育学院学报,2020(12).

三、本书的基本框架

基于上述对于选题的研究现状的相关问题分析，本书将对自甘风险规则从理论和实务分析的角度进行详细论述，以期通过全书的详细论证对于本书的结论提供充分的支持，并使得自甘风险规则存在的问题变得更加清晰。

除绪论和结语外，全书共分为六章。第一章主要梳理了自甘风险规则的演进过程，从历史发展的视角对该规则进行全面的认识。首先，自甘风险规则是美国侵权法上一个较为古老且重要的规则，并且作为侵权责任的抗辩事由存在。这主要以美国侵权法中的文献和判例为抓手进行梳理并进行评判分析。其次，自甘风险规则在发展过程中遭遇了比较过失规则的挑战，从而丧失了在美国侵权法中的重要位置。这部分从规范和价值分析的角度考察自甘风险规则在比较过失出现后在美国侵权法中的发展。最后，随着社会发展进步，科技水平的提高也带来了巨大的风险，这种风险遍布于社会生活的各个角落，也威胁着社会中每个人的人身和财产安全。这在社会学和政治学上被认为进入了所谓的风险社会阶段，这被认为是一个特殊的社会阶段，也对自甘风险规则的发展产生十分重要的影响，也可以被认为是该规则发展过程中重要的转折点。因此，这部分通过对风险社会这一特殊社会背景下自甘风险规则的论述，试图分析自甘风险规则发展的转折性发展趋势。通过第一章中对自甘风险规则历史演进的分析，我们可以直观地认识该规则在历史发展过程中的各种特征并进而对其进行更为深入的理论分析。

第二章从自甘风险规则中风险及内在风险的分析入手。风险作为一个多学科关注的研究焦点，法学尤其是侵权法的研究更应关注风险及其可能引发的社会问题。本章中第一层次对风险进行界定，并强调在法学研究领域风险的概念和范畴问题。第二层次着重分析自甘风险规则调整下的内在风险的概念，主要论述了内在风险的特征、如何判断内在风险等问题。如何判断内在风险决定了是否适用自甘风险规则。因此，判断内在风险成为本章一个重点问题。当然对于具体语境下内在风险的判断还需要依赖于具体个案中相关因素的考量，这在本书第六章中也会有所涉及。

第三章的主要内容是当事人"知道"的判断。其中，当事人知道并能够理解风险及可能导致的损害后果是前提条件。"知道"在民法学意义上通常指"事实上知道"和"应当知道"两种情形，前者是对当事人内心真实意思的反映，这需要在具体个案审理中通过事实认定做出是否知道的判断。后者是通过对当事人的行为证据和法律上规定的认定"知道"的客观标准进行判断。当事人"应当知道"不应作为自甘风险规则中知道因素的认定标准，否则，自甘风险规则会被扩张适用范围而导致滥用误用的结果。判断当事人"事实上知道"风险，还需要区别不同类型的自甘风险规则语境，这都需要法院对案件事实的具体判断，通过当事人的举证和质证，兼顾考虑政策的影响及适当的价值判断。

第四章的主要内容是对当事人自愿接受风险的判断。在前一章对当事人"事实上知道"风险的前提判断基础之上，本章主要论证在明示自甘风险规则和默示自甘风险规则下对当事人自愿接受风险的判断问题。自愿接受风险是自甘风险规则区别于比较过失的重要标志之一。明示自甘风险规则中，当事人之间以书面或口头的方式做出自愿接受风险的意思表示，这对于法院在认定自甘风险规则中显然比较简单和直接。而在默示自甘风险规则中，由于欠缺这种明确的意思表示，当事人是否自愿接受风险成为适用该规则判断的关键因素。这主要涉及民法理论上积极行为的法律效果问题，及可替代选择对判断自愿接受风险的补充检验。最后，自愿接受风险的范围也是能否适用自甘风险规则的考虑因素，因为自甘风险规则不应成为所有潜在风险及其引发损害的抗辩事由。

第五章的主要内容是对《民法典》"侵权责任编"中的自甘风险条款的规范分析。《民法典》将自甘风险规则置于"侵权责任编"的"一般规定"中，而且规定完全免责的法律效果。针对该立法范式，结合前面对自甘风险规则的规范分析，尝试论证民法典中对自甘风险规则的限制性条文的解释，以及条文中限制性规定存在的问题及可能的改进途径。然后结合数次民法典草案中的立法演变过程，对自甘风险规则立法选择进行立法旨意的阐释，为更好地解决司法中规范适用的解释提供支撑。最后从体系解释的视角论证自甘风险规则可能存在的问题及其完善建议。

最后也是很重要的，第六章从实践视角对自甘风险规则的司法适用问题进行论述。我国《侵权责任法》并未采纳自甘风险规则，其并未成为我国民事司法审判中可以援用的裁判依据。但是，从搜集到的我国司法裁判文书中看，自甘风险规则较多地出现在我国多宗侵权责任案件中，这主要集中于体育运动伤害、户外旅游及类似活动伤害、其他场所中潜在危险引发的损害等侵权案件中。法院对待自甘风险规则的态度和立场并不统一，有的法院大胆尝试以自甘风险规则作为裁判的依据，有的法院将其写进裁判推理部分而在具体法律适用中避免直接适用之，还有法院直接对类似案件采用比较过失进行分析和裁判。但是，大多数法院的态度是在诸如此类的案件中原告得到了一定比例的损害赔偿，并未使得被告完全免于承担责任，这也是从司法审判的社会效果进行考量。特别是《民法典》出台后，自甘风险规则适用的案例已经出现，而且较多人民法院对适用自甘风险规则裁判的案例通过官媒进行宣传，足以显现该规则的适用对我国侵权法司法实践产生了较大的影响。当然，即使《民法典》出台后立法对自甘风险规则进行了明确的规定，但是司法实践中适用自甘风险规则的案例仍然存在较多问题，有待进一步评判，从而为自甘风险规则的完善提供实践层面的合理建议和支撑。因此，分析自甘风险规则在我国侵权法上的合理性和正当性问题应该以司法案例作为主要的分析根据，因为司法实践在一定程度上是对法学理论发展及立法的进步的推进力量❶，而法律的主要目的也在于更好地解决社会中实际发生的法律问题。

综上，全书从分析自甘风险规则的基本理论出发，通过对该规则的理论分析，从而为我国侵权法上自甘风险规则的合理性和正当性的分析提供理论支持。最后，自甘风险规则经历了复杂而曲折的发展过程，虽然也受到美国侵权法理论和实践的抨击和否定，但无论美国侵权法还是我国侵权法理论研究中，自甘风险规则仍有肯定的呼声存在。今天，自甘风险规则

---

❶ 孙良国.违反保护他人的法律的侵权责任及其限度——以"儿童模仿《喜羊羊与灰太狼》烧伤同伴案"为例[J].法学,2014(5):118.

已经呈现在我国《民法典》中，已经在司法实践中发挥了规制的功能，也将对我国侵权责任法理论产生重要的影响，应该再次得到侵权法理论研究的认真对待，这也是本书论证的根本目的所在。

四、研究方法

学习法律的目的并不是单纯地汲取有限的知识，而是掌握一种更为普适的法律推理的方法。❶ 论文和著作的写作过程是对法律推理方法的集中反映和贯彻。

（1）比较法研究。取其精华去其糟粕，有鉴别性地学习英美法中成熟的法律制度对我国法治建设具有引导性和推动性。本书通过对英美法中风险自担制度的介绍和研究，结合我国过去的《侵权责任法》和当前《民法典》的立法背景及法律实施过程中的问题，对这一制度加以论述，从以证成民法典将自甘风险规则作为独立的免责事由条款的正当性。

（2）实证分析方法和经验分析方法。法律的目的在于解决生活中的现实问题，法律的实用性也是其好与坏的评价标准之一。❷ 当然，在论述过程中也不可缺少实证分析，以事实说话才更有说服力。本书的实证分析主要基于可以搜集到的美国法判例，并结合了我国相关的案例裁判文献。通过对于相关判例的研究，剖析法官所做出的裁判理由并加以评判，从而认识风险自担制度在法律实务中可能发挥的作用，并对其进行规范评价。

（3）法律经济分析方法。法律经济分析方法是英美法中一种被广泛应用于法学领域中的研究方法。采用经济学中的效率和法律中的公正的博弈分析以及法律关系中双方当事人之间的利益权衡，法官得以对案件作出一个既能实现经济效率又不损失法律公正的判决结果。补偿是侵权责任法的主要功能之一，损失被视为社会和经济运作的成本之一，而事故或者说过失侵权是导

---

❶ 怀特.美国侵权行为法：一部知识史[M].王晓明，等，译.北京：北京大学出版社，2014:39.

❷ 蔡立东.论法人之侵权行为能力——兼评《中华人民共和国民法典（草案）》的相关规定[J].法学评论，2005(1):66.

致损失的事实原因。❶ 风险自担问题研究中也会涉及双方当事人的利益分配问题❷，比如，案件中原告还是被告对所涉及的风险认知可能更高或者能够以较低成本预防风险以及损失发生，剥夺原告的损害赔偿是否能够实现效率最优化，是否可以促使原告在类似的行为中增加注意义务从而防止损害的发生。因此，我们在处理事故时实质上也是处理成本。❸ 事故中的人身伤害、财产损失或者受害人的情感、道德态度都与成本的处理相关。

（4）价值分析方法。法律问题涉及人身和财产的问题，尤其在侵权案例中，法院对于人的保护和对于财产的保护程度不同，当事人对于人和财产所承担的注意义务也不相同。在自甘风险问题中，当事人的人身损害和财产损害的保护也应得到区别对待。

（5）归纳方法。归纳推理是可以满足所有科学性分析的分析方法。此方法可以第一手资料作为获得知识的基础，这些原始资料其实就是法院判例汇编中所记载的判例。❹ 运用归纳推理方法不仅应分析案例，还要比较它们并在它们中间进行区别和选择。本书最后部分涉及我国相关案例的评析，就是一个对案例进行筛选和选择的过程，并通过对类型化的案例的分析完成对自甘风险规则在我国的法律理论和实践中的合理性和正当性的论证。在这个过程中，我们可以获得分析和综合的力量，从而成为一个能够将法律原则适用于它所应出现的地方并促成其进一步发展的法律科学家。❺

---

❶ 卡拉布雷西.事故的成本——法律与经济的分析[M].毕竟悦,等,译.北京:北京大学出版社,2008:39.

❷ 李建华,管洪博.大规模侵权惩罚性赔偿制度的适用[J].法学杂志,2013(3):34.

❸ 同❶:21.

❹ KEENER. The inductive method in legal education[J]. Report of the American bar association,1894,473(17):475;[美]怀特.美国侵权行为法:一部知识史[M].王晓明,等,译.北京:北京大学出版社,2014:42.

❺ KEENER. The inductive method in legal education[J]. Report of the American bar association,1894,473(17):482-483.∥怀特.美国侵权行为法:一部知识史[M].王晓明,等,译.北京:北京大学出版社,2014:43.

第一章 社会变迁——追溯和重新解读自甘风险规则的必要性

社会发展为法律规则的生成提供素材，历史事件和人类思想为理性法律观点的形成作出了一定的贡献。[1] 同时，社会发展也迫使法律规则进行调整以适应之，法律规则又是对社会生活的回应，法律规则与社会发展是互相作用共同进化的过程。因此，若要更好地理解法律原则就必须研究其发生机理和成长路径[2]，同时通过展现不同法律原则的历史演变过程来推演法律的发展趋势。[3] 自甘风险规则是普通法上一个较为古老的规则，其产生和发展融入社会巨大变迁的过程中，因此，追溯自甘风险规则发展的过程才能更清晰地认识该规则及其在整个法律部门中的角色。

一、自甘风险规则的历史演进

（一）自甘风险规则的产生及发展

自甘风险规则是指潜在的被侵权人在被告知危险或者知道危险后仍自

---

[1] 怀特.美国侵权行为法：一部知识史[M].王晓明，等，译.北京：北京大学出版社，2014：8.

[2] KEENER. The inductive method in legal education[J]. Report of the American bar association,1894,473(17):488-489.//怀特.美国侵权行为法：一部知识史[M].王晓明，等，译.北京：北京大学出版社，2014：41.

[3] 同[1]：42.

愿接受该危险，从而放弃主张由该危险所导致的损害的救济权利。❶ 其通常被认为由罗马法上的 Volenti Non Fit Injuria 规则演变而来，即自愿行为不构成侵权。这一法谚又被现代侵权法认为可以演变为两个不同的规则，即"故意侵权中的受害人同意"与"过失法上的自甘风险规则"。普通法上，这一规则最早出现在 1820 年的 Ilott v. Wilkes 案件中，法院认为，原告自愿将自己置于危险之中，其应当对自己的过错承担不好的后果。❷ 被告则可以依据该抗辩事由而免予承担所有的侵权法责任。在成文法中，自甘风险规则最早在《英国雇主责任法案》（*Employer's Liability Act*）中得到认真对待。侵权法理论起初认为损害应该停留在其发生之处，即由受害者自己承担损害。❸ 过失法成为侵权法中主要的归责原则且将损害由受害者处转移至加害者处，虽然这一转移的过程需要较高的司法成本且大多由当事人自己承担，过失法的发展仍使得侵权责任理论更公平。❹ 值得注意的是，伴随 19 世纪工业化社会的形成及迅速发展，企业在社会经济发展过程中发挥重要作用，其不仅创造巨大的财富也带来大量的工伤事故。过失法在处理工伤事故中将损害赔偿责任施加给企业而使得雇工的权利得到更大的保护，获得更多的赔偿机会。企业相比工人更有能力承担工伤事故的成本，但是，频发的事故和巨额的赔偿金给正在发展过程中的多数企业带来严重的打击甚至致命的损毁。❺ 因此，为了维护在工业化社会中企业的发展和社会经济的发展，法院采取自甘风险规则限制被告的损害赔偿责任而由雇工对自愿选择的危险

---

❶ SERGIENKO G S. Assumption of risk as a defense to negligence[J]. Western State university law review,2006,1(34):1.

❷ WARRE C. Volenti non fit injuria in action of negligence[J]. Harvard law review, 1895,457(8).

❸ 霍姆斯. 普通法[M]. 冉昊,译. 北京:中国政法大学出版社,2006:83.

❹ HENDERSON J A. Why negligence dominates tort[J]. UCLA law review,2002,377 (50).

❺ GEISTFELD M A. Restatement (third) of torts symposium :"social value as a policy-based limitation of the ordinary duty to exercise reasonable care."[J]. Wake Forest law review,2009,899(44):900.

承担可能导致的损害。例如，在 Lamson v. American Axe & Tool Co.❶ 中，受雇人发现不安全的生产条件，雇主明确告知其要么继续工作要么走人，其选择继续工作，即其已经察觉到危险并要承担这个风险，自甘风险就是完全的侵权责任阻却事由，即使在受雇人为害怕丢失饭碗而继续工作的情形下仍可适用。❷ 后来，自甘风险规则被扩张适用到除雇佣关系外的其他的法律关系中。❸ 例如，土地占有人的责任、体育侵权、产品责任等。而且美国侵权法重述采纳了自甘风险规则作为过失侵权责任的免责事由之一。❹《美国侵权法第二次重述》第 496 条也规定了自甘风险规则。概言之，基于合同或其他明示的方式，原告用语言或行为默示接受风险，则其就自担风险；如果原告对被告的过失所造成的风险有特别的了解并意识到其性质，其仍自愿接受风险，则被法院认为该行为即默示的同意。值得强调的是，只有当原告在面对风险时的行为能够表明其自愿接受了风险，风险才由其承担。❺

早期的侵权行为法体系书将自甘风险规则也限定在主人和仆人身份关系中。弗朗西斯·希利亚德于 1859 年完成的体系书中没有明确使用自甘风险的概念，只是描述性地提出了在主人与仆人关系中的自甘风险规则，即仆人知道行为中的危险并继续履行该服务则自行承担风险，主人免予承担对仆人的损害赔偿责任。❻ 希尔曼和雷德菲尔德认为，自甘风险规则建立于受雇人和雇用人之间分担劳动风险的默示契约关系的基础之上，原告自行承担损害可以视为其法律上的弃权行为。❼ 随后，汤姆森在《非基于契约所

---

❶ Lamson v. American Axe&Tool Co. ,177Mass. 144,58 N. E. 585（Mass. 1900）.

❷ 怀特.美国侵权行为法：一部知识史[M].王晓明,等,译.北京：北京大学出版社,2014:52-53.

❸ WARRE C. Volenti non fit injuria in action of negligence[J]. Harvard law review,1895,457(8):470-471.

❹ ALI. Restatement（First）of Torts, § 893（1939）.

❺ 多布斯.侵权法：上册[M].马静,等,译.北京：中国政法大学出版社,2014:466.

❻ HILLIARD F. The law of torts or private wrongs[M]. 3rd ed. 1866:467.∥怀特.美国侵权行为法：一部知识史[M].王晓明,等,译.北京：北京大学出版社,2014:53.

❼ SHEARMAN T,REDFIELD A. A treatise on the law of negligence[M]. 2nd ed.1870:121.∥怀特.美国侵权行为法：一部知识史[M].王晓明,等,译.北京：北京大学出版社,2014:53.

生关系中的过失法》中也认为，自甘风险规则存在于主仆关系或乘客与承
运人的契约关系中，扩展适用于其他法律关系中，原告自负其责也被看作
契约案件中对诉讼权利的弃权。❶ 上述对自甘风险规则的理解都是基于原告
与被告之间在先的主仆或雇佣关系，因而更倾向于将其置于契约法律关系
中分析，进而将原告自愿承担风险及损害视为一种弃权行为。该理解突出
了法律尊重原告的自由选择，亦即体现了私法中意思自治的原则，也更加
注重法律程序意义上自甘风险规则的法律效果。从政策上看，其也为了维
护雇主等被告的经济利益而肯定了由原告对自己的选择负责。沃顿在《过
失法论》中却认为，自甘风险规则应该独立于契约法律关系而存在。❷ 自甘
风险规则之所以独立是因为该规则的当事人对自己经过深思熟虑后而自愿
接受的合法的风险及其可能造成的损害无法获得赔偿或救济。该观点主要
强调了自甘风险规则并非契约法律关系中的一种程序法意义上的弃权，而
是一种实体法上的抗辩。本质上，其也彰显了法律对个人主义的尊重，即
原告应对自己的自由选择承担相应的风险及损失。1895 年，沃伦的学术贡
献在于将自甘风险规则证明为过失侵权法中的一般规则。❸ 其认为，原告应
证明被告在过失侵权行为中负有一般注意义务，被告可以提出自甘风险的
抗辩。这一观点以过失的认定为出发点，被告若履行了一般的注意义务，
不需要承担侵权责任。从原告的角度看，其知道危险并自愿接受之即免除
或减轻了被告的注意义务，被告未违反义务或不负有注意义务而免于承担
损害赔偿责任。20 世纪初，博伦论证了自甘风险规则适用于任何建立在自
愿基础上的关系中，这种关系并不限于契约关系，且该规则是限制过失侵
权责任的重要原因。❹ 而且，自甘风险规则在实践中的正当性得到了《联邦

---

❶ THOMPSON S. The law of negligence in relations not resting in contract[M]. 1880:
1147,1148.∥怀特. 美国侵权行为法:一部知识史[M]. 王晓明,等,译. 北京:北京大学出版
社,2014:53.

❷ WHARTON F. A treatise on the law of negligence[M]. 2nd ed. 1878:180.∥怀特. 美
国侵权行为法:一部知识史[M]. 王晓明,等,译. 北京:北京大学出版社,2014:54.

❸ WARRE C. Volenti non fit injuria in action of negligence[J]. Harvard law review,
1895,457(8).

❹ BOHLEN F H. Voluntary assumption of risk[J]. Harvard law review,1906,14(20):14.

铁路工人法案》的验证，为了避免陪审团审理中对案件事实认定可能存在的较大的不确定性，该规则有更大可能被适用于解决铁路工人在自愿接受工作中的危险而无法获得损害赔偿的情形，因此，该法案并不支持铁路工人工伤案件完全由陪审团审理。博伦认为这样避免了铁路公司支付的工伤赔偿金沦为铁路工人的强制性抚恤金的危险。❶ 人身损害法成为 20 世纪美国侵权法的重要组成部分。❷ 过失责任是人身损害法的基本归责原则，其也取代 19 世纪的严格归责原则而成为 20 世纪整个侵权法的归责原则。❸ 博伦的观点首先肯定了自甘风险规则应作为过失法中独立的责任免除事由，但是并不否定其与契约法律关系的关联性。其中强调当事人自愿选择接受工作的危险体现了对过失法中个人主义的尊重，即适用自甘风险规则不再需要存在合同法律的前提。其也表明了该规则的法律效果，即限制过失责任在工业化时代的肆意扩张而给企业带来的巨大负担，该预期法律效果的实现主要依赖于程序上对陪审团的事实审的限制和政策上将法律与社会保障机制分离。

由上述可知，自甘风险规则是普通法上一个较为古老的过失侵权责任制度，而且一度得到了美国立法、司法和学术研究的认可。其适用范围突破了合同法律关系的前提限制而真正成为侵权法上的一个独立的责任规则，而且成为一个完全抗辩事由，并且被普遍适用于多数具体的侵权责任语境中。当然，在法律规则产生及发展的过程中，法院和学术研究对该规则的理解和法律适用存在不同的态度和立场，而且该规则在被采纳的初期很容易由法院或学者将其无限扩张或进行扭曲理解。立法技术的限制和立法者的有限理性无法避免上述不利情形的发生，这都是自甘风险规则发展过程中的障碍，甚至会扼杀其存在的可能性。在社会及其法律制度发展进化过程中，比较过失制度的出现使得过失法发生了巨大的变化，其被认为是一种更加公平的过失责任规则而取代了要么全有要么全无的责任分担规则。

---

❶ BOHLEN F H. Voluntary assumption of risk[J]. Harvard law review,1906,14(20):94.

❷ SUGARMAN S D. A century of change in personal injury law[J]. California law review,2000,2403(88):2405.

❸ 同❷:2406-2407.

自甘风险规则在比较过失出现后受到了来自法院和学者们的普遍怀疑，甚至遭到摒弃。

（二）自甘风险规则的衰落——比较过失之后

过失责任归责原则为损失由受害者转移至加害者提供了一个合法事由，加害者的过失在直觉上被认为具有更大的可责性而更加需要法律的规制。但是，基于公平的价值考量，侵权法理论认为在对加害者施加侵权责任的过程中也应当考虑受害者的过失，从而避免由加害者承担因受害者过失而导致的损失，这也类似于当事人不得因其不法行为而获得利益的规则。[1] 与有过失或促成过失[2]（contributory negligence）是美国过失侵权法上较早出现的侵权责任限制规则，其通常产生要么全有要么全无责任的法律效果。[3] 与有过失与自甘风险规则被认为是传统侵权法理论上两种主要的积极抗辩事由，[4] 两者在一定程度上存在适用范围的重合但均被认为是独立而又本质上不同的法律规则。[5] 具体而言，两者在法律适用中的关系为：能够适用自甘风险规则的情形均符合与有过失的适用条件，反之，则不成立。从个案公平的角度看，与有过失也同样无法实现使当事人所应承担的责任与其自身过失一致的目的。因此，加害者的合法权益往往受到法律的不当剥夺而受

---

[1] SIMONS K W. Victim fault and victim strict responsibility in Anglo-American tort law [EB/OL]. (2012-11-21) [2024-07-25]. http://www.bu.edu/law/faculty/scholarship/workingpapers/2013.html.

[2] Contributory negligence 在我国侵权法上曾经被翻译为"有过失""促成过失""共同过失"，甚至也被翻译为"比较过失"，因此，我国侵权法学术研究成果中可能将其与 comparative negligence 混淆使用，尤其是在早期的学术著作中。本书中将采用与有过失以区别于"比较过失"。

[3] PROSSER W L. Comparative negligence[J]. Michigan law review, 1953, 465 (51): 466; SCHWARTZ G T. Contributory and comparative negligence: a reappraisal[J]. Yale law journal, 1978, 697 (87): 697.

[4] TWERSKI A D. Old wine in a new flask——restructuring assumption of risk in the products liability era[J]. Iowa law review, 1974, 1 (60): 39-43.

[5] GOUDKAMP J. Rethinking contributory negligence[J]. Oxford legal study, 2014, 34 (3): 449-472. KENNETH W. SIMONS. Reflections on assumption of risk[J]. UCLA law review, 2002, 50 (2): 481-529.

到不公平的对待。❶《1908 年联邦雇佣人责任法》（*The Federal Employer's Liability Act of 1908*）被认为是美国侵权法对与有过失规则的一次修正，即废止与有过失，采纳比较过失。❷ 随后，与有过失与比较过失规则共存于美国侵权责任法中，而前者在共同存续的过程中经历着颠簸的命运。

20 世纪 50 年代，美国侵权法学者更倾向于强调侵权法的损失分担功能，有的学者认为损失分担应该由社会保险实现❸，有的学者认为损失分担的优势方应该是受害人且坚持对受害人也应采纳过错原则。到 20 世纪 60 年代，损失分担的社会价值目标被公共政策扩大化并逐渐为美国侵权法理论所接受。20 世纪 60 年代以后，美国侵权法理论发生重大改变，过失法占据了侵权法的重要位置。❹ 比较过失规则被学者和法院接受从而替代了与有过失，有的学者甚至认为自此美国侵权法上不再存在其他抗辩事由。❺ 20 世纪 70 年代，比较过失规则在美国侵权法上极度繁荣，大多数州法院接受比较过失规则并且将其广泛适用于包括严格责任在内的侵权责任案件中。❻ 比较过失出现后，要么全有要么全无的责任分担规则在司法实践中凸显出不公平的现象，因而受到学者和法院的怀疑，自甘风险规则作为一种完全抗辩事由也被认为应该进行重新评价，随后便引发了一场持久的关于该规则存废的合理性之论战。❼

---

❶　SCHWARTZ G T. Contributory and comparative negligence：a reappraisal[J]. Yale law journal,1978,697(87)：702；PROSSER W L. Comparative negligence[J]. Michigan law review, 1953,465(51)：474.

❷　PROSSER W L. Comparative negligence[J]. Michigan law review,1953,465(51)：478.

❸　SCHWARTZ G T. The beginning and the possible end of the rise of modern American tort law[J]. Georgia law review,1992,601(26)：634-635.

❹　SCHWARTZ G T. Contributory and comparative negligence：a reappraisal[J]. Yale law journal,1978,697(87)：697-698；BAR-GILL O,BEN-SHAHAR O. The uneasy case for comparative negligence[J]. American law and economic review,2003,433(5)：433.

❺　SCHWARTZ G T. The beginning and the possible end of the rise of modern American tort law[J]. Georgia law review,1992,601(26)：608.

❻　SCHWARTZ G T. Contributory and comparative negligence：a reappraisal[J]. Yale law journal,1978,697(87)：698.

❼　FELDMAN E A,STEIN A. Assuming the risk：tort law,policy,and politics on the slippery slopes[J]. DePaul law review,2010,259(59)：270.

比较过失规则认为应将原告的过失与被告的过失进行比较并依此按比例分配损失。在默示自甘风险规则中，当事人之间并不存在一个明确的损失分担的合意，原告知道并自愿承担由被告的行为引发的风险，其将丧失向被告主张损害赔偿的权利。由前文所述，默示自甘风险规则又被具体划分为两类，即首要的默示自甘风险和次要的默示自甘风险。前者通常是指被告主观上不存在过失的情形，原告自愿接受由其行为引发的风险，后者通常发生在被告的过失行为导致风险的情形。次要的默示自甘风险表面上更容易与比较过失的情形混淆，因为双方当事人都存在过失，那么，如果次要自甘风险免除被告的责任而使受害方无法获得损害赔偿，而比较过失根据双方的过失比例而使受害方获得一定比例的损害赔偿❶，显然，比较过失规则更符合直觉上的公平，比次要自甘风险规则更容易被接受。侵权法理论将次要默示自甘风险再进行细分，分为原告自愿接受合理的风险和接受不合理的风险两种情形，即合理的自甘风险和不合理的自甘风险。自甘风险规则同等对待这两种情形而免除被告的损害赔偿责任；而依据比较过失规则，原告在自愿接受合理的风险时会得到全部赔偿，在自愿接受不合理的风险时则会按照比例获得损害赔偿。❷ 因此，相对来说，自甘风险规则对待合理风险的原告显得更加苛刻，而比较过失则更符合公平的价值。

综上所述，默示的自甘风险规则被归入比较过错制度中，法院从而适用比较过错对当事人之间侵权责任分配的规则，这种依据当事人过错程度而做出的责任分配方式很大程度上能够满足公众的正义直觉。因此，自甘风险规则在侵权责任法中发挥作用的空间越来越小。而主要的自甘风险规则被认为被告本身无义务或未违反义务而不需要承担侵权责任❸，即根据侵权法的一般原则即可处理此类案件中的责任问题。

另外，作为另一个分支的明示的自甘风险规则，因为存在一个在先的合意法律关系而可以被看作合同中的免责条款，其被认为通过合同法规则加以调整。而且随着社会发展，制度构建时对于企业利益的保护目的逐渐

<hr />

❶ SIMONS K W. Reflections on assumption of risk[J]. UCLA law review,2002,50(2): 481-529.

❷ 同❶.

❸ 多布斯.侵权法:上册[M].马静,等,译.北京:中国政法大学出版社,2014:466.

式微,法律更加注重对于个人利益的保护❶,尤其是在雇佣法律关系中。法院认为无法或很难认定雇员的知晓了解并自愿冒险的行为,这也是自甘风险规则在美国侵权法中逐渐萎缩的客观原因。而且,企业与雇员之间的经济实力和对于危险的信息的占有量出现明显的不平衡现象❷,雇员的合法权益在自甘风险规则下被认为受到不公平的对待。❸ 因此,自甘风险规则应当作出适时的转变,从最初保护企业发展的立法目的转变为充分考量雇员的合法利益,雇员的弱势地位及风险规避和承担能力这些因素都是成为在雇员关系中废止自甘风险规则的客观理由。

因此,在美国侵权法理论和政策上,自甘风险规则经历了这种日渐式微的发展趋势后其独立性丧失殆尽,以至在《美国侵权法第三次重述》中已不再被提及。自此,美国法院开始接受废除自甘风险规则的结果,也随之开始转变裁判中的法律适用。例如,有的美国法院开始以被告无法定义务为依据免除被告的损害赔偿责任。❹

值得注意的是,在比较过失规则下,法律通常同等地对待原告的过失与被告的过失。例如,《美国侵权法第三次重述》在人身损害的规定中,明确指出立法中对被告的过失的判断标准同样适用于对原告的过失的判断。❺ 即使在比较过失中,原告的过失认定标准也不应当适用与被告相同的标准❻,这是

---

❶ 李建华,王国柱.我国民法典总则编私权客体制度的立法设计[J].吉林大学社会科学学报,2012(3):128.

❷ 孙学致.公平规范的本质[J].东北师大学报(哲学社会科学版),2006(4):45.

❸ SCHWARTZ G T. Contributory and comparative negligence:a reappraisal[J]. Yale law journal,1978,697(87):715-718.

❹ SERGIENKO G S. Assumption of risk as a defense to negligence[J]. Western State university law review,2006,1(34):2.

❺ SIMONS K W. Victim fault and victim strict responsibility in Anglo-American tort law [EB/OL]. Boston university school of law working paper No. 13-1. (2012-11-21)[2013-01-10]. http://www. bu. edu/law/faculty/scholarship/workingpapers/2013. html.

❻ SIMONS K W. Victim fault and victim strict responsibility in Anglo-American tort law [EB/OL]. Boston university school of law working paper No. 13-1. (2012-11-21)[2013-01-10]. http://www. bu. edu/law/faculty/scholarship/workingpapers/2013. html;BAR-GILL O,Does Uncertainty Call for Comparative Negligence? [EB/OL]. Discussion Paper No. 346, 12/2001,http://www. law. harvard. edu/programs/olin_centre.

因为原告违反注意义务的法律效果并不等同于被告违反义务的效果。例如，原告不履行注意义务并不构成侵权，也不需要承担损害赔偿责任。因此，比较过失规则应当考虑区别对待原告的过失标准及其判断，而不应当采取混同的方法。❶ 另外，比较过失的经济分析观点认为受害者是更优的损失分担者且欲在加害者和受害者之间进行损失分担，汉德公式原理的前提假设是理性人和知道风险发生的概率。❷ 事实上，侵权责任中的原告可能并不符合上述假设，比较过失无法根据经济分析的方法合理地分配损失甚至发生错误的结果。

然而，比较过失可能引发不可预测且或许无法解决的复杂性和不确定性。❸ 尽管立法者在设计比较过失规则时将其能够更加公平高效地解决侵权责任分担作为预期目标，但比较过失规则在司法实践中并非完美契合了立法者的初衷，暴露出很多欠缺可行性或缺少理论支撑的弱点。因此，立法者和法院欲在法律运作过程中执着追求实现精确正义的目标，但囿于人的理性和司法技术而显得无能为力。❹

从 20 世纪初期的责任限制理论到 20 世纪 70 年代责任扩张主义到达极盛时期❺，短短几十年时间，侵权责任理论可以被认为发生了极度的转换，责任理念的急剧变换归因于当时美国社会的经济发展的急剧萎缩而无法由社会财富分担事故损失。❻ 因此，20 世纪 80 年代中期，制裁功能受到法学者和法院的重视，侵权责任更倾向于个人责任而取代了以损失分担为主的

---

❶ SIMONS K W. Victim fault and victim strict responsibility in Anglo-American tort law [EB/OL]. Boston university school of law working paper No. 13-1. (2012-11-21) [2013-01-10]. http://www.bu.edu/law/faculty/scholarship/workingpapers/2013.html.

❷ SCHWARTZ G T. Contributory and comparative negligence: a reappraisal[J]. Yale law journal,1978,697(87):702-708.

❸ 怀特. 美国侵权行为法: 一部知识史[M]. 王晓明,等,译. 北京:北京大学出版社, 2014:182-183.

❹ BEACH C. A treatise on the law of contributory negligence[M].//怀特. 美国侵权行为法: 一部知识史[M]. 王晓明,等,译. 北京:北京大学出版社,2014:183.

❺ SUGARMAN S D. A century of change in personal injury law[J]. California law review,2000,2403(88):2410.

❻ E A. FELDMAN A S. Assuming the risk: tort law,policy,and politics on the slippery slopes[J]. DePaul law review,2010,259(59):269.

社会责任模式。自甘风险规则被认为能够担当此时侵权责任法主要功能的规范，这是因为该规则主要关注当事人的个人行为或个人责任，同时其对原告责任的严苛态度显然发挥着制裁功能。❶ 换言之，事故责任的分配规则又回到了最原初的"损失停留在其发生之处"❷。20 世纪 80 年代以后，学者主张自甘风险规则的复苏并将其适用于娱乐运动领域。例如，纽约和加州的法院都依然认为自甘风险规则在娱乐运动侵权中是被告完全免除责任的根据。❸ 还有一些州仍然将自甘风险规则适用于相当普遍的侵权案件中，而非仅限于娱乐运动语境中。在娱乐运动侵权案中，一些州法院认可当事人明确放弃主张赔偿的合意的合法性。❹ 即明示自甘风险规则得到了一些法院在审理娱乐运动侵权案件中的支持，仍被作为侵权责任中的完全抗辩事由。消防员规则被认为是自甘风险规则的一个典型规则，得到很多美国州法院的认可并适用于审判中，即该规则可以证明自甘风险规则确实是美国侵权法中一个有力的抗辩事由。❺ 另外，消防员规则也被认为基于公共政策而免除被告的侵权责任。

也有学者提出自甘风险规则应该回归到以合意为基础的语境中，当然这应该是对于明示自甘风险规则的一个合理解释。学术研究成果对于自甘风险规则的适用提出了新的认定方法，即全面理解风险。❻ 通过与比较过错的法律效果的对比分析，自甘风险规则仍然有其存在空间。在一些特殊的语境中，如身体接触性的体育活动中、娱乐场所中经营者和顾客的关系中，也受到立法和法院的重视。❼ 仍有一些学者对于自甘风险规则的对立性持肯

---

❶ ERIC A. FELDMAN A S. Assuming the risk：tort law，policy，and politics on the slip-pery slopes[J]. DePaul law review，2010，259(59)：269.

❷ 霍姆斯. 普通法[M]. 冉昊，译. 北京：中国政法大学出版社，2006：83.

❸ SCHWARTZc G T. The beginning and the possible end of the rise of modern American tort law[J]. Georgia law review，1992，601(26)：672.

❹ 同❸.

❺ 同❸：673.

❻ SIMONS K W. Assumption of risk and consent in the law of torts：a theory of full prefer-ence[J]. Boston university law review，1987，213(67).

❼ KEETON W P，DOBBS D B，KEETON R E，OWEN D G. Prosser and Keeton on torts [M]. 5th ed. Maryland：West Publishing Company，1984：482-486.

定意见，并指出其在解决一些案件的过程中发挥着比较过失无法替代的作用。❶ 在具体个案类型中，自甘风险规则在严格产品责任情形中仍有适用的余地，这是其区别于比较过错制度的显著特点。❷

从上述可以看出，自甘风险规则是普通法上过失侵权法中一个古老而又饱受争议的规则，其产生之初的重要地位与日后的销声匿迹同样给学术研究带来了常新的话题。其之所以重要，是因为起初被认为是在英美法上过失侵权责任中的主要抗辩事由之一，而且被广泛用于雇主责任、场所占有人责任、产品责任、娱乐与运动侵权责任等法律关系中。后来越来越多的人主张自甘风险规则不应作为一个独立的规则存在，而应被与有过失（contributory negligence）代替，最后来随着比较过失规则（comparative negligence）的发展，自甘风险又被主张并入其中。自甘风险规则起初被认为仅适用于过失侵权责任情形，而且其所产生的法律效果是全无的责任分配方式。因此，自甘风险规则所发挥的实际效果并非那么完美，比较过失的出现被看作其走向衰亡的关键的最后一程。❸ 但是，比较过失规则通过司法实践证明其也并非完全公平的可行性规则，自甘风险规则的弊端也并非足够严重而应绝对废除。

二、风险社会及其对自甘风险规则的挑战

我们要研究法律制度不能从法律制度本身入手，而应该从其外部寻找入口。正如法律和社会被认为是分离的两个不同的范畴，但是法律却是社会重要的组成部分，社会的运作也离不开法律，彼此其实不可能完全独立

---

❶ TRAVELLA D F. Duty of care to spectators at sporting events：a united theory［J］. Florida A & M university law review，2010，181(5)；BOATMAN C D. A Knight/Li news update：a detailed analysis of the case law suggests that we should return to a consent-based assumption of risk defense［J］. Western state university law review，2013，57(41).

❷ Hardvard Law Review Association. note，Assumption of risk and strict products liability［J］. Harvard law review，1982，95(1).

❸ ESPER D A，KEATING G C. Abusing "duty"［M］. Southern California law review，2006，265(79)：293.

地存在。❶ 因此，对于某一特定法律制度的分析也应该关注其产生及发展等所处的不同的时代和社会环境，并将其置于具体的社会语境中观察。如前文所述，自甘风险规则的形成和前期阶段的发展也离不开其依存的社会环境或特定的具有影响力的事件。风险社会在社会科学研究中被认为是一个重要的特定时期社会阶段的概括，其自身必然存在不同于前期阶段的属性和特点，因而其对于自甘风险规则的发展会产生特定的影响，进而会整体上对法律制度及其体系带来特殊的影响。

（一）风险社会的形成

人们对风险的直觉理解即不好的状态或结果，而且其发生与否也无法事前判断进而无法采取积极措施。现代社会物质财富不断生产和丰富的过程中不可避免地会制造风险。❷ 风险属于进步，就像颠簸起伏属于高速行驶的船只。❸ 风险并非现代社会的发明，但现代社会生活的诸多领域无不受到风险的侵扰。

社会在发展进程中，工业化程度越高，科技水平越高，机器替代劳动的程度越高，可能引发危险或者大规模灾难的概率越大，人们受到损失的概率越大，受到损害的程度越大。比如，化学合成的方法生产了很多自然原材料的替代产品，但是化学化工行业的巨大的潜在危险也是此种福利的副产品。人们在接受科技带来的实惠的同时也不得不接受无法完全避免的危险。在科技发展的过程中，由行业协会和政府对某些行业的生产危险进行评估并制定了可以接受的风险的特定的具体指标，也形成了一些与之匹配的监管监督机制。在高危行业中，保险为产业发展提供了保障，保险行业的发展越来越多地满足了高危行业的需求。社会经济发展是促使法律变化的一个根本因素，经济的迅速发展催生了大规模的、陌生人之间的远程

---

❶ 弗里德曼.选择的共和国:法律、权威与文化[M].高鸿钧,等,译.北京:清华大学出版社,2005:5.

❷ 贝克.风险社会[M].何博闻,译.南京:译林出版社,2018:15.

❸ 同❷:51.

的交易方式，诸如跨国贸易的发展，其中已经变化的雇佣关系、产品责任、维权方式及成本、信息成本等都会对侵权责任产生影响。

科技的发展拉近了人与人之间的距离，提供了更多可替代能源、提高了资源利用率等，增加了社会财富和社会总体福利，但是也带来更多的风险。● 随着人口数量的指数级增长，可供利用的空间资源变得稀缺，物理空间的狭小使空间的层级利用度越来越高，新的生活方式滋生了相邻关系、地役权、空间权、区分所有权等新型权利，也随之引发了侵害隐私、侵扰生活安宁、高空抛物、物件致损等特定社会时期和形态所特有的问题。● 这些侵权行为的发生大多并非行为人故意为之，而是在生活过程中无意或过失的行为导致的侵权。核能、高压电力等都为当下的社会生产和生活提供丰富的资源，信息科技、高速机车、大型娱乐设施等也丰富了新的生活方式，其中潜在的风险也时刻无处不在地威胁着人类的安全。●

随着社会生产方式的进步和生活方式的发展，人作为社会中最基本的主体元素所扮演角色及其相互关系发生了明显的变化。信息获取更便捷，获取成本更低廉，人的认知水平和识别能力也随之提高，群体内个体的分化及群体间的差异也变得更加明显，由法律上拟制的平等主体演变为不同语境下不同类型的主体。● 即使带有强制性的侵权法也更加注重个人自由主义●，民法由追求形式公平转向实质公平，一刀切的立法方式或客观的裁判方法都显得不合时宜。

科学在既定的自然、人类和社会的氛围中发挥作用，也需要面对滋生

❶ 刘水林.风险社会大规模损害责任法的范式重构[J].法学研究,2014(3):110-111.

❷ 于敏,李昊,等.中国民法典侵权行为编规则[M].北京:社会科学文献出版社,2012:2-4.

❸ 马新彦,邓冰宁.现代化通信工具大规模侵权惩罚性赔偿制度构建[J].求是学刊,2013(1):85.

❹ 李国强.论消费者的民事主体定位与民法语境下消费者权益保护理念的解释[J].社会科学战线,2014(6):194.

❺ 孙学致.契约自由、"契约自由权"与契约权利:一个私权逻辑理论视角的分析[J].吉林大学社会科学学报,2006(5):14.

的事务、过失和次级问题，即文明对其二次创造。❶ 科技不仅是造成诸多问题的原因，也是解决问题的源泉。❷ 科技进步可以针对已有技术的缺陷不断改进生产技术和条件，产品的性能更加健全，产品使用的技术要求更低，原本存在较大概率的危险会降至最低，甚至可以采取可替代的安全的方法或产品。比如，交通工具的不断技术革新使得交通事故的发生概率不断降低，驾驶人员的安全系数逐渐提高。因此，社会的变迁需要面对科技发展带来的风险，同时也受惠于风险防范和降低。另外，风险在通识意义上是消极的，但其也具有积极的意义，即可以创造更多的新的市场机会。❸

进入 21 世纪，社会科学领域的研究更多关注风险及风险社会。贝克提出了风险社会理论，其所定义的风险社会跟上述风险不断增加的社会变迁既存在相似又存在不同。乌尔里希·贝克认为，风险社会中的风险首先是人为的风险，并不囊括自然和人为的所有风险。而且这类人为的风险具有隐蔽性，大多并不能够被人直接地所见所闻所感。从风险的程度看，并非只要可能导致损害发生的人为风险都被视为此类风险，而是超出了规则所允许的范围和标准的风险才是风险社会中的风险。再另外，这类风险一旦发生就会产生足够长久时间和广泛地域范围的影响，这也与之前社会中的风险有所区别。因此，风险社会并非工业化进程中的已经发生的某个社会阶段，而是超越了工业社会发展的任何一个阶段，就像贝克所定义的那样，其是与工业社会和阶级社会相对立的一个社会形态。❹ 但是，本书认为，风险社会中的风险和工业社会的风险本质是相似的，社会和科技的发展使风险于不同社会形态下发生因素、表现形态、范围和程度等不尽相同。由上述可知，风险社会下风险的特征和范围可能超越以前的社会阶段。因此，风险社会与之前的工业社会是极其相似却又不尽相同的两种形态。❺ 但是，也有些风险已经由科技遏制而不复存在，被以前社会公认为存在风险的行

---

❶　贝克.风险社会[M].何博闻,译.南京:译林出版社,2018:190.

❷　同❶:191.

❸　同❶:52.

❹　贝克.风险社会[M].何博闻,译.南京:译林出版社,2018:16-40;于敏,李昊,等.中国民法典侵权行为编规则[M].北京:社会科学文献出版社,2012:2-4.

❺　同❶:16.

为或许在当下已经免于被看作风险的命运。

（二）风险社会对自甘风险规则发展的影响

社会科学研究把当下定义为风险社会，是特指风险隐蔽、可以量化而又危害深远的社会。风险社会是科学社会、媒体社会和信息社会。❶ 风险对于法律理论并非不重要❷，尤其是与法律密切相关的风险，法律实践和理论都应对此有所调适，法律研究也应当能够及时对社会发展做出回应。

侵权责任的承担或者责任分担是侵权法最关注的问题，归责原则是影响责任分担的主要因素。起初侵权责任由受害人承担，即损失停留在原处，因为损失转移的原因和成本决定了该责任承担的规则。后来侵权责任演变为严格责任，由侵权人承担，不论其行为是否有过错。当 19 世纪末，过失法占据侵权法的主导地位，改变了严格责任的刚性和不公平。正如庞德认为，过失是由责任建立起来的，而责任不是源于过失。❸ 侵权责任不再由受害人承担，即损害停留在发生处。这不再符合侵权责任观念的原初状态，主要是因为人们对于侵权的证明能力提高，双方的角色和赔偿能力、控制风险的能力、对风险的预见能力、专业知识和技术的信息占有量的异化及保险保障制度都不断发展。侵权责任的动态系统论使其不再是一个封闭的体系，法律的稳定性要求与社会变迁速度应该相匹配。

风险的法律规制应满足成本—收益分析规则。❹ 当下社会被认为是风险社会，风险已经充斥到日常生活中，风险带给人们的损害的概率和严重性也受到了社会越来越多的关注。法律通常被认为是社会治理的最底线的规制手段。危险行为是否需要法律规制取决于其本身的危险性，而法律规制

---

❶ 贝克.风险社会[M].何博闻,译.南京:译林出版社,2018:52.

❷ 斯蒂尔.风险与法律理论[M].韩永强,译.北京:中国政法大学出版社,2012:5.

❸ POUND R. An introduction to the philosophy of law[M].∥霍维茨.美国法的变迁:1780—1860[M].谢鸿飞,译.北京:中国政法大学出版社,2001:132.

❹ ADLER M D. Risk,death and harm:the normative foundations of risk regulation[J].Minnesota law review,2003,1293(87):1389-1390.

的严厉程度也由行为的危险性决定。❶ 一般来说，当危险行为能够危害当事人的生命或者有危害生命的危险时，法律应该对该危险行为进行规制。从规制的成本看，公力救济的成本远大于私力救济的成本，诉讼方式的成本更为高昂。法律规制风险行为的成本可以是金钱成本，这主要表现为由政府承担的成本和由其他主体负担的成本，也可以是非金钱成本，主要表现为当事人牺牲其自由等。❷ 因此，危险行为能够危害人们的福利，法律规制危险行为也会克减主体的福利。但是，从社会总体福利来看，这种福利的克减并不都是不允许的，因为风险的法律规制的主要目的在于增进主体的福利以至增加社会整体福利。因此，成本—收益分析规则重视整体社会福利，并不忽略道德因素在判断中的作用，并非仅仅考虑经济效率，且不同于卡尔希克斯效率。❸

就像弗里德曼所言，美国社会面对严重的责任危机，人身损害赔偿的概率和数额剧增，以至于达到了危及社会发展的严重程度。❹ 随着科技进步和由此引发的风险及损害的概率不断增加，天价赔偿数额不仅迫使很多行业不得不因为责任危机和庞杂的法律责任而退出市场，如特殊医疗行业、运动场或滑雪场等，也使得保险公司也不得不飙高保险费，保险也不再是对存在潜在风险的商业的激励和保障机制。另外，美国人民对于权利的狂热使得他们更加积极地主张权利，寻求救济的欲望更加强烈，他们过分依赖于律师，对于诉讼的痴迷使得整个社会陷入病态❺，这也引发了对于律师、法律和正义的批判和指责的道德困境。

面对风险社会中的特殊风险形态及其引发的法律困境，侵权法应当对日益增加的侵权诉讼作出应有的回应。过失法对受害者的保护使加害者负担与其过失不成比例的损害赔偿，甚至在社会整体意义上已经对行业或社

---

❶　ADLER M D. Risk, death and harm: the normative foundations of risk regulation[J]. Minnesota law review, 2003, 1293(87): 1294.

❷　同❶.

❸　同❶: 1393.

❹　弗里德曼. 选择的共和国: 法律、权威与文化[M]. 高鸿钧, 等, 译. 北京: 清华大学出版社, 2005: 225-226.

❺　同❹: 226.

会经济造成严重影响，而责任限制规则也应当谨慎地对被告的责任负担进行调适，并缓和这种不适当的法律适用状态。由上述可知，自甘风险规则的发展受到比较过失规则极度繁荣带来的重创，但是，其在风险社会特殊语境下可能成为拯救责任泛滥的有力手段。因此，在经历了质疑和废除自甘风险规则的狂潮后，复兴自甘风险规则的声音逐渐显现出来。❶ 例如，Knight 案的法院就主张适用自甘风险规则免除被告的损害赔偿责任。❷

首先，自甘风险规则虽然产生于工业社会兴起之时，其目的在于保护尚处在发展初期的企业。工业社会中风险的概念并不等同于风险社会中风险的语义。综上所述，风险的含义及指涉范围虽不相同但是本质上有其相似之处。风险社会中风险的概念的范畴应当涵盖了其他社会形态中的风险。风险社会中企业相比过去具有了更强大的经济实力，但也难以或无法经得起过分严重和繁重的侵权责任的考验。因此，自甘风险规则被法院认为可能在责任平衡中发挥重要作用。

其次，与比较过失相比较，自甘风险规则以内在风险为主要规制对象❸，且更加关注受害者的自由选择。由上述可知，社会发展和科技进步虽然增加了风险及其威胁性，但是也使得人们提高了认知和理解风险的能力及损失的分担能力。因此，自甘风险中内在风险的认定应当考虑到具体的行为语境和当事人的具体情况等因素，内在风险在风险社会中的概念涵括范围也不同于之前的社会形态。

再次，由于风险社会中很多损害基于公共政策考量而不再考虑加害人的过失行为，严格责任在侵权责任中占据重要位置，而比较过失规则在严格责任下的适用空间被质疑。自甘风险规则更多关注当事人的自愿选择及行为的内在风险，而非对于当事人各自过失的考量。因此，自甘风险规则被看作更简单的方法，可平衡双方之间的责任分担。❹ 以消防员规则为例，风险社会下消防员所面对的风险会更多更严重，而该规则被认为是自甘风

---

❶　ESPER D A, KEATING G C. Abusing "duty" [M]. Southern California law review, 2006,265(79):294-295.

❷　Knight v. Jewett,3 Cal. 4th 296(1992).

❸　同❶:297.

❹　同❶:307.

险规则的一种表达形式，有学者甚至呼吁将其一般化为普适的规则以便解决类似的风险问题。❶

最后，从经济分析的视角，比较过失规则在侵权责任分担中并不能实现效率的价值。经济分析方法的前提假设是当事人为理性人，其能够知晓风险及其发生的可能性等因素。事实上，具体案件中当事人可能无法满足上述前提假设条件，依据汉德公式在当事人之间进行责任分担可能无法实现分析方法所预期的效率目标。❷ 而自甘风险规则在当事人知道风险的情况下自愿接受风险，承担由该风险导致的损失，这更具有效率。

综上所述，风险社会是社会发展至今经历的一个特殊的阶段，也在改变着人们的生活生产方式，而法律规则的发展应当与社会发展相协调一致。风险作为该社会形态的核心概念，自然具有其特有的属性，但也会引发特定的法律责任问题及法律规制的特殊性问题。虽然自甘风险规则在侵权责任中经历了跌宕起伏的发展过程，而且其独立性受到了比较过失的挑战，但在风险社会下该规则又寻找到了复苏的可能性及适用的合理性根据。

三、民法典前我国司法实践对自甘风险规则的模糊处理

在我国，立法活动往往能够引发对规则的集中关注，自甘风险规则在我国学术作品中集中出现的时间比较晚。但是在过去《侵权责任法》立法的过程中，自甘风险规则受到学术研究较为集中的关注，一时间催生了大量的学术研究成果。当《侵权责任法》立法完成并实施后，因自甘风险规则没有被写入其中，该规则的相关研究则渐渐减少并淡出研究的视野。那么，在民法典出台以前，对自甘风险规则在我国侵权法中的发展研究主要从学术研究成果和既有司法判决两个方面着手。

---

❶　虽然消防员规则在美国法里是由公共政策决定的,并不再被看作侵权责任中重要的规则,但是,有学者认为其本质上是自甘风险规则的具体情形。ESPER D A,KEATING G C. Abusing"duty"[J]. Southern California law review,2006,265(79):301.

❷　SCHWARTZ G T. Contributory and comparative negligence:a reappraisal[J]. Yale law journal,1978,697(87):714-727.

自甘风险规则对于我国法律规范体系来说是一种外来制度，直到我国民法典才被采纳。我国法律体系是一个继发性模式，法律移植在我国立法中发挥了很重要的作用，但是法律移植并非将外来制度拿来并生硬地加入本国法体系中，其更需要完成的工作是将外来制度更好地融合于本国法律中，使外来制度与本国法律不会发生水土不服的现象和其他副作用。而且法律制度像一台精确运转的机器，这台机器是处在社会之中，社会成员负责操作这台机器，他们启动它并使它运转，也能让它停止运转。❶ 具体言之，外来法律制度还应当与本国社会制度相互协调，能够调整本国社会中的纠纷并产生适合的法律效果和社会影响，即人们之间的纠纷会选择适用该法律制度，但是出现不妥适的效果则会摒弃该法律制度。因此，自甘风险规则虽然被我国学者与法院关注且较多地出现在学术作品或既有判决文书中，但是，在民法典出台前，其依然未实现从外来制度到本国法律规范的转化和落地，其中必然受制于制度移植和我国立法实践等多种因素的共同影响。在自甘风险规则未成为我国生效法律规范以前，对于我国法律语境下的自甘风险规则的论证首先会梳理和分析在我国民法典以前立法过程中出现的与之相关的法律草案及其说明书等资料，在此基础之上，论述主要从侵权法学理和司法实务的视角进行。

（一）基于我国现有相关立法文件对自甘风险规则的分析

立法性文件是法律规则的雏形，它们能够展示法律规则的形成过程且提供了立法者对于法律规则的基本立场及其充分的立法理由说明，因此，其应当成为法律规范分析的最原初的材料。自甘风险规则曾经出现在我国《侵权责任法》立法讨论中，也出现于我国民法典草案的多个版本中。因此，这些关于自甘风险规则的立法草案提供了在我国法律语境中自甘风险规则研究的基本资料，也构建了从其他视角剖析自甘风险规则的基础。

首先，全国人大常委会法制工作委员会民法室编写的《侵权责任法立法背景与观点全集》中的"关于自愿承担损害和自甘风险的立法思考"专

---

❶ 弗里德曼.选择的共和国:法律、权威与文化[M].高鸿钧,等,译.北京:清华大学出版社,2005:4-5.

题集中讨论了《侵权责任法》是否采纳自甘风险规则作为"不承担责任和减轻责任的情形"之一。其中，自甘风险规则是指受害人自愿承担可能性的损害而将自己置于危险环境或场合，其构成要件是：①受害人做出了自愿承受危险的意思表示，通常是将自己置于可能性的危险状况之下；②这种潜在的危险不是法律、法规所禁止的，也不是社会善良风俗所反对的，且此种危险通常是被社会所认可存在或难以避免的。❶ 文中还列举了立法和各部门的意见，其中有建议支持采纳自甘风险规则❷，当然，仍有反对意见存在。最后，文中给出了立法征集意见并经讨论而得出的四种不同立法方案：第一，只规定自愿承担损害而不采纳自甘风险规则；第二，将自愿承担损害和自甘风险规则结合而作为一种免责事由，或者将两者分别单独列为免责事由；第三，只在体育运动中规定自甘风险规则；第四，不采纳自甘风险规则，交给司法实践处理。❸ 因为立法者对自甘风险规则的存废依然存在较多的争议，因此旧的《侵权责任法》采纳了第四种建议方案，未将自甘风险规则作为侵权责任法中的免责事由。

其次，已搜集到的多个学者所主持的民法典草案或侵权责任法立法草案中都将自甘风险规则作为独立的免除侵权责任的条款进行规定。王利明教授主持的民法典草案中对自甘风险规则的规定为第 1851 条："受害人明确同意对其实施加害行为，并且自愿承担损害后果的，行为人不承担民事责任。加害行为超过受害人同意范围的，行为人应当承担相应的民事责任。受害人自愿承担损害的内容违反法律或者公共道德的，不得免除行为人的民事责任"❹。梁慧星教授在其主持的民法典草案文本中对自甘风险规则做出如下表述，第 1558 条规定："受害人同意加害人为实施加害行为或者自愿承担危险及其相应后果的，加害人不承担民事责任。加害行为超过受害人同意范围的，加害人应当承担相应的民事责任。受害人同意的内容违反

---

❶　全国人大常委会法制工作委员会民法室.侵权责任法立法背景与观点全集[M].北京:法律出版社,2010:547-548.

❷　同❶:550.

❸　同❶:551.

❹　王利明.中国民法典草案建议稿及说明[M].北京:中国法制出版社,2004:240.

法律和善良风俗的，不发生免除或减轻加害人民事责任的效力。"❶ 杨立新教授在其主持的侵权责任法草案建议稿中也给出了明确的条文，第 29 条规定为："受害人同意行为人对其实施加害行为，自愿承担损害后果的，或者自甘风险，行为人不承担侵权责任。加害行为超过受害人同意范围的，行为人应当承担相应的侵权责任。受害人自愿承担损害的内容违反法律或公共道德的，不得免除行为人的侵权责任。参加或者观赏具有危险性的体育活动，视为自愿承担损害后果，适用本条第一款的规定，但行为人违反体育运动管理规则，故意或者重大过失造成损害的除外。"❷

从上述学者在立法建议中所给出的关于自甘风险规则的描述，可以对自甘风险规则进行归纳并推断出我国学者对于该规则的理解和基本立场。第一，从表述方式上看，王利明教授采纳明确同意加害行为，而未采纳自甘风险的术语；梁慧星教授将同意加害行为和自愿承担危险进行区分并规定在同一条款中；杨立新教授则明确采用自甘风险这一术语，并且具体明确了体育侵权的特殊情形。后两种表述中可以明确看出对于自甘风险规则的规定，第一种表达中将自甘风险与同意两者混在一起，无法直接看出对自甘风险的规定。第二，从条款对法律效果的规定看，三个草案中都规定了加害人不承担民事责任或侵权责任，由此可知，自甘风险规则被认为是完全抗辩事由，即完全免除被告的民事责任。第三，从条款对例外情形的规定看，三个草案中的条款都设置了当事人同意的范围的限制，并且同意的内容不得违反法律及公共道德。被告免于承担责任的加害行为应以当事人的同意范围为限，既尊重当事人意思自治的原则，也体现注重当事人的自愿选择。不得违反法律及公共道德的强制性规定又设定了严格的同意的界限，避免了原告的合法权益受到侵害且更加注重公平。

从上述立法草案的关于自甘风险规则的条款的设置看，我国学者对于自甘风险规则的理解以受害人同意接受风险为核心，而未明示"知道"在

---

❶ 梁慧星.中国民法典草案建议稿附理由:侵权行为编·继承编[M].北京:法律出版社,2004:26-27.
❷ 杨立新,等.中华人民共和国侵权责任法草案建议稿及说明[M].北京:法律出版社,2007:9.

自甘风险规则中，强调对同意范围的限制，尤其通过不得违反法律及公共道德进行正反两方面限制，这与美国法上的不得违反公共政策是类似的。同时，学者都支持自甘风险规则作为完全抗辩事由的观点。因此，自甘风险规则仍被认为是一种基于受害人同意的完全抗辩事由，而且立法建议都强调对该规则的成立要件的限制，可以由此推定立法宜严不宜宽的立法思想，避免该规则滥用或误用而威胁受害人的合法权益及有损公平。

（二）基于我国学术研究成果对自甘风险规则的分析

上述立法草案建议稿都足够重视我国侵权责任立法中的自甘风险规则的设计，且认为其是独立的完全抗辩事由。自甘风险规则在我国法学研究中也受到诸多学者的关注，以体育侵权为语境的研究成果尤为突出。众多的研究成果中，大多侧重于自甘风险规则的应用及比较法分析，而少见以规则本身的问题为研究内容。通常，上述研究成果相对比较简单粗陋，但是对实际适用问题分析较为具体，尤其体育侵权的特殊情形。当然，有的学者支持将自甘风险规则作为完全抗辩事由，有的则拒绝其作为独立完整的法律规则。

我国侵权法领域权威学者支持将自甘风险规则作为独立的抗辩事由。例如，杨立新教授认为，受害人明知存在受害的危险而以行为或者其他方式明示同意接受，除非该同意违反公共利益或者善良风俗而无效，不得就该发生的损害请求赔偿。受害人完全了解存在受害的危险，但自愿地选择参与该行为或者活动，依其情形显示其有接受该危险意愿的，就该危险范围所致损害，无请求赔偿的权利。❶ 杨立新教授给出了明示自甘风险与默示自甘风险两种规则，其认为自甘风险在我国司法实践已被采纳且收到较好的法律效果，采纳自甘风险规则能够更好地实现立法和司法的统一。❷ 王利明教授在其著作中也对自甘风险规则作出了相关论述，其认为自甘风险规则与受害人同意存在一定的相似性，但两者的规则并不完全等同。虽然自甘风

---

❶　杨立新，吕纯纯.侵权案件应当适用自甘风险作为免责事由[N].人民法院报，2010-03-24(005).

❷　同❶.

险规则未写进《侵权责任法》中，但王利明教授认为这并非完全否定自甘风险规则作为我国侵权责任中的抗辩事由，民法典出台以前，规范层面，自甘风险规则虽然没有成为独立条款，但《侵权责任法》第76条涵摄了该规则，而实践上，法官已经作出的相关判决严格论述了自甘风险规则的适用。王利明教授还认为自甘风险规则的法律效果可以为减轻或免除被告的侵权责任。❶ 程啸教授认为，自甘风险规则的本质特征在于原告知道危险但不希望其发生，而责任发生的直接原因还在于被告的侵权行为。其更加注重从原告的行为进行分析，也认为自甘风险规则的法律效果不仅为完全免除被告的侵权责任，还可以产生基于比较过失的减轻责任的效果。❷ 汪传才教授等也对自甘风险规则进行了历史发展的梳理和学理上的分析，并支持我国侵权责任法应当将其作为独立的抗辩事由。❸ 另外，在体育侵权责任研究中，大多数学者支持自甘风险规则应当作为体育运动伤害责任中的抗辩事由，并且指出了自甘风险规则与受害人同意等相关制度的区别。❹ 体育运动大多自身包含各种内在风险且无法避免，因此，自甘风险规则不论在美国法还是在我国学者观点中都被看作体育运动伤害侵权责任的重要抗辩事由。

不论是一般侵权法理论，还是体育侵权的特殊侵权领域，自甘风险规则都被我国学者认为是独立的侵权责任抗辩事由。但是，从现有的学术作品中关于自甘风险规则的论述看，作者大多从自甘风险规则的概念、适用条件、适用范围及与相关规则的对比方面进行论述，而体育侵权特殊语境中，作者大多倾向于从案例分析入手，也仅仅以案例为具体语境对自甘风险规则的论述采取如前者同样的路径。因此，已有的研究成果无法解决自

---

❶ 王利明.侵权责任法研究:上卷[M].北京:中国人民大学出版社,2011:395-398;王利明,周友军,高圣平.侵权责任疑难问题研究[M].北京:中国法制出版社,2012:584-590.

❷ 程啸.侵权责任法[M].2版.北京:法律出版社,2016:303.

❸ 汪传才.自冒风险规则:死亡抑或再生?[J].比较法研究,2009(5):16-30.

❹ 赵毅.体育侵权中受害人同意和自甘风险的二元适用[J].武汉体育学院学报,2014(4);艾湘南.体育侵权案中如何适用自甘风险规则[J].武汉体育学院学报,2010(12);韩勇.体育伤害自甘风险抗辩的若干问题研究[J].体育学刊,2010(9);田雨.论自甘风险在体育侵权案件中的司法适用[J].武汉体育学院学报,2009(11);殷飞,赵毅.解释论:体育归责适用自甘风险的新路径[J].武汉体育学院学报,2015(6).

甘风险规则作为独立抗辩事由的正当性和准确适用等问题。然而这些正是自甘风险规则发展受到怀疑的根本原因和需要正确对待的问题。本书在前几部分对于自甘风险规则的主要元素的认定和法律适用问题进行了回答，尝试回应了其在发展过程中出现的理论和实践争议问题，并尝试给出了具有可行性的实际适用指引。而体育侵权特殊语境下的自甘风险规则将在后文借助典型案例类型对该规则适用中的具体问题及在该语境中的特殊问题进行论述。

（三）　以裁判文书为基础对自甘风险规则的分析

一个案例往往被看作既是实验室又是图书馆。它所包含的事实相当于科学标本，法院将法律原则应用于此事实的观点则相当于某一科学真理发现者的研究报告。法学研究包含了就案例和原则之间的关系而形成的一系列分析式检验。❶ 虽然我国《侵权责任法》中并未明确规定自甘风险条款，但是自甘风险规则频繁出现在我国已有的司法判决中，尤其是体育运动娱乐伤害案件❷中。由于我国司法裁判中的法律适用囿于法条的明确规定，即判决依据应基于现行生效的法律❸，自甘风险往往出现在已有的裁判文书中的判决推理部分，而不得肯定认为其为裁判文书中的法律适用。案例法是提高实体法制度合理性和有序性的一种激励因素。❹ 类推之，当不存在生效的法律规则时，案例分析能窥见这一外来制度或尚未生效的规则的合理性。反过来，法律规则存在的意义在于其能否遵循实践❺，即是否被实践接受，能够解决相关法律纠纷。因此，我国司法实践接受自甘风险规则作为侵权责任案件中的抗辩事由，而且该规则被认为在司法实践中产生了较好的法律效果❻，那么，自甘风险规则在我国法律体系中应该有其存在的可能性和合理性。

---

❶　怀特.美国侵权行为法：一部知识史[M].王晓明，等，译.北京：北京大学出版社，2014：43.

❷　此处并非科学意义上的运动或体育，娱乐场、游乐设施导致的伤害案件中也会出现自甘风险规则，因此称之为体育娱乐伤害案件。

❸　此处法律为广义的法律，包括法律、法规、条例等。

❹　同❶：44.

❺　同❶：84.

❻　杨立新，吕纯纯.侵权案件应当适用自甘风险作为免责事由[N].人民法院报，2010-03-24(005).

在"无讼案例""北大法宝"数据库，以"自甘风险""自负风险""风险自甘""自甘冒险""自甘风险""自愿承担风险"❶为主要检索词语搜集到的相关案例，再增加侵权责任、劳动纠纷、人格权纠纷等限制性的关键词，筛选出相关案件200余件。自甘风险规则在我国司法判决中的表现形式呈现出较大的差别，这取决于不同案件事实和法院对该规则的理解等因素，另外，自甘风险规则对这些案件的侵权责任分担产生不同的影响。从案由来看，这些案件主要可以分为以下几类。

（1）体育运动伤害或娱乐活动伤害的生命权、健康权、身体权纠纷案件；

（2）交通事故中的生命权、健康权、身体权纠纷案件；

（3）特殊场合中发生的生命权、健康权、身体权纠纷案件，这包括侵权人的安全保障义务的违反，触电、溺水等造成的生命权、健康权、身体权纠纷案件等；

（4）自助旅行活动中的生命权、健康权、身体权纠纷案件。

在上述这些类型的案件中，法院对于自甘风险规则的理解存在实质上的差异，因此自甘风险在司法实践中表现出不同的形式。我国法院已有判决对于自甘风险的适用方式主要可以分为以下两大类。

（1）自甘风险并不是侵权责任免责事由而是合同中风险分担的不同表述。在搜集到的多数道路交通事故案件判决案例中，自甘风险等类似表述会出现在法院查明或者当事人的陈述中。这类交通事故中存在侵权人与运输公司之间的挂靠关系的协议、侵权人与融资租赁人之间的法律关系、侵权人与分期付款的卖方之间的法律关系中，在上述诸多协议中双方会约定机动车交通事故责任由侵权人承担，因此一些样本合同中多采纳自甘风险、自冒风险、风险自负等表述。例如，在"原告杨磊江诉被告范粉歌、魏宏，被告玉祥公司、被告联合保险咸阳支公司机动车道路交通事故责任纠纷"❷中，"被告本人驾驶的车辆与被告玉祥公司签订有挂靠合同，合同约定被告

---

❶ 上述检索词语是基于对 assumption of risk 的不同翻译表达，本书统一使用"自甘风险"。"无讼案例"数据库中与自甘风险相关的案例检索的时间是 2010 年至 2016 年 1 月，因此，2010 年以前的相关案件在本书出现较少。此外，在未说明的情况下，2010 年以前的有关自甘风险的案件来源于"北大法宝"司法案例数据库。

❷ 兴平市人民法院民事判决书(2014)兴民初字第 00229 号。

本人向被告玉祥公司缴纳管理费后自主经营，收益自有、自甘风险……"显然，上述类型侵权案件中，自甘风险存在于侵权责任法律关系之外的另一合同法律关系中，此类案件中所出现的自甘风险的适用不是以侵权责任法语境下的含义适用的，而是在合同语境下对于风险分担约定的表述方式。因此，其并不会对被侵权人的损害赔偿产生影响，也不是本书讨论的自甘风险规则的范畴。又如，在承揽合同语境中，被告往往提出在承揽合同中双方约定了自甘风险，或者被告基于承揽合同法律关系主张该承揽合同中存在自甘风险的明示或默示责任免除条款。再如，在"庞春德与王治林、夏国斌等提供劳务者受害责任纠纷一审民事判决书"中，被告主张"根据法律的相关规定，在承揽法律关系中，承揽人自担风险，定作人不承担风险责任"。❶ 而该语境下被告主张承揽合同中约定风险自负，合同约定此类条款或者承揽合同的任意条款能够成为被告免责的抗辩事由，即承揽合同中免责条款。但是，法院大多数情况下并未支持被告主张的以自甘风险为抗辩事由的免责条款的效力。因此，自甘风险在承揽合同法律关系语境中被认为是合同法律关系的免责条款，而非侵权损害法律关系中的抗辩事由。这与上述交通事故案件中自甘风险的适用方式是类似的，也不被看作本书的研究对象。

（2）自甘风险作为侵权责任案件中的抗辩事由。在我国已有的司法判决中，大多法院以自甘风险作为判决说理的事由，其认为被告主观上并不存在过错，在以过错原则为归责原则侵权责任中，被告因其行为并不构成侵权而不需承担侵权责任。此时，法院认为原告知道并自愿承担该行为的风险及其损害后果，其无法向被告主张损害赔偿责任。由此可见，法院在涉及自甘风险的案件中更倾向于以被告行为不构成侵权为由而驳回原告的诉讼请求，而不是以原告行为适用自甘风险而免除被告的侵权责任。另外，我国法院在此类裁判中会考虑到案件裁判的效果及司法效率问题而尽可能地给予受害人一定的补偿。从法律适用看，法院通常依据《民法通则》第132条或者《侵权责任法》第24条作出给予原告一定补偿的判决。在被告

---

❶　重庆市黔江区人民法院民事判决书(2014)黔法民初字第01116号。

存在过错的情况下，被告应承担由其行为给原告造成损失的侵权责任。法院认为原告的行为能够减轻被告的侵权责任，其自身能够知道并自愿承担风险及其导致的损害，此时，法院通常依据《侵权责任法》第26条规定在双方之间进行责任分担。此时，自甘风险可以看作是减轻侵权责任的事由，尽管法院在适用法律时依据第26条，即被理解为比较过错的法定减轻或免除法律责任的事由。值得注意的是，在极少数案件中，法院也会以自甘风险规则为完全抗辩事由而驳回原告的诉讼请求。❶ 例如，被认为适用自甘风险规则的典型案例"北京石景山足球伤害案""广西驴友死亡赔偿案"。

综上所述，自甘风险规则在我国侵权立法过程中曾经昙花一现，在多个民法典学者建议稿中都将自甘风险规则或者特定领域的自甘风险规则单独拟定为一个条款。例如，梁慧星教授、王利明教授、杨立新教授等都对于该问题进行了阐述。❷ 当然，也有专家在立法过程中持反对意见，指出此类案件的具体情况比较复杂，并建议由司法机关根据个案情况确定被告是否承担责任。❸ 在《侵权责任法》中舍弃了对自甘风险规则的规定，形成了《侵权责任法》第二章，不承担责任和减轻责任的情形中仅规定了过错相抵、受害人故意、第三人原因和不可抗力、正当防卫、紧急避险这几种情形。❹ 也有学者在学术论文里主张应当增加自甘风险规则作为侵权责任的抗辩事由。❺ 在《侵权责任法》生效后，有观点认为可以通过司法解释的方式将该规则作为侵权责任的抗辩事由。

---

❶ "上诉人南京市春江学校与被上诉人孙某健康权纠纷案"，南京市中级人民法院(2014)宁少民终字第117号民事判决书。"李某某与王某某、曲某某等健康权纠纷案"，辽河中级人民法院(2014)辽河中民一终字第38号民事判决书。

❷ 梁慧星.中国民法典草案建议稿附理由：侵权行为编[M].北京：法律出版社，2013；王利明.中国民法典学者建议稿与立法理由书[M].北京：法律出版社，2005；杨立新，等.中华人民共和国侵权责任法草案建议稿及说明[M].北京：法律出版社，2007；布鲁格迈耶尔，朱岩.中国侵权责任法：学者建议稿及其立法理由[M].北京：北京大学出版社，2009：173.

❸ 全国人大常委会法制工作委员会民法室编.侵权责任法立法背景与观点全集[M].北京：法律出版社，2010：551.

❹ 同❸：549-551.

❺ 杨立新，吕纯纯.侵权案件应当适用自甘风险作为免责事由[N].人民法院报，2010-03-24(005).

《侵权责任法》是晚近才完成的立法项目，其继受和移植的痕迹较为明显，从其体系模式到具体规则的设计。虽然《侵权责任法》未采纳自甘风险规则作为独立的一般性的抗辩事由，但是，自甘风险规则的理论上正当性和适用问题得到了我国学者论证和司法实践的证成。王利明教授提出了自甘风险规则是高度危险责任的抗辩事由，而且论证了自甘风险规则在高度危险责任中适用条件及限制要求。❶ 这仅仅是在特殊侵权类型中对自甘风险规则的承认，我国侵权责任法中规定的责任免除事由仍然较少，诸如体育运动伤害案件仍需要自甘风险规则来助推运动普及和参与度。因此，自甘风险规则并不局限于侵权责任法上的少量特别条款，还需要由司法机关对其进行谨慎的论证，解决社会变迁过程中出现的类似案件。近年来发生的诸如"驴友遇难"、体育侵权纠纷、高度危险责任纠纷等争议较大而影响力很强的案件，有的法院在裁判说理过程中采纳了自甘风险进行推理解释，但在法律适用中却绕了该规则转而通过公平责任条款进行裁判。❷ 以关注度最高的体育运动伤害案件为例，有的法院认定具体案件事实符合自甘风险规则并将其作为判决的依据。但是，既有的裁判文书中并未对自甘风险规制进行明确具体的解释，而仅仅简单地提出了自甘风险规则。值得注意的是，由于自甘风险规则不是我国《侵权责任法》中的条款，既有判决大多并不直接将自甘风险规则作为判决依据，这又导致了法律适用的杂乱现象。因此，我国法院在运动伤害案件裁判中会认定当事人的行为构成自甘风险，但是其法律适用则根据《侵权责任法》第 26 条判决比例责任或第 24 条的规定给予原告适当的补偿。此类案件的具体法律适用问题将在下文进行详细论述。然而，我国体育侵权研究学术成果中对于该问题并未给予应有的重视。当然，法官在承认自甘风险规则的同时也认为应该采纳公平分担损失的责任模式，这也是裁判中基于政策考量的结果。

由此可知，我国法院在处理可能适用自甘风险规则的案件时对于该规则的基本问题并未进行充分的论证，在判决文书的法律适用中存在不一致

---

❶ 王利明.侵权责任法研究:下卷[M].北京:中国人民大学出版社,2011:565-568.

❷ 张力,刘中杰.户外自助旅游遇险事件法律分析[J].广西社会科学,2010(5);杨立新,吕纯纯.侵权案件应当适用自甘风险作为免责事由[N].人民法院报,2010-03-24(005).

的问题，为避免无法律依据而寻找其他法律规则作为裁判法律依据。因此，在民法典出台以前，我国司法实践对待自甘风险规则的态度并不足够认真谨慎，甚至采用一种模糊的处理手段。在侵权法理论研究中，也有学者质疑将自甘风险作为我国侵权责任法上一个独立的抗辩事由的可行性。❶ 其认为自甘风险只是一个语言表述的杂合，本身并不是一个独立的规则。当然，一个新的法律制度的引进必须考虑到我国已有法律制度的体系和法律的稳定性问题。因此，自甘风险规则能否成为法定的抗辩事由，还需要对于我国侵权责任法，尤其是侵权责任抗辩事由规则进行系统的论证后，才能给出一个更加有说服力的答案。

即使《侵权责任法》没有采纳自甘风险规则，立法者对其也持有怀疑态度，学者意见也存在分歧，但是，自甘风险规则一直在我国司法实践中存在，尤其是在诸如体育运动伤害案件、户外运动伤害纠纷中屡屡被适用。尤其是我国当前社会发展阶段，国家重视全民健康，尤其强调青少年健康发展，但是，学校等教育机构因担心承担运动伤害而负担过重的侵权责任，很难充分开展体育教学训练。因此，在民法典编纂中，立法者认为自甘风险规则首先要解决的问题是使学校等教育机构能够摆脱过重的侵权责任，积极开展促进学生身体健康发展的体育活动，从而促进我国全民健康政策落实。即便如此，自甘风险规则依然存在反对声音，在多版民法典草案中，自甘风险规则尚未出现。在民法典编纂的后期，自甘风险规则才出现在草案中，最后经过论证才得以成为我国民法典中独立的免责事由条款。

四、重新解读自甘风险规则的必要性

前面对自甘风险规则的产生及发展从不同的角度进行了大致梳理，由此可知，自甘风险规则是 20 世纪过失侵权行为法的一个基本元素❷，要求

---

❶ 廖焕国，黄芬.质疑自甘冒险的独立性[J].华中科技大学学报(社会科学版)，2010(51).

❷ SCHWARTZ G T. Contributory and comparative negligence：a reappraisal[J]. Yale law journal，1978，697(87)：697；怀特.美国侵权行为法：一部知识史[M].王晓明，等，译.北京：北京大学出版社，2014：53.

知道风险并自愿接受风险的受害者承担风险及其引发的损失，因此，其代表着一个能够使每个人都有相同能力避免自己受到伤害的观念盛行的年代。❶ 由前述可见，自甘风险规则的发展受到比较过失的羁绊而沦落到可能被废弃。但是，随着社会发展，自甘风险规则又迎来了复苏的机会而得到学者和法院的关注。自甘风险规则的发展经历了跌宕起伏的过程，而在美国侵权法上未得一个明确的位置。另外，自甘风险规则对我国侵权法的影响也显得十分复杂且曲折。其在我国《侵权责任法》立法和民法典的起草过程中都受到了立法机关和学者的关注，但是我国《侵权责任法》并未接纳自甘风险规则，而尚在立法程序中的民法典对于自甘风险规则的态度仍不明确。因此，自甘风险规则的发展趋向并不明确且存废的问题也存在争议，其应当得到学术研究的认真对待。

首先，从比较法的角度，自甘风险规则被《美国侵权法第三次重述》舍弃。由前述可知，自甘风险规则经历了较长时期的来自法院和学者的质疑，《美国侵权法第三次重述》则决定不再将其纳入。由于侵权法重述在美国法律制度中占据举足轻重的位置，其排斥自甘风险规则的选择更加坚定了多数法院和学者对于该规则的否定立场。美国侵权法重述的主体并非其立法机关，其在判例法为主的立法司法体制中仅仅是一个非官方的法律文件。尽管这种做法得到了法院及学术作品的支持，但是这并不能成为完全废止自甘风险规则的充分的理由。由于普通法的遵循先例的传统，既有判例是法律规则形成的主要素材，也是后续法院审判的主要法源。而且学者们或法官们相信法院的判决中包含了原则，这些原则随着时间流逝而得到发展和进化。在 20 世纪末，自甘风险规则又重新得到一些法院的肯定，作为过失侵权的抗辩事由而发挥分配损失的功能❷，同样，学术研究领域也出现一些对其进行重新诠释并支持的论述。自甘风险规则对于我国侵权法来说是一个舶来制度，虽然现行立法没有接纳其作为一般的抗辩事由，但其

---

❶　怀特.美国侵权行为法：一部知识史[M].王晓明，等，译.北京：北京大学出版社，2014：52.

❷　SERGIENKO G S. Assumption of risk as a defense to negligence[J]. Western State university law review,2006,1(34)：2.

仍有可能经由其他的立法途径进入我国不断完善的法律体系中。

其次，从规范分析方面，支持自甘风险规则的法院或学者并没有给出一个更准确的法律术语或法律解释。❶ 术语是认识一个规则的最重要的起点和抓手，也是学术研究中最小的元素及最核心的部分。当不存在比较容易误解或混淆的法律规则时，似乎不太准确的术语并不会引发理论研究中的棘手问题。当比较过失规则与自甘风险规则之间的区别和合并问题困扰了学者和法官时，准确的法律术语对于自甘风险规则的发展起到关键性作用。❷ 在比较过失成为主导的且盛行的规则时，严格对待自甘风险规则的术语的准确性就显得更为重要。比较过失与自甘风险在某些情形下的法律效果被认为是相同的，因此，自甘风险规则一度被认为发挥着比较双方过失而分担实际损失的功能，而并未完全被摒弃。❸ 当然，同一个法律规则内部的次级类型的术语的含义也应当得到准确的界定。这会关涉到法律效果的不同。例如，主要的自甘风险完全否定原告的请求，而次要的自甘风险更加关注原告的过错程度而在一定程度上减轻被告所承担的损害赔偿数额。❹ 自甘风险规则无论在美国侵权法发展中还是在我国的司法实践中都未得到规范意义上的认真对待，其适用条件的宽松也是导致发展困境的原因之一。

再次，从价值分析的路径看❺，自甘风险规则仍可能独立存在。个人自由主义被认为是自甘风险规则的产生所依赖的最基本的正当性基础，而且法律越来越尊重当事人的合法权益，当事人的自由也应受到法律保护。侵权法的功能在于平衡加害人的自由与受害人的安全，自甘风险规则中受害

---

❶ MOORE D L. Please watch your language: the chronic problem of assumption of risk [J]. Catholic university law review, 2011, 175(61): 179.

❷ 同❶: 179-180.

❸ SUGARMAN S D. Assumption of risk[J]. Valparaiso university law review, 1997, 833 (31).

❹ 同❶: 181.

❺ 张新宝. 侵权责任法立法的利益衡量[J]. 中国法学, 2009(4); 王轶. 民法价值判断问题的实体性论证规则[J]. 中国社会科学, 2004(6).

人通常为了获取危险行为中的利益而接受该风险❶，法律认为受害人承担该风险及其损失更能平衡安全和自由，即支持自甘风险规则独立地作为抗辩事由。公平是法律追求的重要价值之一，侵权责任的分担应当体现公平。过失法中的矫正正义原则虽然以当事人的过失为考量因素，即被告应当承担与其过失相当的损害赔偿责任且原告应得到相应的损害赔偿，这从整体意义上也体现了过失法上的公平。随着社会发展，侵权法不再以完全的矫正正义作为唯一的规则设计的价值追求，风险的防范和损失分担已然受到了法学理论研究的重视，分配正义也成为侵权责任法的一个价值倾向。那么，以公平为核心的分配正义体现在具体的侵权责任制度中即公平的分配风险责任，从而实现侵权责任法的功能，既能保护受害人的合法利益且使其损害得到合理救济，又能实现预防风险及获得内在风险行为带来收益的行为的正常态发展，即避免因噎废食的制裁方式。❷ 责任的分配和分担，既要考虑侵权责任法的社会效果，又要考虑个案中当事人对裁判的态度。社会公平和个案公平的权衡是能否适用自甘风险规则的正当性判断根据，也是最有说服力的依据。❸ 另外，美国法上法政策问题对案例裁判起到很大作用，在我国这体现于侵权责任法的基本原则，还会涉及一些特殊的政策性文件等。由于风险社会的特定语境形成，风险的普遍化、高度危险行为的平民化和普遍化、市场对于不同行业的有效调整政策，这些都是侵权责任法对自甘风险规则需要考量的因素。

最后，从司法实践方面，自甘风险规则在美国法院审判中不再受到青睐，即使仍有少数的晚近的裁判比较模糊化、简单地提及该规则，甚至通过其他一些法律理论或规则替代之。由上述可知，我国既有判决对于自甘

---

❶ 李建华,王琳琳,麻锐.民法典人格权客体立法设计的理论选择[J].社会科学战线,2013(11):159.

❷ 叶名怡.论侵权责任预防责任对传统侵权法的挑战[J].法律科学,2013(2);解亘.论管制规范在侵权行为法上的意义[J].中国法学,2009(2).

❸ KEATING G C. Distributive and corrective justive in the tort law of accidents[J]. Southern California law review,2000,193(74);GARDNER J. What is tort law for? part1:the place of corrective justice[J]. Law and Philosophy, 2011,30(1):1-50.

风险规则的立场并不统一，对其理解存在很多的差异，该规则的模糊性甚至导致了法律适用的杂乱无章的困境。如果对上述自甘风险规则在各国司法实践中存在的问题进行回答，自甘风险规则的重新解读和准确界定应当是应对上述问题的可能途径。尤其在风险社会中，自甘风险规则的可能发展趋势是上述社会环境和立法发展的共同作用决定的。❶ 风险并不都是人们可以预期的，人们也不能因为风险的发生而躲在屋子里。自甘风险规则应在社会发展和风险加剧的情况下更加有利于受害人的利益保护和损害赔偿，不得被滥用，同时也应当避免对行为人施加过重的侵权责任，避免寒蝉效应❷，而应该对于行业发展起到促进作用。

　　法律存在的理由终止，法律也终止。❸ 我们对于法律制度的研究更需要对其存在的理由进行全方位的论证。某一法律制度存在的理由是多面向的且复杂多变的，法律制度存在的理由包括理论、社会背景、实践上的因素等。法律规则的定义和适用并不是放之四海而皆准的普适性规则，而且法律规则在保持其稳定性的同时也需要随着社会发展不断地调适和发展。❹ 总之，社会发展变化是不可避免的，法律的历史也就成为现状的序幕。❺ 综上所述，从自甘风险规则在美国侵权法等普通法中的产生和发展过程可以看出，过失侵权责任是社会发展过程中必然产生且必不可少的，自甘风险规则的产生的前提是过失侵权责任占据主导位置并且被广泛采纳，其在过失责任成立中发挥重要作用，可能会导致责任不成立。在过失责任法规的发展过程中，自甘风险规则也受到了很多怀疑，甚至引发被摒弃的强烈呼声。但是，自甘风险规则仍然在美国法尤其是体育娱乐侵权语境下发挥着作用。

---

❶ 杨春福.风险社会的法理解读[J].法制与社会发展,2011(6);朱岩.风险社会下的危险责任地位及其立法模式[J].法学杂志,2009(3).

❷ BRUMMET T. Looking beyond the name of the game: a framework for analyzing recreational sports injury cases[J]. U. C. Davis law review,2001,1029(34):1045,1057.

❸ 卡拉布雷西.事故的成本:法律与经济的分析[M].毕竞悦,等译.北京:北京大学出版社,2008:248.

❹ 博登海默.法理学:法律哲学与法律方法[M].邓正来,译.北京:中国政法大学出版社,2004:343.

❺ 怀特.美国侵权行为法:一部知识史[M].王晓明,等,译.北京:北京大学出版社,2014:42.

我国对自甘风险规则的呼声并不消沉，虽然其未出现在侵权责任法中，但是民法典立法始终关注该规则。如果自甘风险规则存在可能性，那么，该规则自身的诠释是规则适用和规则功能的开端。因此，自甘风险规则中关键因素之风险的判断在本书以下讨论中首先应当得到关注和认真对待。

第二章　自甘风险规则之风险的诠释

　　就像贝克在《风险社会》中所言，任何仍旧有可能发生的事，不管它可能带来的危害有多大，通过社会的界定都可以是"无害的"。[1] 可接受的风险的程度确实避免了最坏的情况发生，但它们也允许对人类有一点点的毒害。在侵权责任法中，所谓"一点点的损害"可以表现在社会生活中的多种行为之中，共同点是都是对人类不利的影响或结果。但是，其也是行为不可以避免的或者无法完全避免的。如果人们接受某种带有风险的行为，就必须接受行为中潜在的可能发生的此类风险甚至伤害。因此，"一点点的损害"的判断是侵权责任的决定因素。这关系到被告的义务的范围，更关系到侵权责任的分担。自甘风险规则能够让偏好冒险的人们去满足他们对风险的兴趣，厌恶风险的人也可以自由地远离风险。[2] 因此，自甘风险规则促进了人们自由地选择并在一定程度上增进个人福利。从法律经济分析的视角看，并非所有的风险都应该被完全禁止，因为这既不符合当前社会发展的现实，也不符合成本收益分析规则。通常来说，所有制度都具有两面性，自甘风险规则也不例外，因而应当受到一定的限制，这种限制主要表现为该规则的具体适用条件。因此，对于自甘风险规则的适用条件的深刻认识是剖析该规则调整具体法律关系的前提和必要的准备。对自甘风险规则的适用条件的分析首先从风险这一概念的分析开始。

---

[1] 贝克. 风险社会[M]. 何博闻,译. 南京:译林出版社,2018:76.
[2] POSNER R A. A theory of negligence[J]. Journal of legal studies,1972,29(1):45.

一、法律意义上的风险

奥诺尔将个人冒险行为类比为赌博行为，这是因为人们事实上并不能完全预知其行为的后果，且无法推断行为后果的好与坏。[1] 质言之，风险的发生无法完全由行为人的意愿控制，其发生与否只是一个概率统计结果。但是，在社会生活中，风险是无处不在且很多时候无法避免的[2]，人们实施风险行为而将风险现实化。风险对于行为人来说往往意味着不好的结果，如身体损害或财产损失。这也引发了不同学科对于风险问题的关注，法学研究应当探讨风险的法律意义及其可能导致的法律效果。因此，法律意义上的风险具体是指什么，自甘风险规则下风险的研究对于该规则适用有什么影响，这是本章对于风险问题的论述需要回答的问题。

（一）风险的含义

由上文所述，当今社会已经进入风险社会时代。风险问题成为社会发展中一个重要的问题和棘手的问题。风险自身具有的显著特点以及社会环境的变化，已使风险已经成为经济社会发展不得不关注的焦点。

通常来说，公众的直觉认识将风险看作行为的消极后果[3]，而该后果并非严格意义上的法律效果，即能够导致法律责任的后果。也就是说，大多数人将风险看作某种威胁、危害[4]，这种威胁或危害是实施风险行为而将风险现实化，从而给其人身财产造成某种损失。由于人的趋利避害的本能，人们在获得风险可能带来的利益的同时也因其威胁、危害而意图避免其发生。风险在公众意识里被认为是一种负面的影响，或是一种危害、危险，因此，人们更希望能够认识风险并采取不同方法对其进行抑制或遏制。社

---

❶ 斯蒂尔.风险与法律理论[M].韩永强,译.北京:中国政法大学出版社,2012:95.

❷ 凯恩.侵权法解剖[M].汪志刚,译.北京:北京大学出版社,2010:41.

❸ TEUBER A. Justifying risk,daedalus[J]. The MIT Press,Risk,1990(4):236.

❹ WOODMAN G. Risk and law[J]//彭飞荣.法律与风险:基于卢曼"二阶观察"方法的观察.清华法律评论(第五卷):107;斯蒂尔.风险与法律理论[M].韩永强,译.北京:中国政法大学出版社,2012:7.

会实践证明对风险的遏制和防范需要一种跨学科、跨门类的协作。❶ 这主要是因为风险本身并非仅意味着给行为人带来不利后果，而且其发生并不能完全受人的意志控制，而且在防范和遏制风险时还需要不同的手段才能实现抑制风险和补偿损害的目的。

风险通常被认为是不幸结果发生的可能性。❷ 比如，投资股票即需面对可能发生跌落的风险，使用高速公路即有发生交通事故的可能。风险受到多个学科研究的关注，统计学将其理解为一种概率事件，只有达到某一发生概率才能被看作风险。尽管概率分析可以看作是认识风险的起点❸，但从概率视角认识风险可能无法在个案中检验该理论的合理性。这是因为通过相当大数量样本的分析而得出的风险发生的概率值，在具体个案中只可能表现为发生与否的问题，从而表现出作为风险显著特征的不确定性。更为重要的是，风险发生的概率不应成为判断风险存在与否的唯一标准，风险界定是一种未被认可的、还未发展起来的自然科学和人文科学、日常理性和专家理性以及兴趣和事实的共生现象。因此，风险的界定应当基于数学的概率和社会的利益，这可以看作科学与商业、政治和伦理形成一种"没有证书的永久婚姻"。❹ 有关风险的概率意义的特性体现及判断问题在下文中以法律意义上风险为例进行具体论证。

虽然风险被认为是一种概率事件，但是人们的预期是不希望危险现实化❺，而且通常在个人直觉判断认为风险不可能发生时才会选择面对风险。因为个人更不愿意看到眼前的损失，或者说即刻发生的损失对其冲击力更大，心理承受力更弱。❻ 虽然人们往往通过直觉判断危险发生而导致损害的

❶ 贝克.风险社会[M].何博闻,译.南京:译林出版社,2018:28.

❷ ADLER M D. Risk,death and harm:the normative foundations of risk regulation[J]. Minnesota law review,2003,1293(87):1311.

❸ 斯蒂尔.风险与法律理论[M].韩永强,译.北京:中国政法大学出版社,2012:20.

❹ 同❶:29.

❺ 程啸.侵权责任法[M].3版.北京:法律出版社,2021:303.

❻ 卡拉布雷西.事故的成本:法律与经济的分析[M].毕竞悦,等,译.北京:北京大学出版社,2008:49-50.

可能性，但这种直觉判断也并不总是违背逻辑判断。❶ 另外，人们虽然明知有些行为系危险行为，但是无法占有关于风险的信息，这也阻碍其对危险发生的概率进行准确的客观判断。当人们对风险现实化的概率持有过分乐观态度时，通常不会选择或排斥保险等，从而缺少预防损害发生或事先采取损失分散的手段。事实上，风险的核心并不关注现在而是关注未来，因此，风险的表现形式是有关未来的内容，而且是一种需要避免发生的未来。进一步说，风险本身并非一种现实状态，而是非现实的，具有一种与预防性行为的实践联系。❷ 一旦风险现实化，当事人可能无法接受损害的现实甚至无法承担巨大的损失负担，这就可能引发一系列法律风险。然而，诉诸法律手段解决损害赔偿问题又会使其不得不承担高昂的诉讼成本，因此，这都内化为风险发生的成本，且应当成为设计风险分担或责任分担规则时考虑的因素。

由上述可知，风险已被多个学科作为单独或跨学科的研究对象，也是社会发展过程中越来越需要慎重面对的重要问题。风险对个人或社会来说意味着不利后果的发生，因此人们对其避而远之；但风险又可能包含着可欲的利益，使得人们不得不在特定情形下选择面对风险。风险发生被认为是概率统计学问题，虽然科学的计算无法准确预估个案中风险是否会引致损害，但是从大数据统计的视角看，概率统计为预防风险发生提供了参考数据。人的本性决定了规避风险的偏好，但是人们往往持有乐观的过分侥幸的心理面对风险❸，因此，风险的预先防范措施和损失分担问题可能无法通过其他非法律制度解决，这样会增加风险预防和处理的成本。最后，风险的发生引发的纠纷是社会中更为常见的问题，而这些问题的最终解决还需依赖于法律。因此，法律意义上的风险应该如何界定，风险在法律责任制度下又具有何种意义，自甘风险规则下的风险如何界定，下文将关注这些更为重要的问题。

---

❶ BERNSTEIN P. Against the gods：the emergence of probability[M]. Cambridge：Cambridge university press，1975.//斯蒂尔. 险与法律理论[M]. 韩永强，译. 北京：中国政法大学出版社，2012：28.

❷ 贝克. 风险社会[M]. 何博闻，译. 南京：译林出版社，2018：34-35.

❸ SCHWARTZ G T. Contributory and comparative negligence：a reappraisal[J]. Yale law journal，1978，697(87)：716.

(二) 法律意义上风险的界定

"风险"一词常常出现在民法中的合同法和侵权法中,但是其具体含义并未得到认真对待,风险仅仅被当作法律规则中的解释工具。● 例如,合同法中的风险分担问题、意外事件免责事由等都涉及风险,风险成为上述类似规则的解释手段,而法律和司法解释中并未对风险的问题进行细致规定。法学对于风险的关注只是晚近的事情,而且尚未形成既定的研究进路。在司法实践中,很多有关风险的问题的解决只能依赖法律解释规则。然而,法律解释方法具有自身局限性,并不能有效地针对不同部门法的具体规则中的风险作出完整准确的释义。具体到侵权法中,风险会体现出其在该部门法中的重要性和特性,但又有别于合同法中所发生的法律效果。鉴于本书主旨在于论述侵权法中的自甘风险规则,此处对风险的论述更多地落脚于侵权法的语境中。

风险可以从发生的机理分为自然风险和人为风险。● 自然风险是不以人的意志为转移的风险,又如恶劣天气等。而人为风险则由人的意志控制其是否发生,再如滑雪中的碰撞危险。不论自然风险还是人为风险都意味着导致不好后果的可能性,但是自然风险无法由人的意志进行控制,其发生与否虽然也可以通过当前的科技水平进行预测,但是无法降低或避免其发生。而人为风险的发生与否可以通过当事人的行为或选择决定,但人们也不会因噎废食,拒绝接受一切人为风险。因此,区分自然风险与人为风险是理解法律意义上风险的前提,自然风险显然是法律上最为常见且通常不会引发争议的免责事由,而人为风险的问题则相对更为复杂。首先哪些风险可以被界定为所谓的风险,哪些风险是法律责任构成的因素,哪些风险可以成为法律责任免除或减轻的正当事由,这些问题的回答才是法律意义上风险研究的目的。对于人为风险的法律含义问题的回答往往需要涉及价值分析方法。吉登斯认为,人为风险应以追求风险的价值的策略的定位作为前提,任何一种人为风险的描述都会涉及一种价值,该价值被看作一种

● 斯蒂尔.风险与法律理论[M].韩永强,译.北京:中国政法大学出版社,2012:60.

● GIDDENS A. Risk and Responsibility[J]. Modern law review,1999,1(62):4.

复杂而又简单的与人类生活存在有关的价值集合。❶

　　由于人为风险对法律规则尤其法律效果能够产生复杂的影响，因此，人为风险成为法律意义上风险的主要研究对象。根据风险与行为的必然联系，风险又可以区分为内在风险与非内在风险。非内在风险即通过当事人的注意就可以避免发生的且非为行为的必要的风险。相反，内在风险是在当事人完全尽到注意义务也无法避免且该行为性质所必不可少的风险。例如，板球运动中可能会有误击到观众的危险等。这种次级区分的意义在于，内在风险可能成为某些特殊行为中过失侵权责任的免责事由，而且也不需考虑被告的注意义务是否履行。非内在风险也可能引发一般侵权行为及其侵权责任问题，然而这并非本书主要的研究对象。而对于内在风险的判断及其方法留待下文中具体分析。

　　由上文可知，不确定性是风险的一个重要特征，即风险发生而导致损害的可能性问题。这被其他学科认为是一种概率事件，其不确定性从大量的数据样本来看存在一种可以被预估的概率。侵权法上结果责任兴起的一个原因在于行为的统计规律大概与人们的可预期相一致。❷ 在法学范畴中，当事人实施风险行为可能导致损害发生，风险是过失责任的一种重要类型。风险随着社会经济发展及科技进步而越来越普遍，风险行为导致的损害及纠纷也激增。当过失侵权责任占据侵权法的主导位置❸，风险问题的研究也更多地受到法学研究的关注。甚至有学者提出过失本身不要求心理状态，而是集中在外在行为❹，而且该过失行为的发生都是被告抱着碰运气的心理所为，并不存在目的性或故意为之的确定性。因此，风险的发生或现实化就是被告的无目的性及确定性行为引发的，其本身也充满不确定性。由此可以推断，不确定性成为过失侵权责任成立的决定性因素，甚至被认为可

---

❶ GIDDENS A. Risk and Responsibility[J]. Modern law review,1999,1(62):5;TEUBER A. Justifying risk,daedalus[J]. Risk,The MIT Press,1990(4):236.

❷ 斯蒂尔. 风险与法律理论[M]. 韩永强，译. 北京：中国政法大学出版社,2012:96.

❸ SCHWARTZ G T. Contributory and comparative negligence:a reappraisal[J]. Yale law journal,1978,697(87):697-698;BAR-GILL O,BEN-SHAHAR O. The uneasy case for comparative negligence[J]. American law and economic review,2003,433(5):433.

❹ 多布斯. 侵权法：上册[M]. 马静，等，译. 北京：中国政法大学出版社,2014:33.

以替代当事人主观方面的过失，风险因其自身的不确定性而成为过失侵权责任研究中备受关注的因素。虽然这并未成为过失侵权法的主流观点，也未改变过失法的基本理论，但凸显了风险的不确定性在过失侵权中的重要性，以及风险防范机制的发展。

不确定性是风险所具有的显著特征❶，其之所以受到法律关注，根本原因在于风险的发生在个案中当事人无法准确预估其发生的可能性，而非其通过一个巨大的数据样本作出了确定的概率统计值。然而，当事人无法掌握风险发生的详细信息，即使其掌握了相关的信息可能也会侥幸地认为风险不会发生，因而不会采取充分的法律上的或非法律的预防措施。风险一旦发生就会造成当事人的损失，而损失的赔偿责任问题就成为侵权法的主要问题。因此，个人无法在风险的防范及救济中发挥有力的作用，若社会救助及保障机制尚达不到充分分散风险的目的，那么，法律在规制风险中扮演的角色既是事前的预防规制，又是风险转化为损害后的救济机制❷，即法律的预防功能和制裁功能。具体而言，这主要体现了侵权责任法的损失分担功能和损害赔偿功能。

既然法律从事前和事后两个方面对风险进行规制，不确定性也成为法律规制风险需要面对的问题，从而确定风险如何分担及损害责任如何分担的问题。从行为经济学的角度看，依据成本收益分析方法，人们在面对风险进行决策时，可能会凭直觉做出并不理性的选择，这种选择并不符合效率原则，即存在认知偏差。❸ 这是因为潜在受害人获得潜在风险行为的信息并不是免费的，往往需要付出高昂的价格，比如，对于危险行为的专业咨询费用等。但是，潜在受害者可以拒绝参加潜在危险行为。避免潜在危险行为导致的事故成本通常是基于潜在加害人与潜在受害人之间有市场交易

---

❶ 凯恩.侵权法解剖[M].汪志刚,译.北京:北京大学出版社,2010:41.

❷ 斯蒂尔.风险与法律理论[M].韩永强,译.北京:中国政法大学出版社,2012:5-9.

❸ 桑斯坦.行为法律经济学[M].涂永前,等,译.北京:北京大学出版社,2006:1-67;布雷耶.打破恶性循环:政府如何有效规制风险[M].宋华琳,译.北京:法律出版社,2009.

的假定。❶ 事实上，这种界定当受害人选择规避危险时就无法帮助人们准确预期风险行为的成本。这是因为该假设的基础法律关系此时就不复存在，危险行为成本及其减少的问题也就不复存在。人们无法基于统计分析完全预期危险行为可能带来的成本。另外，如果以禁止一切潜在危险的行为或活动的方法来避免损害发生及其成本❷，人们承担避免风险的代价将过于高昂。当然，这种一刀切的方式并不符合人们的普遍的预期，可行的替代方式是尽可能使行为安全或者减少发生事故的可能性，从而降低事故或危险行为的成本。通常，危险行为导致损害的成本由能够以较低成本避免或减少风险的一方承担。实质上，完全禁止存在潜在危险的行为的成本远比避免事故发生的成本大得多。❸ 风险发生的可能性或概率依据经济学方法的分析在侵权法规制中的直观体现就是汉德公式❹，汉德公式认为如果一方避免风险发生的成本小于风险发生的概率与损失的成本的积，就应该承担损害赔偿责任。这是从法律经济分析的视角，将风险分担和责任承担问题通过数学计算的方式表达出来。然而，汉德公式无法完全主导侵权责任承担问题，而且一度受到其他法学派别的抨击。危险行为的成本有些是无法用金钱估算的，比如，当事人遭受的精神损害、生活质量的下降，肉体痛苦等。❺ 从法律经济分析的视角看，风险发生的可能性是影响计算风险预防成本乃至损害赔偿分担的重要因素，因此对过失侵权责任的构成产生重要的影响。

综上所述，法律意义上的风险主要关系到风险预防和损害赔偿责任承担问题。其中，风险的不确定性成为法学研究最关注的因素，不确定性使得当事人无法理性作出面对风险的选择，而能够侥幸避免风险的心理使其丧失了事前预防风险的机会。由于当今社会中风险很难通过向前看的方式

❶　Hardvard Law Review Association. note, Assumption of risk and strict products liability [J]. Harvard law review, 1982, 95(1): 877.

❷　凯恩. 侵权法解剖[M]. 汪志刚, 译. 北京: 北京大学出版社, 2010: 41.

❸　卡拉布雷西. 事故的成本: 法律与经济的分析[M]. 毕竞悦, 等, 译. 北京: 北京大学出版社, 2008: 58.

❹　波斯纳. 法律的经济分析[M]. 蒋兆康, 译. 北京: 法律出版社, 2012: 239-243; 于莹, 石浩男. Cookie 跟踪中的隐私权保护[J]. 求是学刊, 2015(1): 95.

❺　同❸: 82.

与过往风险进行比较，也难以准确预期将来发生的风险，因此，由风险现实化造成的损害赔偿或其他责任也难以确定，甚至可能会发生没有人需要对损害负责任的后果。❶ 然而，贝克的风险社会理论建立在个体概念基础之上，即个人应当对其行为及其后果负责。❷ 因此，法律责任在以个体为基础构建的风险社会理论中又变得备受关注。在危险的影响下，责任将获得再界定。❸ 正如吉登斯所认为的，与风险产生一样，责任也以当事人知道可以预见的结果并接受风险为前提。❹ 如果当事人知道风险并自愿接受风险，其是否仍可以获得损害赔偿，而其自愿接受的风险应当如何解释才能证成自甘风险规则的合理性，下文将对自甘风险规则下的风险进行论证。

二、内在风险是自甘风险规则的核心要素

风险及其法律意义的分析越来越受到法学研究的关注，尤其在过失侵权领域。法律意义上的风险可以分为自然风险和人为风险，后者又被分为内在风险和非内在风险。而内在风险关系到过失侵权责任成立与否的问题，即潜在受害人能否获得损害赔偿。自甘风险规则是过失责任中发展变化剧烈的规则，而且其核心因素之一为内在风险。❺ 如何理解内在风险，内在风险如何界定，特定情形下内在风险如何处理等，这些问题都足以影响自甘风险规则的成立及其适用，故而都是自甘风险规则中需要认真对待的问题。

（一）内在风险的判断标准

由上文可知，法律意义上风险的含义更为广泛，而并非所有法律意义上的风险都可以成为自甘风险规则中当事人自愿接受的风险。自甘风险规则下的风险应当以人为风险为对象。对于默示自甘风险，当事人无法约定

❶ 斯蒂尔.风险与法律理论[M].韩永强，译.北京：中国政法大学出版社，2012：54.

❷ 同❶：48.

❸ 贝克.风险社会[M].何博闻，译.南京：译林出版社，2018：95.

❹ GIDDENS A. Risk and Responsibility[J]. Modern law review,1999,1(62):8.

❺ ESPER D A, KEATING G C. Abusing "duty"[M]. Southern California law review, 2006,265(79):297.

原告自愿承担风险的范围。风险种类很多，程度迥异。在不同的行为中，哪些可以被认为是风险，哪些不被认为是风险，哪些风险可以成为自甘风险的对象，哪些超出了自甘风险的对象而应由被告承担责任，这都是需要明确回答的问题。

根据侵权法理论，自甘风险规则中的风险通常被限制解释为内在风险，是指当事人实施的行为中必不可少，但通过行为人的注意义务却又无法完全避免的风险。在 Murphy v. Steeplechase Amusement Co. 案中，卡多佐法官认为，原告在参加运动中面对的风险是内在的、明显的且是该运动必不可少的。❶ 后来在 Wright v. Mount Mansfield Lift, Inc. 案件中，法院也指出，滑雪者参加滑雪就接受了该行为明显的且不可避免的内在的风险。❷ 但是，基于上述定义，内在风险是一个存在争议的术语，主要是因为这是一个描述性定义而且更加依赖于具体语境的描述性定义，而无法进行自我定义的概念。❸ 换言之，在某些情形下，该行为的风险确实是那些无法通过注意而排除的危险，其符合内在风险的特征描述而被认定为内在风险。相反，在一些情形中，某些风险虽然看似符合内在风险的特征，但是在该行为中可以通过一定的措施予以避免或克服因而不再被看作内在风险。因此，内在风险的定义虽然比较明确地给出了其主要特征，却因受到具体语境的影响而无法完全依据定义进行准确判断。内在风险的概念已经成为自甘风险规则研究的一个核心概念，尽管其定义自身存在瑕疵，但该瑕疵可以借助于司法实践中法官对内在风险的认定中进行弥补。因此，内在风险的判断或范围界定应当是自甘风险规则适用的一个前提性的、必要且关键的因素。

第一，内在风险是行为自身潜在的危险。顾名思义，内在风险必然是行为自身所包含的危险，而不是另外施加的危险。其一，内在风险不得是被告过失行为造成的或者加重的。❹ 如果行为本身绝对不可能具有内在的危

❶　Murphy v. Steeplechase Amusement Co. ,166N. E. 173,174(N. Y. 1929).

❷　Wright v. Mount Mansfield Lift,Inc. ,96 F. Supp. 786,791(D. Vt. 1951).

❸　FELDMAN E A,STEIN A. Assuming the risk:tort law,policy,and politics on the slippery slopes[J]. DePaul law review,2010,259(59):273.

❹　MOORE D L. Please watch your language:the chronic problem of assumption of risk [J]. Catholic university law review,2011,175(61):184.

险，而被告的过失使得该行为可能造成或有更高概率导致受害人的损害，被告的行为即构成过失侵权。比如，被告明知某娱乐设施不符合安全标准而仍接纳游人。显然，由被告的行为使得行为具有危险性或增加行为的危险只能是导致行为具有危险的外在因素。其二，如果多数人行为中某些风险的发生是由其他潜在受害人行为所致，可视为该行为的内在风险。值得注意的是，在滑雪等接触性运动中，非故意碰撞的发生是由另一方当事人的参与而导致的，碰撞风险的发生并非原告自己的行为所致，也并非被告的过失行为导致的结果。因此，非故意碰撞的风险能否被认定为内在风险显得十分隐晦，既有判例将其作为滑雪行为的内在风险，并认为这是对传统的内在风险概念的扩张。❶ 其三，过分不合理的风险不能成为自甘风险规则的对象。❷ 例如，在 Knight 案中，法院认为，原告与被告之间应当避免进行过分鲁莽的行为，如故意侵害行为、故意犯规等❸；而且被告违反注意义务而故意增加行为的风险及其导致损害的严重性，原告即使知道该风险，但也不应被认为是该行为的内在风险。❹ 诸如此类行为与前述第一种情形类似，但是比较容易错误地认定为行为的内在风险。

第二，内在风险之风险的必要性。即风险是行为必不可少的元素，否则该行为则失去其本质特征。❺ 例如，拳击运动就以其攻击性为特点，如果剥离了攻击性就不可称之为拳击。但是，并非所有的行为中的必不可少的风险都能成为自甘风险规则下的风险，十分普遍的风险应被排除。例如，高速公路有发生交通事故的风险，但是高速公路是日常生活必不可少的部分，该风险已经被人们普遍接受，因而也就不再属于自甘风险规则下的风险的范畴。❻ 此外，高度危险行为或特殊危险行为中的风险能否成为自甘风

---

❶ Cheong v. Antablin,16 Cal. 4th 1063(1997).

❷ SERGIENKO G S. Assumption of risk as a defense to negligence[J]. Western State university law review,2006,34(1):7.

❸ Knight v. Jewett,3Cal. 4th 296(1992).

❹ 同❸.

❺ ESPER D A, KEATING G C. Abusing"duty"[M]. Southern California law review, 2006,265(79):298.

❻ HANSEN C,DUERR S. Recreational injuries & inherent risks:Wyoming's Recreation Safety Act[J]. Land & water law review,1993,149(28).

险规则中的内在风险呢？比如，在极限运动中，是否能够适用自甘风险规则是一个有争议的问题。有学者提出，如果当事人对极限运动中不可避免的风险履行了更详尽的更合理的告知义务，可以将该风险作为内在风险。❶这需要根据个案进行具体分析，被告履行充分的告知义务是确定高度危险运动中内在风险的范围的一个因素。

第三，内在风险的不可避免性。❷由内在风险的内在性、必不可少的特点可以推出该风险的不可避免性，除非完全排除该行为的发生。首先，内在风险最根本的特征是其应为某行为事实上不可避免的风险。例如，在滑雪运动中，非故意碰撞的风险表面看可能通过对方的注意予以避免，至少对方的注意可以减低危险发生的可能性，也并非绝对的不可避免。❸其次，如果被告的行为增加内在风险的危险性，则不得适用自甘风险规则。那么，这种非故意碰撞行为是否应当区别于增加内在风险的危险性的行为呢？非故意碰撞首先不是当事人故意为之，在特定环境下当事人可能无法完全控制该碰撞的发生，因此，非故意碰撞看似可以通过当事人的注意或控制而避免或减少，但是并不能将其等同于增加内在风险危险性的行为。最后，也是更重要的是，对于这种行为的风险的判断更多的还应该求诸政策和价值衡量，不是任何情况下类似行为的风险都可以被涵盖到内在风险的范畴中，否则会使其范围无限扩张。

第四，内在风险为明显的危险。如上述判例中对内在风险的描述，其还应当具有明显性，此处明显性的标准应是主观判断还是客观判断呢？首先，明显的危险的判断不应当以原告是否尽到一般注意义务来判断，而应该从该危险是否足够明显来进行分析。❹这意味着明显性的判断并不是采取客观主义，即一般理性人的注意义务并不是判断危险明显性的充分条件。而明显的危险应当考虑当事人是否足够熟悉该危险，或是不是有相当多的

---

❶　HORTON D. Extreme sports and assumption of risk：A blueprint［J］. University of San Francisco law review，2004，599（38）.

❷　GOLDBERG J C，SEBOK A J，ZIPUESKY B C. Tort law：responsibilities and redress［M］. 3rd ed. New York：Wolters Kluwer，2012：454-455.

❸　Cheong v. Antablin，16 Cal. 4th 1063（1997）.

❹　GREENHILL J. Assumption of risk［J］. Baylor law review，1964，111（16）：120-121.

了解机会❶，即采取主观主义。主观主义的判断与自甘风险规则更加侧重当事人主观状态是一致的。这也能够区别比较过失与自甘风险规则且避免使自甘风险规则泛化。其次，美国法上公开且显著的危险规则也是一种完全抗辩事由❷，如果场所中的危险或产品中的危险是公开且显著的，被告没有告知义务且无须提供安全防护措施的义务，原告因该危险而遭受损失，其无法获得损害赔偿。本书认为，内在风险的明显性要求不应该与公开且显著的危险中显著性的要求等同。这是因为公开且显著的危险规则中的显著性应该足够强，以至于被告不需要承担告知义务，而自甘风险规则中被告某些情形下仍需要告知。而且自甘风险规则中更加强调原告自愿选择而非因为危险足够明显而无法获得损害赔偿。因此，此处明显性的要求即原告在有机会了解和知道该危险时能够知道行为中的风险即可，即使其通过不同形式的说明告知而获得风险相关的信息也可以认为是明显的危险。

通过上述对内在风险特性的分析，可以根据其特征来大概判断哪些风险可以成为行为的内在风险，仅从客观的标准判断往往无法得到更为合适的结果。因此，内在风险的判断也应该从客观和价值两个方面进行界定，客观方面主要从风险自身的属性进行考察，价值方面则是将风险置于其存在的整个语境中进行衡量。自甘风险规则的适用条件之一即对风险的范围的界定，其不可能囊括广泛存在于不同时空中的，发生在不同主体上的危险，而是应该对风险划定一个能够体现该规则立法的目的且能平衡该规则各种价值的范围。换言之，风险的判定跨越了客观与价值两个方面的界限，即内在地包含了量化的、理论的及因果的道德形式。❸

具体来说，内在风险的判断还应当充分考虑政治上和经济上的因素。相比术语本身和逻辑上的考量，政策判断和经济效率价值在认定内在风险中的作用更加重要。❹ 从政策判断看，例如，发展体育事业的政策就不得不

---

❶ GREENHILL J. Assumption of risk[J]. Baylor law review,1964,111(16):119-122.

❷ END J P. The open and obvious danger doctrine:where does It belong in our comparative negligence regime? [J]. Marquette law review,2000,445(84):460.

❸ 贝克.风险社会[M].何博闻,译.南京:译林出版社,2018:218.

❹ FELDMAN E A,STEIN A. Assuming the risk:tort law,policy,and politics on the slippery slopes[J]. DePaul law review,2010,259(59):273.

接受体育运动中的风险，因为意欲避免体育运动中的危险，最根本的方法是完全禁止该体育运动。尤其在美国法体系中，政策是能够影响到司法立法的重要因素，而且十分受法院在司法实践中的重视。因此，判断内在风险对于政策因素的考量是基于具体个案、针对特定的政策的分析而做出的更为准确的判断。这也可以弥补内在风险的描述性客观定义可能导致的判断瑕疵。

从经济分析的视角看，正如在 Sunday v. Stratton Corp. 案件中❶，如果原告在滑雪行为中遭遇的危险不再被认定为滑雪的内在风险，那么，被告就违反了避免原告损害的注意义务而需要承担过失侵权责任。自甘风险规则不再被适用于此类案件中，法院对该类案件的态度被认为从有利于企业发展的免除被告责任的立场转向了不再考虑行业利益的对立面，即对原告利益的保护。❷ 尤其在美国侵权责任制度中，过失侵权责任的数额如此巨大，以至于可以造成企业的灾难性损失，也会引起相关行业的震荡，比如，保险业会急剧提升保险费等。侵权责任的成本也是行业经营的成本内容，总之，整个行业就会陷入生存危机，甚至威胁整个社会的经济发展。❸ 然而，过高的经营成本迫使有些企业关门歇业，即使继续经营的企业也会通过价格机制将高昂的成本转嫁给消费者，消费者无法接受高价门票而不得不放弃这种活动。❹ 这种波及数个行业经济利益及发展的法律政策的变化必然会遭到声讨，法院在转变法律适用后也会考虑法律适用及案件裁判的法律效果，裁判的社会效果或者影响也是法院在处理案件中需要面对的问题。由前述可知，用完全禁止的方法来避免风险的发生的成本远大于降低或防范风险的成本❺，完全制裁的方式不仅影响到个人的利益，而且威胁到社会整

---

❶ Sunday v. Stratton Corp. ,390 A. 2d 398,401(Vt. 1978).

❷ FELDMAN E A,STEIN A. Assuming the risk:tort law,policy,and politics on the slippery slopes[J]. DePaul law review,2010,259(59):276.

❸ 弗里德曼.选择的共和国:法律、权威与文化[M].高鸿钧，等，译.北京:清华大学出版社,2005:226;FELDMAN E A,STEIN A. Assuming the risk:tort law,policy,and politics on the slippery slopes[J]. DePaul law review,2010,259(59):276-277.

❹ 孙良国.论新《消费者权益保护法》中的主要规制技术[J].当代法学,2014(4):80.

❺ 卡拉布雷西.事故的成本:法律与经济的分析[M].毕竞悦，等，译.北京:北京大学出版社,2008:58.

体福利。个人无法参加风险行为且从中获得预期的身心或物质上的利益。例如，滑雪中个人可以获得的身心愉悦等即其欲追求的利益❶，而寻找替代机会的成本比较高昂且不得不由个人承担。对于整体社会，完全禁止风险行为会使得某个行业陷于灭亡的处境，这或许足以限制整个地区的社会经济的发展。由此可见，内在风险的判断中的政策因素能够弥补客观判断标准的不足❷，另外，内在风险的判断应当考虑范围界定的不同而引发的经济上的效果，效率也是法律追求的价值目标之一，即经济上的合理性也应当成为内在风险判断的正当性理由。

通过上述分析可知，内在风险是自甘风险规则对风险的范围的一个初步界定，即风险应该是行为内在的而非人为附加的风险。❸ 概言之，内在风险的客观方面的属性首先取决于它是不是该行为不可缺少的，是不是能够体现该行为的特点，如果该风险被强制剔除或过分降低，该行为是不是就会不复存在，或者即使继续存在也丧失了其自身的特点。其次，该风险在不同行为之间存在特质差异。比如，高度危险体育运动中的风险就不同于跑步中的风险。再次，内在风险是行为发生不可避免的风险，即使当事人履行充分的注意义务，为了维护行为的自身特性也不能剥离或过分降低该风险。最后，内在风险的判断还应该从政策因素和经济合理性进行考量。

判断内在风险时，应该考虑内在风险的上述特征或基于属性的普适性标准，由于内在风险的判断很容易受到具体语境的影响，因此，判断还应该审慎考虑具体案件事实，其中一些关键因素也应成为判断的辅助性标准。❹ 这类标准无法通过一种抽象的定义进行准确表达，而且列举也无法穷尽，更应当由法官合法运用自由裁量权来确定。这些标准包括但不限于以

---

❶ TEUBER A. Justifying risk, daedalus[J]. Risk, The MIT Press, 1990(4):236.

❷ 孙学致,郑倩. 生成于法条与政策之间的裁判理性[J]. 吉林大学社会科学学报, 2013(2):140.

❸ MOORE D L. Please watch your language: the chronic problem of assumption of risk [J]. Catholic university law review, 2011, 175(61):184.

❹ 此处辅助性标准并非创造的术语,仅仅是对于具体标准与上述属性标准的一个层级区分,显然,这些标准的重要性无法与属性标准相提并论,有些具体标准只是在具体案件中才会出现。

下几种。①行为主体的特殊性。虽然侵权法中未对主体的民事行为能力问题进行讨论，但是对未成年人所面对的内在风险的判断和界定，应该充分考虑其主体的特殊性，这将在下文相关部分进行详细论证。②行为自身的属性，即行为与行为之间能够区别的特性。❶例如，滑雪的危险完全不同于跑步。③行为的危险性及危险程度。❷这只是一个客观意义上对行为特性的描述，可以为内在风险界定提供一个可以缩放的"隐形框架"，而且这种危险程度仅仅是对比意义上并非绝对意义上的。④行为的普遍性。如果行为普遍性达到一定程度，则该行为的风险则不再视为内在风险，而且行为普遍性越高，其中风险的知晓度或可预见性越高。⑤行为的专业性。如果行为是专业性的危险行为，则该危险通常不被视为自甘风险规则下的内在风险。⑥风险发生的严重性及成本，即行为中的风险导致的损失成本极高，通常会考虑政策和经济效率来判断是否成为内在风险。⑦风险发生的概率。这是从统计学的视角决定能否成为内在风险。⑧公众对该行为风险的接受程度。如果公众熟悉该行为及其危险则通常更容易接受该危险。⑨特殊立法的保护。例如，交通事故危险在各国立法中都被单独规制而不再成为内在风险的对象。⑩责任保险在该风险中的普及程度。诸如此类标准的功能在于具体判断是不是内在风险时能够提供指引和参考，尤其是对于采取主观判断方法的主体来说。

由上述可见，自甘风险规则下的内在风险即行为内在的必不可少的且不可避免的人为风险。自甘风险规则主要适用于存在内在风险的行为导致损害案件中。❸原告接受被证明为内在风险的行为，则被告对于该行为的风险不承担注意义务。❹值得注意的是，一个行为可能发生的危险或者损害既可以由其内在危险导致，也可能由非内在危险导致或加重损害。非内在风险与内在风险存在根本不同，按既定的标准可以将其进行区分，但是非内

---

❶　GREENHILL J. Assumption of risk[J]. Baylor law review,1964,111(16):113.

❷　同❶.

❸　MOORE D L. Please watch your language: the chronic problem of assumption of risk[J]. Catholic university law review,2011,175(61):184.

❹　多布斯.侵权法:上册[M].马静,等,译.北京:中国政法大学出版社,2014:470.

在风险可能会加重内在风险的危险性。❶ 例如，跳伞本身是一种极度危险的运动，落地不当是一种内在风险，但是错误地打开伞包是一种不当行为引起的非内在风险，其可能加重落地不当的危险性及其损害程度。因此，对内在风险的区分是十分困难的，不能准确区分内在风险对于自甘风险规则的适用又会产生关键性的影响。在对内在风险区分标准进行论述的前提下，针对不同案件中内在风险的判断还需要依赖于裁判者对于标准的准确把握。

（二）内在风险的判断方法

自甘风险规则的对象应是内在风险，内在风险的判断还应该依赖不同的方法或途径，使得文字的规定或判断成为法律上可操作的规则或程序。这种内在风险认定的方法具体来说主要有两种：裁定判断方法和法定列举方法。两种方法在判断上存在不同的利弊，从裁判的结果来看，应将内在风险范围的认定留给法官在个案裁判中确定。❷

1. 裁定判断方法

在法律术语上，既有研究关于内在风险的定义仅为描述性定义，而且定义中还涉及概括性的或比较抽象的术语，因此，客观的判断无法准确辨析和界定哪些风险是行为的内在风险。此外，内在风险的判断受具体案件影响比较大，因不同的情景或不同的行为而迥异，即使在体育运动中，不同种类的体育运动的内在风险的范围也会大不相同。因此，内在风险的范围确定通常都需要由法院在具体个案审理过程中基于案件事实进行判断。当然，裁定判断方法更多依赖于法官的自由裁量权的运作，其中难免会掺杂法官的个人主观因素和对于法律术语的解释与理解问题，可能会产生有一定差异的判断结果。具体到我国法律体制中，判例法不发达的事实也会使得上述问题更加凸显。但是，自甘风险规则本身就注重原告的主观方面，内在风险的判断也应当与此保持一致，否则该规则的特征就会被扭曲而无

❶ MOORE D L. Please watch your language：the chronic problem of assumption of risk [J]. Catholic university law review,2011,175(61)：187.

❷ HANSEN C,DUERR S. Recreational injuries & inherent risks：Wyoming's Recreation Safety Act[J]. Land & water law review,1993,149(28)：168.

法体现本质。再者，裁定判断的方法在以判例法为主的国家交由陪审团进行❶，而在我国则是由法官完成，这样也会相应地提高司法成本。但是，司法成本的提高使得欲主张自甘风险规则的被告能够更充分地履行举证责任，也进一步限制了原告获得赔偿的可能性。然而，裁定方法使得双方承担较高的司法成本，这会促使被告审慎对待自甘风险规则而非心怀侥幸地免于承担损害赔偿责任，也使其能够提高行为的安全性而降低危险的现实化的可能性。原告同时也会提升对冒险的谨慎程度和防范风险的自觉性。因此，裁定的方法能够使内在风险的判断更加准确，进而能够使得自甘风险规则的适用问题得到认真对待。

在判断内在风险中，裁定的方法的适用就要求法官在分析案件事实的基础上根据内在风险的属性特征及上述诸多具体标准对其中的风险进行逐个认定，从而判断该行为的内在风险。其中需要法官考虑内在风险的特性的标准和具体案件中的相关标准，即客观标准的审查，还需要通过政策判断和经济效率目标的检验。虽然我国司法审判不存在事实问题和法律问题的区分，但是裁定的方法主要体现在事实认定过程中，这也要求法院在文书需要加强论证说理。当然，这种裁定的方法可能会涉及一些技术性问题的判断。可以在审理过程中适当地选择人民陪审员参加庭审程序，比如，运动侵权中可以选择具有运动专业背景的陪审员。

2. 法定列举方法

大多数法院或立法采用概括式立法，但也有一些立法在特别法规中对内在风险的内容做出了明确的列举。比如，在滑雪运动的特别立法中，犹他州的立法就明确规定了内在风险的具体内容。❷犹他州滑雪立法中规定了内在风险包括天气条件变化、下雪或结冰的场地条件、场地的表面条件、地势的变化与坡度、升降机的影响、碰撞、竞技滑雪的注意事项及不得参

❶ SIMONS K W. Exploring the relationship between consent, assumption of risk, and victim negligence[EB/OL]. (2013-09-03)[2024-10-01]. http://www.bu.edu/law/faculty/scholarship/workingpapers/2013, html.

❷ FELDMAN E A, STEIN A. Assuming the risk: tort law, policy, and politics on the slippery slopes[J]. DePaul law review, 2010, 259(59): 278-279.

加滑雪的自身条件等。❶ 为了在立法中明确列举风险种类，立法者的观察视角通常会采取以群体为对象的规则设计，这样就可以对于一类案件的危险的发生概率及其造成损失的严重性或者成本做出平均的统计，并成为对此类案件判断的信息资源，从而避免了由于个人的有限理性而无法对风险的内容做出具体判断的可能。❷ 该立法范式的突出优势在于内容确实足够直接、明确，适用的效率较高，尤其在技术要求较高的侵权行为情形中，法院可能无法完全准确判断该行为可能包含的内在风险，即使可以通过委托专业的鉴定机构进行判断，司法成本也会比较高昂。而且，清晰明确的立法能够更好地发挥法律的指引功能，当事人能够通过具体的立法明确自己的责任是否成立，避免了诉讼危机及诉讼成本，也使得法律制裁导致的寒蝉效应尽量减少。如果特别立法在当地或当时能够被接受，如滑雪场的经营者或被告可以不需或减少告知行为风险，从而降低企业经营的成本，而由消费者承担的费用也随之降低，这些列举立法的优势值得我们关注，也可以被一些企业或立法借鉴。

当然，这种具体列举方法可能出现在滑雪之类的特别立法中，但是并不被大多数立法采纳，毕竟列举式立法的刚性远超过法律的包容性或弹性，在法律适用中并不会彰显出足够多的优势。基于人的有限理性，立法者无法设计出具有足够大容量的规定，因此个案之间的区别性事实被忽略，这样使得很多案件可能被排除而无法适用自甘风险规则。具体列举的方法使法规变得十分封闭，适用法律变得十分困难❸，虽然内在风险被明确列举出来，法院在具体审理中对于并非完全契合的情形依然难以确定是否可以适用该规范。如果法院无法依据所列举的风险的范围判断具体案件中的风险是否属于内在风险，也无法适用自甘风险规则而免除被告的责任，就无法实现立法的特殊目的。加之，在美国立法和司法体制下，各州的独立立法

---

❶　Utah Code Ann. § 78B-4-402(2002).

❷　ZIPURSKY B C. Reasonableness in and out of negligence law[J]. University of Pennsylvania law review,2015,2131(163):2132.

❸　FELDMAN E A,STEIN A. Assuming the risk:tort law,policy,and politics on the slippery slopes[J]. DePaul law review,2010,259(59):281.

会导致不同州之间的巨大差异❶，使得案件的裁判结果也存在较大差距。如果具体规则通过低位阶的法律文件作出规定，不同地区的法院根据各自法律文件进行审判的结果就会存在较多分歧，但是这样的裁判结果在全国范围内会发生较多的分歧，也难以实现司法上的效率和规范化。

在我国立法进程中，宜粗不宜细的立法理念影响深刻。在搜集到的民法典草案及生效的民法典中，自甘风险规制的设计十分简单，条文中对于风险的规定并不具体。有关内在风险的规定无法寻找到详细的明文列举的内容，甚至对于内在风险的抽象的裁定标准也无法看到。当然，民法典立法确实有别于特别立法的较强的可操作性，作为一个宏观上的法律还需要其他特别立法或法律性文件的辅助以完成对不同事实的规制。

综上，风险是一个客观性概念，其含义十分丰富且受到很多学科的关注，但是，法律视野中的风险又具有其特定的意义。自甘风险规则中的内在风险是该规则中的一个重要元素，其含义和判断决定了该规则适用的准确性和合理性。自甘风险规则应该采取裁定的方法判断内在风险。主观的方法更加关注具体个案的具体风险而限制自甘风险规则的适用，更加注重个案公平。

---

❶ 美国的少数几个州采取具体列举立法,但是列举的内容并不相同,因此,立法的差距会带来司法结果的差异。卡罗拉州的立法与犹他州之间就存在不同之处,前者的范围比后者更广泛。Colo. Rev. Stat. § 33-44-103(3. 5)(2006),Utah Code Ann. § 78B-4-402(2002).

第三章 自甘风险规则中当事人知道的判断及限制

　　自甘风险规则最大的败笔在于法院无法准确地界定当事人事实上知道风险且能够自愿接受风险。[1] 那么，欲证成自甘风险规则的独立性，必须找到能够证明当事人事实上知道其自愿接受风险的标准和方法[2]，且该证明标准或方法应当尽可能明确且在司法实践中具有可行性。因此，自甘风险规则的核心要件是当事人自愿接受风险，而其自愿接受风险的前提应当是对风险有充分的认知，即知道风险。[3] 而且知道风险被看作自甘风险规则与比较过失或与有过失存在区别的关键因素。[4] "知道"在民法中是一个常见且非常重要的法律术语，通常包括"事实上知道"和"应当知道"。[5] 知道是对当事人的主观认知的判断，在审判中就转化为通过证据对当事人的主观认知的推断。那么，在自甘风险规则中，两种情形是否应该都被认定为当事人知道呢，在准确适用自甘风险规则的要求下是否需要排除应当知道，排除应当知道的正当理由是什么，自甘风险规则下当事人事实上知道的判

　　❶ GOLDBERG J C P，ZIPURSKY B C. Shielding duty：how attending to assumption of risk，attractive nuisance，and other"quaint" doctrines can improve decisionmaking in negligence cases[J]. Southern California law review，2006，329(79)：349-350.

　　❷ WARRE C. Volenti non fit injuria in action of negligence[J]. Harvard law review，1895，457(8)：464.

　　❸ 汪传才.自冒风险规则研究[J].法律科学，2009(4)：83.

　　❹ SERGIENKO G S. Assumption of risk as a defense to negligence[J]. Western State university law review，2006，1(34)：5.

　　❺ 王泽鉴.民法总则[M].北京：北京大学出版社，2009：239-240.

断标准是什么，这都是本章对自甘风险规则中的知道判断需要回答的问题。

一、民法上知道的含义

"知道"在法律意义上通常涉及当事人主观方面的证明，这在刑法理论中体现为其在刑事责任成立认定中的当事人主观方面的证明。故意或过失是刑事责任成立的主观要件，而明知就是判断当事人主观故意的重要因素。而我国民法理论未对当事人的主观方面作出规定，因此，对于民法上知道的研究尤其是对其定义的问题的分析应该借鉴或参照刑法对知道的研究。

（一）刑法中知道的含义及其对民法中知道的影响

在刑事责任成立问题中，当事人主观方面的认定是责任成立的证明中的难题，知道是对于当事人主观上故意或过失的证明的主要因素。通常，我国刑法理论和学术研究中认为明知包括知道和应当知道。这体现在我国刑法的相关司法解释中。重要的是，学者对于应当知道的理解存在不同的观点，可以见得应当知道的界定是法律理论中应该认真对待的问题。应当知道的错误解释会导致立法混乱及司法错误。有的学者将当事人知道犯罪行为而希望或放任其发生的主观方面称为故意，而应当知道的情形被看作过失。❶ 这样的解释方法在同一个罪名之下存在两种主观方面的情形，两种不同的主观心理状态在刑法中因关系到定罪及量刑而差距巨大。另一观点认为，应当知道即推定知道，是对当事人是否知道的主观心理状态的推定，属于知道的一种形式，可以由当事人举证予以推翻。❷

对于上述两种解释，本书认为后一种解释更准确。应当知道是根据案件事实进行认定，且符合法律规定的认定标准，即判定当事人知道。如果

---

❶ 陈兴良."应当知道"的刑法界说[J].法学,2005(7):80-81;王新.我国刑法中"明知"的含义和认定——基于刑事立法和司法解释的分析[J].法制与社会发展,2013(1):69.

❷ 同❶:73-75.

行为人否认自己具有某种故意，则必须提出反证。行为人如果否认自己具有此种故意，必须提出反证。❶ 这与事实上知道的区别在于证明程度不同，后者是完全确信当事人知道。从相关立法中对于知道的规定，学者或法院对于知道的解释为：知道包括事实上知道和应当知道，显然，两者应该是相同的主观心理状态，并非前述观点指出的故意和过失的巨大差异。另外，对推定知道的解释也体现了实际审判中对于当事人主观方面证明的困难，通常，以客观行为的案件事实反过来证明当事人的主观心理状态❷，对于法院来说是无法准确把握的，对于客观事实的证明就非常困难，更何况根据证据来探究行为发生时当事人的主观心理状态了。法律解释的方法必须符合语义解释、目的解释及体系解释的要求❸，而不是任由司法者天马行空地肆意发挥。法律解释不仅要符合语义的射程，而且要经得起立法目的和体系要求的检验。而对应当知道的解释也是法律解释要求的一个例证。

通过上述对于刑法中知道的含义及其法律解释的分析，知道在刑法中的含义通过对当事人的故意的主观方面的描述而适用。在刑法相关的司法解释中，法院对知道的含义作出了适当的法律解释，即包括事实上知道和应当知道。应当知道的确切含义虽然存在不同的理解，但是应当都是指对于知道的事实推定。在民法中，知道出现在相关民事法律中的频率不是很高，而且其在民法中的解释所能引发的差异远不及刑法中那么巨大。侵权法中也涉及当事人主观心理状态故意与过失的区分，而且民法理论并未给出明确的故意和过失的定义，通说认为可以参照刑法中的定义。❹ 值得注意的是，基于立法目的的不同，民法上故意或过失的定义可以参照刑法上的相关定义，但是具体的解释应该与刑法上有所不同。具体而言，民法上故意或过失定义的目的在于分配损失，没有刑法上制裁犯罪那么严格，因而认定的标准可以做相应的修正或缓和。以民法上的过失为例，过失客观化

❶ 陈兴良. "应当知道"的刑法界说[J]. 法学,2005(7):83.
❷ 同❶:84.
❸ 梁慧星. 民法解释学[M]. 北京:中国政法大学出版社,1995:243-246.
❹ 王泽鉴. 侵权行为[M]. 北京:北京大学出版社,2009:239,241.

是侵权法发展过程中最为重要的理论，当然也引发了一些相关规则的变化与之适应。❶ 即以一般理性人的合理注意为标准，当事人行为未尽到合理注意就构成过失。❷ 刑法上过失也以当事人的合理预见为标准，但依然依赖于对于当事人主观状态的证明，而非简化为对于客观性标准的证明。

综上所述，刑法与民法虽然存在对于术语类似的定义，但是所采纳的解释标准并不相同。知道出现在对于故意的定义中，故意是对当事人主观心理状态的描述。知道是一种当事人的行为，而且被当作描述当事人主观心理状态的关键因素。知道虽然是当事人所为的一种行为，但是与其他的行为又不完全相同，其无法通过事实直接认定，也无法直接判断当事人所为行为的全部事实。还需要通过其他的事实或行为反映当事人是否知道及其知道的全部内容。自甘风险规则中当事人知道风险之知道的含义需要在上述对知道的认识基础之上进行判断。

（二）自甘风险规则中知道的界定

自甘冒险指明知某具体危险状态的存在，而甘愿冒险为之。❸ 从学者对于自甘风险规则的定义来看，知道或明知是自甘风险规则中的一个核心要素。然而，这里的"知道"不是用来描述当事人主观上故意的心理状态，而是用来限制当事人对于风险的认知程度，也是确证当事人自愿承担风险的前提，从而减少自甘风险规则被滥用或误用。但是，故意作为刑法理论上当事人的主观方面之一，是决定犯罪构成的条件之一，其在民法上也能够决定故意侵权责任是否成立，作为故意概念要素的"知道"进而实际上发挥着限制犯罪成立或限制侵权责任成立的功能，这与其在自甘风险规则中的功能有一定的相似性。因此，我们在理解作为自甘风险规则中要件之一知道时可以参照其在民法或刑法理论上的定义及其解释。

在刑法学理论中，如果当事人知道具体的犯罪行为而不阻止其发生，

---

❶ 王泽鉴.侵权行为[M].北京:北京大学出版社,2009:241.

❷ 同❶.

❸ 王泽鉴.侵权行为[M].北京:北京大学出版社,2009:227;多布斯.侵权法:上册[M].马静,等,译.北京:中国政法大学出版社,2014:465-469.

那么其主观上即构成故意。而自甘风险规则中当事人知道风险而自愿面对风险并不得认定其主观上存在故意。因此，知道并不是对当事人主观心理状态的判断因素，这与刑法中知道的所发挥的功能不同。自甘风险规则被认为是过失侵权责任的抗辩事由，当事人的主观心理状态是故意还是过失并不重要，对知道的证明是为了判断其愿意接受风险。

在英语中，对于自甘风险规则中当事人知道的描述，常见的词汇为know 或 appreciate。❶ 前者可以翻译为知道，后者对应汉语应为领会、理解等。在汉语中，知道与理解、领会的含义并不完全等同，理解、领会的含义通常是对某一事物具有认知程度或掌握更充分的信息。但是，两种表达方式被翻译为汉语基本等同，国内学者基本使用知道来表述，而不再进行区分。❷ 相对应英语中，自甘风险规则下的"知道"也应该具有了解并领会、理解的含义，具体而言，其不局限于当事人了解与风险相关的信息，而且包括能够理解风险及其相关信息的具体含义❸，尤其是风险的相关信息涉及专业术语或比较艰涩难懂的信息时。

因此，自甘风险规则中知道的含义是一种客观的行为，是当事人对于风险及其相关信息的认知和理解，是判断当事人是否自愿接受风险的前提和必需步骤，是对于过失侵权责任能否减轻或免除的证明的要素之一。既然自甘风险规则中知道的证明对于该规则的适用十分关键，那么如何证明

---

❶ KEETON W P,DOBBS D B,KEETON R E,OWEN D G. Prosser and Keeton on torts [M]. 5th ed. Maryland：West Publishing Company, 1984：486；GREENHILL J. Assumption of risk[J]. Baylor law review,1964,111(16)：113；GOLDBERG J C P,ZIPURSKY B C. Shielding duty：how attending to assumption of risk,attractive nuisance,and other"quaint"doctrines can improve decisionmaking in negligence cases[J]. Southern California law review,2006,329(79)：350；GOLDBERG J C,SEBOK A J,ZIPUESKY B C. Tort law：responsibilities and redress[M]. 3rd ed. New York：Wolters Kluwer,2012：450−452；亨德森，皮尔森，凯萨，西里西艾诺. 美国侵权法：实体与程序[M]. 王竹，等，译. 北京：北京大学出版社,2014：358.

❷ 王竹. 侵权责任分担论：侵权损害赔偿责任数人分担的一般理论[M]. 北京：中国人民大学出版社,2009：307.

❸ 贝勒斯. 法律的原则：一个规范的分析[M]. 张文显，等，译. 北京：中国大百科全书出版社,1996：294−295；NOEL D W. Defective products：abnormal use,contributory negligence,and assumption of risk[J]. Vanderbilt law review,1972,93(25)：121；多布斯. 侵权法：上册[M]. 马静，等，译. 北京：中国政法大学出版社,2014：466.

当事人知道风险与采用何种方式证明当事人知道风险，都是本书需要关注并论证的问题。

二、自甘风险规则中知道的限制：应当知道的排除

对于自甘风险规则下的当事人知道在前文中进行了概括性的界定，由于民法理论未对知道给出明确界定，借助刑法理论中提供的知道的含义的界定及相关分析，民法中或具体到侵权法中知道的含义可以类比刑法中的界定加以理解。进一步具体到自甘风险规则中，当事人知道风险的含义与侵权法中用来描述故意含义的"知道"也存在不同，而且在不同的类型的自甘风险中知道的含义及其限制也会存在差异，反过来区分了不同类型的自甘风险。因此，具体分析不同类型自甘风险规则下的"知道"，才能更好地理解该规则及其彼此之间的区别。有学者认为，自甘风险规则中的知道也应该包括事实上知道和应当知道。❶ 这种观点是否能够成为自甘风险规则适用中采纳的解释方法呢？

（一）明示自甘风险规则中的知道的限制解读

由上述可知，自甘风险规则可以具体分为"明示的自甘风险"和"默示的自甘风险"。默示的自甘风险通常又被细分为主要的自甘风险和次要的自甘风险。虽然自甘风险被划分为上述次级分类，但是，当事人仍知道风险是不同次级分类都必需的共同的构成部分。在不同类型的自甘风险规则中，对知道的含义的具体界定和判断会有相应的不同，若要详细探究知道这一主要因素对自甘风险规则的影响，则需要将其置于不同的类型的规制中进行具体分析。

在明示的自甘风险规则中，当事人通常会通过口头或书面的方式将其是否同意接受风险表达出来。虽然当事人未明确表明已经知道或理解所有

---

❶ 巴尔. 欧洲侵权行为法：下［M］. 焦美华，译. 北京：法律出版社，2004：636；ST. JOHN M C. Strike one, and you're out: should ballparks be strictly liability to baseball fans injury by foul balls？［J］. Loyola of Los Angeles law review, 1986, 589(19).

相关的风险及其事实，但是其既已作出同意接受风险的行为，则证明其知道且理解具体的风险及其事实。之所以通过当事人接受风险的明示方式来认定当事人已知该风险及其相关事实，主要有以下几点理由：首先，当事人是否知道风险是证成其自愿接受风险的前提和必需步骤，也符合人们通常的认知和决策程序，即只有对某个风险有具体了解才会决定是否面对该风险。其次，当事人做出接受风险的合意的过程中，不论是双方对风险及其相关事实进行实际说明并协商接受，还是一方对于已经提供的风险做出单方的合意，都对风险及其事实有知晓理解，才会做出同意接受的表示。需要强调的是：第一，在实际进行双方协商的过程中，可以是当事人询问，也可以是对方主动告知事实上知道风险；第二，在以门票等单方提供的条款做出同意接受风险的表示时，由于合同法更强调客观性，其也被看作事实上知道风险而非应当知道，除非有违反合同效力的特殊规则。再次，明示自甘风险中知道并不扩张解释为事实上知道和应当知道。基于上述应当知道的理解，明示自甘风险中知道可以通过事实加以证明，而且合同理论更加注重客观性及契约必须严守原则❶，通常不会推翻合同当事人之间的约定，除非违反法定无效规则。最后，如此严格界定明示自甘风险规则中的知道，其正当性还在于保护原告的合法权益。最佳的责任承担者即能够以最低的成本与其他的潜在的风险制造者之间进行交易者，那么，寻找最佳责任承担者应满足以下规则：应当充分了解风险，不了解风险其无法尽量降低避免风险的成本。被告通常为占有风险信息的一方，而且大多情形下应该提供风险的信息或应回答关于风险的信息的询问，如果被告能够证明对方应当知道风险，原告就应该承担所有损失，显然置于相对弱势位置。基于公平考量，法律不应允许被告仅履行了较为简单的证明责任后就主张明示自甘风险。

因此，通过上述分析可知，明示自甘风险中的知道的解释应该参照合同法相关原理，这不仅需要考虑当事人在缔约过程中的谈判能力差异，还应该考虑在证明中证据的认定。明示自甘风险中的知道被限制解释为事实

---

❶ 孙良国,杨艳.体育赞助合同中的道德条款研究[J].体育与科学,2016(1):25-26.

上知道，而不应该包括应当知道。这与默示自甘风险规则可能存在差异。那么，后者中的当事人知道风险应该如何准确解释呢？

（二）默示自甘风险规则中知道的解释及其限制：排除应当知道

默示自甘风险与明示自甘风险不同，当事人同意接受风险并非明确的意思表示，进而无法采取相同的方法对当事人知道风险进行判断。而且默示自甘风险显然比较复杂，主要自甘风险与次要自甘风险之间也存在差异，这是否能够影响对于当事人知道风险的判断呢？

在默示自甘风险中，不论当事人同意接受风险还是知道风险，都需要求诸案件事实进行认定，而且这仅能通过当事人行为的证据进行判断。知道通常被解释为事实上知道和法律上的应当知道。由上述对知道的界定可知，事实上知道系举证责任一方能够提供充分的有效证据，法院能够确定地认定当事人知道风险。应当知道也是基于所提供的事实证据进行证明，但是当证据无法达到确定的证明程度，法院会根据事实推定当事人知道危险。默示自甘风险中知道的证明是基于当事人提供的对方当事人的行为的证据，显然比明示自甘风险中口头或书面同意的证明要困难。[1] 民事诉讼法中的证据规则要求达到最大盖然性标准，而不同于刑事诉讼中的证明标准，那么，是否默示自甘风险中的知道可以被解释为事实上知道和应当知道呢？因为无论是事实上知道还是应当知道，都是通过案件发生时当事人的行为证据进行证明，而且都需要达到最大盖然性标准，因此表面上看两者均应被采纳。

首先，默示自甘风险极易被误用滥用。[2] 传统意义上的自甘风险规则过于宽泛的界定使法院和学者产生对其术语上解释的困惑从而意图避免使用

---

[1]　NOEL D W. Defective products：abnormal use，contributory negligence，and assumption of risk[J]. Vanderbilt law review，1972，93(25)：107.

[2]　WADE J W. The place of assumption of risk in the law of negligence[J]. Louisiana law review，1961，5(22)：9.

该规则。❶ 那么，将应当知道排除可以使自甘风险规则的术语解释变得更加严格更准确，减少被误用的可能。因此，自甘风险规则被适用的概率降低，使原告获得损害赔偿的机会增加，避免或减少其合法权益遭到不当剥夺。

其次，如前所述，被告通常占有风险的信息，而且大多情形下其负有告知风险的义务，即使在默示自甘风险中原告知道风险后而自愿冒险，允许被告证明其应当知道风险就降低了被告证明责任的难度，然而其可以因此减少或免于承担损害赔偿的责任，显然有失公平。

再次，如果承认应当知道的解释，那么，如果原告欲获得损害赔偿而证明被告主张自甘风险不成立，其必须证明其本身不知道风险，这就将证明责任转嫁于原告，这样原告的证明责任变相增多，合法权益的维护变得更加困难，成本也随之增加。

最后，主要自甘风险与次要自甘风险的概念的区分在于被告的行为及其主观心理状态，而知道是对原告行为的证明，其与上述两者之间的区别关系不大。另外，次要的自甘风险规则最主要的问题，即原告知道风险并自愿接受风险，与比较过失或与有过失的区别在于，知道的判断更加注重主观判断方法。而比较过失的当事人通常并不知道危险或者损害的发生可能性，且过失判断更倾向于客观化，法院对于比较过失的适用问题更多地采取客观判断的方法。从这个意义上，自甘风险规则无法由比较过失完全代替。❷ 加之，次要自甘风险规则认为原告自身存在过失，对原告过失的判断是否与对被告的过失适用同样的判断方法，采用同样的过失认定标准，这也是本书需要细致分析并加以证成的。有学者认为若原告知道不合理风险并自愿接受即认为其存在过失。但是，此种判断方法无法避免对于不合理风险的判断，这又陷入了另一种判断困难，而且客观判断方法与被告的过失判断采纳了同样严格的标准。❸ 当事人通常是对自己利益的合理判断

❶　SIMONS K W. Assumption of risk and consent in the law of torts：a theory of full preference[J]. Boston university law review,1987,213(67)：221-222.

❷　ESPER D A,KEATING G C. Abusing"duty"[M]. Southern California law review,2006,265(79)：290.

❸　ST M C. JOHN. Strike one,and you're out；should ballparks be strictly liability to baseball fans injury by foul balls？[J]. Loyola of Los Angeles law review,1986,589(19).

者，而且能够最大程度保护自身合法利益，所以上述判断方法及标准并不合理。

综上所述，默示自甘风险中的当事人知道风险的证明也不包括应当知道，而要求被告证明对方事实上知道风险，被告所承担的证明责任的难度有所增加，根本原因还在于保护当事人的合法权益，避免扩张适用自甘风险规则导致其丧失获得损害赔偿的机会。通过对明示自甘风险与默示自甘风险中的知道的解释，本书认为，两者对知道的解释都应限制在事实上知道的范围内，排除应当知道❶，减少被告成功主张自甘风险的机会，避免该规则的滥用或误用。那么，上述主要采取价值衡量和成本收益分析的方法论证了排除应当知道的合理性和正当性，下文再尝试从更多视角对排除应当知道加以论证，使论证更加充分。

三、事实上知道在自甘风险规则中的合理性证成

通过上述对自甘风险规则中知道的理解，知道通常被解释为事实上知道和应当知道，自甘风险规则中的知道表面上也应该作如此解释。由上述可知，由于自甘风险规则作为减免被告损害赔偿责任的抗辩事由，而且该规则适用中存在的问题多由规则解释或适用上过于宽泛所导致，因此，对于知道的理解应该采取限缩解释的方法，即排除应当知道的情形❷，适用中对知道的判断也应采取更为谨慎的态度，避免放纵被告逃避责任而使原告承担严重的损害后果。

（一）事实上知道的合理性

人们真正理解风险或面对风险时即对风险进行决策或选择之时，或者说风险仅存在于人们将要作出决策之时。❸ 人们对风险的认知的增加和更高的敏感度并不意味着更加厌恶风险，也并不意味着想降低或完全无法承受

---

❶　GREENHILL J. Assumption of risk[J]. Baylor law review,1964,111(16):114.

❷　同❶.

❸　GIDDENS A. Risk and responsibility[J]. Modern law review,1991(62):8.

不幸的发生。❶ 人们对风险有了充分的认知和理解，并基于此预期可能发生的损害，这样反而可能更愿意接受风险及其可能发生的损害。但是，风险本身具有不确定性，人们在无法准确预估结果的情况下仍进行决策，而非完全将事件的发生交给所谓的命运。当事人是否知道风险是自甘风险规则中一个重要的因素，也是当事人做出是否冒险的选择的前提，从而决定损害后果及责任分担的重要问题。

由上述可知，在明示自甘风险中，当事人知道风险可以置于是否接受风险的具体的协商过程中，即使通过格式条款的方式做出明示自甘风险的意思表示，知道风险被认为是非拟定合同条款的一方所作出同意的意思表示的内容。不论是否双方之间是否事实上进行协商并由此知道所欲接受行为的风险，当事人知道风险都可以看作事实上知道风险而后做出自愿面对风险的选择。明示自甘风险中当事人比较容易对知道进行举证证明，而且法院在审理中对证据是否采信的困难相对较少，这样并不会给当事人及法院带来较高的或难以承受的司法成本。因此，当事人知道风险的理解应当排除应当知道而采取事实上知道的狭义解释。

在无自甘风险的协议时，当事人是否知道风险通常是在事实审查的过程中比较困难的证明对象，而事实上知道的证明对证明标准的要求更加严格。自甘风险规则中知道风险通常解释为当事人对行为的风险能够理解，包括风险的具体内容、程度等。也有学者提出应当完全理解风险。❷ 在默示自甘风险中，为了避免原告承担严重的后果，原告应当知道风险的内容及其可能导致的损害事实，且真正承担了风险，原告才根据自甘风险规则自愿承担风险导致的损害。如果无法证明原告知道风险，原告不需要承担风险及其后果。❸ 默示自甘风险规则中与前述明示自甘风险一样，知道的解释被限制为事实上知道而不承认应当知道的情形❹，这使得该规则的适用具有

---

❶　斯蒂尔. 风险与法律理论[M]. 韩永强，译. 北京：中国政法大学出版社，2012：11.

❷　SIMONS K W. Assumption of risk and consent in the law of torts：a theory of full preference[J]. Boston university law review，1987，213(67).

❸　多布斯. 侵权法：上册[M]. 马静，等，译. 北京：中国政法大学出版社，2014：473.

❹　NOEL D W. Defective products：abnormal use，contributory negligence，and assumption of risk[J]. Vanderbilt law review，1972，93(25)：125.

相当的难度且可能性大大降低。

上文采用价值衡量和经济分析的方法论证了明示自甘风险和默示自甘风险规则中知道应采纳限缩解释的含义。若要证明这种限缩解释的合理性和正当性，还需要更多的理论支撑。

首先，从法律解释的角度看，对于法律术语的理解首先应依据文义解释，知道在法律意义上可以被解释为事实上知道和应当知道。而自甘风险规则中采纳事实上知道这一解释。从解释的限度看，法律解释包括扩张解释和限缩解释❶，而此处知道的解释应为限缩解释。事实上知道是法院通过证据证明当事人确已了解并理解风险及其相关事实。应当知道虽然法院也需证明当事人能够理解风险，但是证明需根据法律上证明标准推定当事人知道风险。而民法解释学中，法律解释并不能单纯依赖于文义解释，文义解释并不能保证其在整个法律规范中的正当性和合理性，还应该经由利益衡量的检验。在自甘风险规则中，之所以认可事实上知道，主要是因为对被告和原告之间利益的衡量。因为法律实际上以控制人的行为且预先规范人的生活为内容，为实现法律适用正当性和合理性，法律适用中除采纳上述法律解释方法外，利益衡量也是不可避免的验证方法。❷上文中对于明示自甘风险和默示自甘风险中的知道的解释，主要是基于对被告举证责任与责任承担之间的利益衡量，也包括对被告责任免除与原告的损害赔偿之间的利益衡量，因此，自甘风险规则中的知道应仅限于原告事实上知道风险。

其次，从证据的角度看，法院审理案件过程中最重要的环节是对证据的采信，而证明责任对于原告来说决定了其能否获得损害赔偿，也关系到被告能否主张抗辩事由而免于承担侵权责任。相比默示自甘风险中知道的证明，明示自甘风险中的知道的证明要简单很多。不论明示自甘风险规则还是默示自甘风险的分析都应该基于原告知道风险，而非通过被告的行为

---

❶　梁慧星.民法解释学[M].北京:中国政法大学出版社,1995:222-223.
❷　同❶:320.

进行反向推断，即应当排除应当知道的情形，而仅考虑原告事实上知道风险。❶ 自甘风险规则适用的证明责任应该由被告承担，其需要证明原告事实上知道风险及其事实。❷ 如果被告成功地证明自甘风险抗辩则可以免于承担损害赔偿责任，法院应该设置更严格的证明标准，能够证明原告事实上知道危险。

再次，从外部相关概念的比较视角，最可能与自甘风险规则发生混淆的规则应当是比较过失。比较过失规则的本质在于通过对双方当事人的过失的比较来按比例分配损失。在我国侵权法理论和实践中，过失客观化已被普遍接受。❸ 要求自甘风险规则中事实上知道的证明能够排除该规则向客观化方向的偏移，从而更好地区分规则之间的差异，避免将两者混淆。❹ 以默示自甘风险为例，美国侵权法学者多倾向于将其归入比较过失之中，多数学者或法院对自甘风险的理解都囿于其宽泛的术语表达，没有真正探究规则的适用要件，在适用过程中对于知道等要素的理解和证明更趋于过失法中的客观化，所以从法律效果上两者更容易被混淆。

最后，从法律效果看，对知道的解释若采纳扩张解释，即包括事实上知道与应当知道，原告丧失损害赔偿的可能性增大很多，会发生寒蝉效应。❺ 应当知道的证明难度必然比事实上知道要低很多，若采纳应当知道会使被告更容易成功主张自甘风险的抗辩而免于承担损害赔偿责任。当某个原告多次面对同一风险而无法获得赔偿，或多个原告面对同一行为风险而得不到赔偿，他们都会尽量减少实施这类风险行为来减少自身的损失，甚

❶ WARRE C. Volenti non fit injuria in action of negligence[J]. Harvard law review, 1895,457(8):466. Knight v. Jewett,3 Cal. 4th 296(1992),at 313.

❷ GOLDBERG J C P,ZIPURSKY B C. Shielding duty:how attending to assumption of risk,attractive nuisance,and other"quaint"doctrines can improve decisionmaking in negligence cases[J]. Southern California law review,2006,329(79):344.

❸ 程啸. 侵权责任法[M]. 3 版. 北京:法律出版社,2021:272-276.

❹ Meistrich v. Casino Arena Attractions,Inc. ,31 N. J. 44,49-55,155 A. 2d 90,93-95 (1959)//SIMONS K W. Assumption of risk and consent in the law of torts:a theory of full preference[J]. Boston university law review,1987,213(67):238.

❺ BRUMMET T. Looking beyond the name of the game:a framework for analyzing recreational sports injury cases[J]. U. C. Davis law review,2001,1029(34):1045,1057.

或根本不再参加此类行为而避免损失。因此，对当事人知道的解释应该限制为事实上知道，这可以将原告自负损失的概率控制在相对合理的范围，也避免发生寒蝉效应，被告尤其是作为运动场所或活动组织者的被告也能够维持行业的正常经营，减少原告因受到寒蝉效应的威慑而给其带来的经济危机，这其实也是寒蝉效应作用于被告的一种现实反映。

例外的是，当风险非常明显的情况时，对知道的解释可以包括应当知道，因为当事人不可能对非常明显的风险视而不见。❶ 风险足够明显并达到能够让当事人足以注意到的程度，常人都不会忽略该风险，因此法院根据案件事实证据认定当事人应当知道风险，并自愿接受风险，被告可以免于承担责任。面对非常明显的风险时，当事人应当知道的判断在美国法上被当作法律问题，而非由陪审团进行裁决。❷ 由于我国民事诉讼法中不会区分事实问题和法律问题审理，对于非常明显的风险的案件中知道的证明可以采纳应当知道，立法中可以对证明问题进行特殊规定，以明确适用的标准而降低证明难度。

综上所述，对于"自甘风险规则中知道的理解和证明"是研究和适用该规则的关键，应将当事人知道的含义限制于事实上知道的层面❸，而不应参照其他法律规则中类似的术语理解进行过分扩张。在司法实践中应更加注重证明责任，使被告欲成功主张自甘风险而免于承担损失成本时也承担相当的证明责任及司法成本。

（二）事实上知道之判断标准及方法

由上述可知，对自甘风险规则下当事人知道风险的概念应该采取限缩解释，即只有当事人事实上知道风险才能被认定符合自甘风险规则适用的要件。法律理论关于自甘风险规则的研究的目的在于能将研究成果用来指导具体案件的审判中。因此，事实上知道的认定方法是解决自甘风险规则在司法实践中适用问题的关键。法律上常用的判断方法主要有主观方法和

---

❶ GREENHILL J. Assumption of risk[J]. Baylor law review,1964,111(16):114.

❷ 同❶.

❸ 同❶:119.

客观方法两种，不同的判断方法往往在司法实践中会产生不同的法律效果。这足以证明选择适当的判断方法对自甘风险规则的适用十分重要且会产生决定性影响。

判断当事人事实上知道的方法也包括主观判断和客观判断方法。理论上，客观方法通常会设置明确的标准，由法院严格按照标准进行判断，而不能根据案件具体事实或特定语境进行裁量。而采用主观判断方法时，通常法律仅会给出参照的判断标准，且通常采取抽象的描述方式，更关注法院在实际审判过程中对案件事实的分析，并参照所给的标准进行逐案判断。前者也可以称作法定的方法，后者则为裁定的方法。❶ 两种方法被不同的法院采纳并在司法实践中发挥着关键性的作用，当然，法院通常更乐意接受通过对个案的判断的方法即主观性更强的判断的方法。❷

为更直观地理解两种判断方法，将两种方法作一些初步对比。首先，法定的方法对标准设置得更具体、更明确，尤其是在一些特别法中所做出的针对特定行为的相关标准，比如，美国各州对于体育运动伤害案件的特别立法。❸ 其次，法院如果采用法定的方法判断当事人是否知道的问题，由于法律明确规定了具体的标准而不需要进行充分自由裁量，那么采用法定方法对知道的证明会相对简单，只需要严格按照法定要件进行证明。再次，法定的方法通常比较容易落后于司法实践，也会出现很多无法囊括其中的情形而成为法院在适用法律中的棘手问题。由于法律规则应当具有相对稳定性，法律纠纷会随着社会发展呈现出不断变化，尤其是在当下高速运转的社会中，法律无法对其产生之后可能发生的案件事实进行预期并予以规定，因而比较容易落后于社会发展的变化，从而无法应对将来发生的纠纷。另外，法定的方法会在更大程度上束缚住法院的自由裁量权。虽然这种方法可能会提高司法效率，更可能实现类似案件类似处理的目标，但是相对

❶ HANSEN C,DUERR S. Recreational injuries & inherent risks:Wyoming's Recreation Safety Act[J]. Land & water law review,1993,149(28):168.

❷ BRUMMET T. Looking beyond the name of the game:a framework for analyzing recreational sports injury cases[J]. U. C. Davis law review,2001,1029(34).

❸ HANSEN-STAMP C. Recreational injuries and inherent risks:Wyoming's Recreation Safety Act-an update[J]. Land and water law review,1998,249(33).

刻板的司法裁判也可能导致更严重的司法错误，尤其是在法院裁判水平参差不齐而又受制于不得不裁判的原则下的情况，在具体案件审理中，法院可能忽视案件事实认定进而武断地作出不准确的判断或错误判断，这样的判断结果可能造成严重的社会后果，同时会严重影响司法的权威性。最后，法定的方法所设置的具体判断标准通常会以民法上理性人及其行为作为前提假设。❶理性人或一般常人的抽象假设可能符合多数主体的行为方式及其主观心理状态的描述，因而法院在适用该方法时会将案件具体事实与普通人及其行为方式做比较而给出是否知道风险的判断。但是，社会的发展变化使得社会群体或个体的分化越来越明显❷，理性人标准无法准确反映不同类型主体之间的认知差异，若适用统一的理性人标准判断会产生不公平的结果。

由上述可知，法定的方法存在的弊端显然多于其所具有的优势。虽然在早期法律发展阶段，法院会采取该方法判断当事人事实上知道风险，但是采纳这种方法的法院数量相对较少。而且随着社会发展变化，法定的方法可能会暴露更多的劣势甚至会被摒弃。相反，裁定的方法相对更容易被法院接受，且能够更好地作用于司法实践。当事人事实上知道风险本身就是具有强烈主观性的法律事实，法定的方法显然在判断过程中更容易出现不合理的结果，因此，裁定的方法或主观判断的方法会比较容易发挥其在司法中的优势。

裁定的方法现在被越来越多的立法和法院接受，其在司法实践中并未因法院的自由裁量权的发挥而受到怀疑，反而逐渐得到不断发展的司法和立法技术的青睐。采用裁定的方法在判断当事人是否事实上知道风险，会使具体案件的裁判更准确。具体而言，裁定的方法首先从立法技术上并不以明确而又僵硬的清单式列举为主要形式，其标准更抽象，也更具有解释空间。虽然抽象的规定会留给法院或法律解释者更多的空间而导致更多灵

---

❶　ZIPURSKY B C. Reasonableness in and out of negligence law[J]. University of Pennsylvania law review,2015,2131(163).

❷　BEN-SHAHAR O, PORAT A. Personalizing negligence law[J]. NYU law review, 2016,(91).

活的、不确定的内容，但也更适合实际社会发展及法律纠纷的解决，避免上述法定的方法所体现出的过分僵硬。裁定的方法所表现的规则弹性及其合理性必然要求立法技术和司法技术与之匹配。立法者对于采纳裁定的方法所需要的标准的制定，不仅需要考虑标准的合理性，还需要认真衡量标准的解释空间或弹性，而这种合理性和弹性的把握更加困难。法院在适用裁定的方法审理案件时会对抽象的标准进行仔细衡量和严谨的解释，会更注重对案件事实进行全面的查证与取舍，这就需要有更高业务和理论水平的法官进行裁判。事物总有两面性，裁定的方法也有其自身的不足。裁定的方法适用要求法院在审理时要充分且全面进行案件事实认定，这就需要更复杂和翔实的案件事实调查和举证质证，这必然会降低法院的司法效率，也可能会增加当事人的诉讼成本。再者，法院在适用裁定的方法时可能需要对该种标准进行法律解释，该标准可能会在不同的法院不同的裁判中表现出差异，也有可能因此造成司法错误。但是，不论是判例法为主的法院还是成文法系的法院都应当掌握比较准确的法律解释方法，并尽可能地降低法院之间或判例之间会出现的不同。

综上所述，如果裁定的方法在证明当事人是否事实上知道风险中更合适，那么，如何证明当事人是否事实上知道的问题则在于提供判断或证明的可供参照的标准。然而，裁定的方法也并非表面上那么简单可行，其标准也不可能是肆意的而缺少合理性的规定。以主要的自甘风险中知道的判断为例，主要自甘风险规则起初并未被学者或者法院给予准确定义或深刻剖析其理论基础，对知道的判断更没有判断标准可循，而是简单地以"看到即知道"的判断方法界定主要自甘风险规则下的"知道"，且认为当事人知道风险是主要自甘风险规则的重要组成元素及其主要特征。❶ 看到即知道规则认为，如果当事人能够观察并注意到危险及其事实存在，其就被认为知道其所看到的危险。该规则并没有给出抽象的判断中需要满足的多个条件或因素，如此抽象且宽泛的规则很容易导致规则适用的条件界定不清，进而误用或者无法准确限制规则适用的范围。这种毫无规范性的描述性规

❶ MOORE D L. Please watch your language：the chronic problem of assumption of risk [J]. Catholic university law review，2011，175(61)：182.

则仅仅是从案件事实的表面对自甘风险规则适用条件进行简单粗暴的描述性定义，这些都是法律规则界定及其适用中的致命缺陷，也是一个成熟的法律制度所不应当出现的低级处理方式。❶

　　当事人能够完全知道并理解风险是一种完全主观判断的因素。❷ 这也是对上述看到即知道规则的回击，同时要求裁定的方法所需要的标准应该能够让法院借助其更好地认定当事人事实上知道风险。首先，当事人事实上知道风险在以判例法为主的国家被当作事实问题，应交由陪审团进行。❸ 裁定的判断标准主要是对陪审团成员在认定案件事实过程中的指引。这在我国司法体制下并不存在此类问题。其次，由上述可知，当风险足够明显时，当事人事实上知道风险更容易得到认定，相反，在风险不是足够明显时，当事人的主观认知是法院证明的主要对象。❹ 因此，判断标准的设计首先要考虑具体的司法体制及其执行主体。具体来说，法院在判断当事人事实上知道时，裁定的方法应当遵守以下标准或考虑以下几个因素：当事人的年龄、经验、认知能力及接触同一风险的次数等。❺ 第一，当事人的年龄在民法中或法律行为理论中都能够产生决定性影响，虽然侵权法中并未考虑年龄及其相关的行为能力或责任能力等，但是成年人与未成年人相比更可能了解并理解风险及其事实，年龄因而应成为法院在判断当事人知道时需要考虑的因素之一。值得注意的是，未成年人是否能够适用自甘风险，如何认定其知道需要承担的风险或以何种规则判断其知道❻，虽然学者对于该问题的回答存在分歧，但是基于当前对自甘风险规则的理解和适用问题，对该问题的回答应该更加谨慎和更具有指导司法实践的意义。这将在下文中

---

❶　MOORE D L. Please watch your language：the chronic problem of assumption of risk [J]. Catholic university law review,2011,175(61)：200.

❷　Restatement(Second)of Torts §496D cmt. c.

❸　GOLDBERG J C P, ZIPURSKY B C. Shielding duty：how attending to assumption of risk,attractive nuisance,and other"quaint"doctrines can improve decisionmaking in negligence cases[J]. Southern California law review,2006,329(79)：350.

❹　GREENHILL J. Assumption of risk[J]. Baylor law review,1964,111(16)：113.

❺　同❹：119-120.

❻　HURST T R,KNIGHT J N. Coaches' liability for athletes' injuries and deaths[J]. Seton Hall journal of sport law,2003,27(13).

通过具体案例进行分析。第二，当事人的认知能力通常会在不考虑当事人行为能力的语境中出现，虽然侵权法理论上法律效果的判断并不考虑当事人的行为能力要件，但是认知能力水平很大程度决定了当事人事实上能否知道风险。因为知道要求其了解并完全理解风险，并非简单的"看到"即为"知道"。法院在判断当事人是否知道时，应该根据当事人的实际年龄及其相应的认知能力来决定。第三，经验是人的生活阅历、见识、知识等综合因素的积累。法院会考量当事人是否具有与案件事实相关的经验事实及其相关经验是否丰富等因素，来判断其能否完全理解风险。如果当事人拥有丰富的从事该行为的经历而且占有关于该行为风险的信息，可最终确定其事实上的知道风险。第四，接触同一风险的次数。接触同一危险的次数是更具体判断当事人能否事实上知道的角度，与上述个人经验相比，这个角度更加细致且针对性更强。该标准要求当事人具有对相同或非常类似的危险的经历，而个人经验标准并不强调相同或非常类似的经历。当事人如果多次接触相同的风险，已经对该行为及其风险占有足够的信息并通常能够理解这些信息，故可以确定其已经知道并理解该行为的危险。反之，如果当事人从未参加过滑雪运动，在运动中由于内在风险而遭受损害，由于其欠缺滑雪及其内在风险的信息和经验因而并非完全理解该风险，即使可能被告知相关危险或通过门票等了解部分信息，也不能认定其事实上知道并理解了该危险，这种情况下，原告因自甘风险而无法得到赔偿是无法得到充分理论支持的。

虽然上述仅给出了采用裁定的方法认定当事人事实上知道风险所应参照的几个标准，也无法较为全面地为法官提供裁判的指引。但是，上述所列标准是法院适用裁定的方法时应考虑的最关键因素，对上述标准的调试和完善还有待从司法实践中不断地总结提炼。裁定的判断方法虽然如上文所述具有一些自身优势，也可以说修正了法定的方法的弊端，但是，肯顿反对以主观判断方法证明原告是否事实上知道风险，因为原告为了获得损害赔偿往往不愿真实展示其事实上知道风险。❶ 主观判断的方法可能会发生

❶ GREENHILL J. Assumption of risk[J]. Baylor law review,1964,111(16):119.

如 Keeton 提出的问题，法定的客观的判断可能会减少此类情况的发生，法院应该在具体案件的事实认定中借助于利益衡量和对当事人之间权利义务的考量，来减少裁定的方法带来的主观性和不确定性，从而最大限度地达到利益均衡的法律效果。

（三）事实上知道的程度

通过上述对于当事人知道危险的解释和判断的论证，当事人事实上知道风险不仅涉及判断其是否知道的问题，还应当考虑其知道的程度。判断知道的程度事实上又需要考虑知道的层次和范围的问题。这些问题的回答可能在上文中对当事人事实上知道的判断标准的论述中有所提及，如当事人的经验及面对同一风险的次数等。

在英语文献中，对于当事人知道的程度的描述表达为 extent、magnitude 和 range❶，几种表达方式常被作者在文献中并列使用，而被翻译为汉语可以是知道的程度、知道的范围甚或知道的内容。为了避免与前文中内在风险的表达区分，此处的表述采用知道的程度。对知道的程度的理解可以细分为认知或理解的层次问题和认知的范围问题。

首先，认识或理解的层次问题，如上文在解释知道的含义时所指出的，知道并非仅仅对风险表面上的了解或识别❷，还包括对该风险及其相关信息的理解，尤其是风险是较为专业的知识或出现的概率比较低的情形。如果当事人只是知道存在某一风险，但由于该风险的专业性和特殊性，其无法完全预期该风险的危害性和该风险现实化后所导致的损害的严重性，那么，法院不应该认为其完全理解该风险。换言之，只有当事人对某一风险的具体情况进行深入且全面的认知与理解，才可能决定是否接受该风险及其可能引发的现实损害。这是因为多数人通常并不是偏好风险的主体，即当事人并不是偏爱冒险，在获得相同期待价值的不同选择中也不乐于作出具有

---

❶ WARRE C. Volenti non fit injuria in action of negligence[J]. Harvard law review, 1895,457(8):464;SIMONS K W. Reflections on assumption of risk[J]. UCLA law review, 2002,50(2):481-529.

❷ 贝勒斯.法律的原则:一个规范的分析[M].张文显,等,译.北京:中国大百科全书出版社,1996:294-295.

不确定危险的选择。❶ 如果法院将未完理解风险的情形认定为知道，这就等同于原告被迫接受风险而需要承担损害后果，显然违背公平原则。对于当事人知道风险程度的理解层次的把握，还应该由法院依据案件事实，将其置于具体的语境中，并参照不同语境下当事人的具体情况及周围的具体情形进行分析。这依然是采取主观判断的方法，其中当事人具体情况及周围情形的判断标准可以参照上文中是否知道危险的主观的判断标准。

其次，事实上知道的程度还应该从当事人认知和理解的范围角度认定。虽然这可能与上文中对内在风险的认定及前述对于当事人是否知道的认定容易混淆，但是在判断知道的程度问题中，当事人认知和理解的范围的界定首先应该基于上文中对风险的类型的讨论，再依据个案的不同案情对于落入上述可以适用自甘风险规则的风险进行准确的界定。通常，知道的范围的判断主要取决于行为的本质、行为和当事人之间的关系以及原告与被告之间的关系等因素。❷

其一，不同行为的危险性及普遍性不同。如果在一项危险性较高且普及性较低的行为中，知道风险的判断就需要参加者能够审慎理解该行为的危险的程度且全面认知该行为内在风险。如果参加者对行为风险认知不充分或者因为对方故意隐瞒了部分危险，就无法判断参加者的知道风险。被告的告知也是原告获得危险相关信息的重要方式。但是，早期美国法学及法院认为告知是没有成本的，这导致很多告知提示是不合理的且不充分的，原告也无法从大量的提示信息中获取有用的信息。20 世纪 80 年代，法律经济分析方法盛行，法院逐渐改变之前的观点，认为过多的无效的信息提示会产生信息过载问题，消费者获取相关提示信息并非无成本的。❸ 加之个案中当事人可能并不占有充分的相关信息，具体案件中的当事人可能无法了解案件中涉及的风险的发生可能性及其后果严重性。即使其观察过类似案

---

❶ SIMONS K W. Assumption of risk and consent in the law of torts: a theory of full preference[J]. Boston university law review,1987,213(67):228.

❷ HANSEN-STAMP C. Recreational injuries and inherent risks: Wyoming's Recreation Safety Act-an update[J]. Land and water law review,1998,249(33).

❸ SCHWARTZc G T. The beginning and the possible end of the rise of modern American tort law[J]. Georgia law review,1992,601(26):666.

件发生在其他主体身上，仍无法预估类似案件对于自己来说发生的概率。❶例如，美国主要的娱乐运动项目滑雪，虽然多数滑雪爱好者及参加者知道滑雪是非常危险的运动，但是他们却很难获取有关滑雪危险导致的死亡或伤残的可靠数据。❷如果在一项非高度危险且常见类型的行为中，当事人有更多机会获得该危险相关的信息。❸当事人对该行为的风险的认知和理解就比较全面，被告也不需要履行告知提示义务，法院也会驳回原告要求对方履行告知的主张。❹

其二，当事人和行为的关系即当事人从事或实施过行为的次数。当事人可能较长时间内多次实施过该行为，也可能初次接触该行为或没有实施过。如果当事人多次接触或实施过一项行为，对该行为的风险的理解就会更加全面。❺相反，当事人如果是初次从事危险行为，其不可能对行为中的危险进行全面认识，更无法准确理解有关危险的信息，法院很难判断当事人能够知道危险而否定其主张损害赔偿。这主要是因为风险虽看似毫无发生规律，但是从概率论的角度分析，通过足够大的数据样本，这种看似随机发生的危险事实上具有高度的可预测性。❻人们在决定是否冒险时往往会根据直觉进行选择，然而基于直觉的判断并不完全背离基于相关信息进行的逻辑判断。❼质言之，当事人对行为的熟悉度虽然不能完全决定其必然知道该危险，全面理解行为的危险可以影响对当事人知道的判断。

---

❶　卡拉布雷西.事故的成本：法律与经济的分析[M].毕竞悦，等，译.北京：北京大学出版社，2008：49.

❷　FELDMAN E A，STEIN A. Assuming the risk：tort law，policy，and politics on the slippery slopes[J]. DePaul law review，2010，259(59)：265.

❸　沙哈尔，施耐德.过犹不及：强制披露的失败[M].陈晓芳，译.北京：法律出版社，2015：8-9.

❹　SCHWARTZc G T. The beginning and the possible end of the rise of modern American tort law[J]. Georgia law review，1992，601(26)：667.

❺　GREENHILL J. Assumption of risk[J]. Baylor law review，1964，111(16)：120.

❻　斯蒂尔.风险与法律理论[M].韩永强，译.北京：中国政法大学出版社，2012：22.

❼　BERNSTEIN P. Against the gods：the emergence of probability[M]. Cambridge：Cambridge university press，1975.∥斯蒂尔.风险与法律理论[M].韩永强，译.北京：中国政法大学出版社，2012：28.

其三，原告与被告之间的关系可以是不同的法律关系，可能存在合同法律关系，也可以是非合同的事实上的关系。但是，双方之间的关系对于知道程度的判断来说都主要体现在案件事实认定的相关细节中。如果双方之间存在一个长期的合同关系，这意味着原告经常从事该行为而能够掌握该风险的信息，即使只是较为专业的知识。反之，原告可能纯粹出于冒险参加该危险行为或者在无知状态下在实施该危险行为，何谈其能够对危险进行全面认知并完全理解之？尤其是在一项非常专业的行为中，原告有机会了解该行为的风险，但是囿于专业知识的不足而无法完全理解行为所具有的风险及其严重性。因此，法院在认定当事人是否事实上知道危险时应考虑当事人之前的关系，从而考量其认知并理解风险的程度以便更准确地适用自甘风险规则。

本部分对于当事人是否知道风险的问题从多个角度进行论述，从法律解释的视角对当事人知道风险的概念进行理解，本书认为当事人知道的解释应该限于其事实上知道危险，避免过于宽泛的解释或术语适用使自甘风险规则被误用。当事人事实上知道危险的具体判断问题主要从能否判断其事实上知道危险及如何判断其事实上知道危险进行论证，裁定的方法或主观判断的方法应该成为认定当事人是否知道风险的手段，而如何判断当事人知道应当采取裁定的方法及其相关标准。最后，对当事人事实上知道的程度问题的回答进一步论证了当事人事实上知道的认定及其准确性。当事人知道风险的程度决定了其是否自愿接受风险的选择❶，这为判断当事人是否自愿接受风险做好了准备并有利于认定当事人主观状态是否自愿。

---

❶ TWERSKI A D. Old wine in a new flask—restructuring assumption of risk in the products liability era[J]. Iowa law review,1974,1(60):47.

第四章 自甘风险规则中自愿接受风险的判断

个人选择是巩固其他许多基本权利的核心理念。[1] 如拉兹所言,个人自治的理念在某种意义上是人们控制自己的命运并通过其一生的连续性决策来改变命运。[2] 风险更多地意味着责任和选择。[3] 自愿接受风险或同意冒险则被看作自甘风险规则适用中的关键因素之一[4],尤其是对于当事人自愿主观状态的认定应当得到法律的认真对待。如果不能准确认定当事人是否自愿接受风险,当事人的合法权益就可能受到法律的不公平对待,丧失损害赔偿的权利而成为"自作自受"的弱者,也无法实现自甘风险规则的制度价值。因此,本章内容详细分析当事人自愿承担风险在不同情形中的判断及法理基础,为准确把握自甘风险规则提供分析方法和理论基础。

---

❶ 弗里德曼.选择的共和国:法律、权威与文化[M].高鸿钧,等,译.北京:清华大学出版社,2005:47.

❷ RAZ J. The morality of freedom[M]//弗里德曼.选择的共和国:法律、权威与文化.高鸿钧,等,译.北京:清华大学出版社,2005:52.

❸ 珍妮·斯蒂尔.风险与法律理论[M].韩永强,译.北京:中国政法大学出版社,2012:21.

❹ SERGIENKO G S. Assumption of risk as a defense to negligence[J]. Western State university law review,2006,1(34):6;ESPER D A,KEATING G C. Abusing"duty"[M]. Southern California law review,2006,265(79):290.

一、自甘风险与比较过失的根本区别：自愿接受风险

（一）自甘风险规则与比较过失的主要区别

比较过失规则出现后，自甘风险规则去与留的问题困惑了法学学者与法院多年。因为比较过失在原告与被告之间依据双方过失而分担责任上发挥了作用，所以，相比完全将责任过错的任何一方承担，责任分担的方式更加公平或者更符合人们的正义观念。自甘风险规则的功能和正当性受到了法院和学者的质疑，继而被认为应该废弃而采纳比较过失，换言之，比较过失可以替代自甘风险规则成为减轻被告侵权责任的依据。❶ 仅从法律效果来看，比较过失的损失分担功能比自甘风险规则更加公平，尤其是在原告自身也被认为存在一定过失的情形下。但是，当事人能够自由同意冒险或自愿接受风险并不是比较过失或规则中所具备的要素❷，同意或自愿接受成为自甘风险规则区别于比较过失或与有过失规则的一个关键因素，自甘风险规则也与后者一样发挥着减轻被告责任的功能，但两者并不是完全重叠的概念，而且自甘风险不应被误认为比较过失的一个变体。❸

自甘风险规则更注重当事人自愿选择冒险，而比较过失更关注当事人的不合理的行为。❹ 从主观与客观的角度看，前者更关注当事人的主观心理状态，需要分析其是否自愿接受或面对危险行为，后者是从客观方面分析

❶ GOLDBERG J C, SEBOK A J, ZIPUESKY B C. Tort law: responsibilities and redress [M]. 3rd ed. New York: Wolters Kluwer, 2012: 452-453.

❷ SERGIENKO G S. Assumption of risk as a defense to negligence[J]. Western State university law review, 2006, 1(34): 6.

❸ Li v. Yellow Cab Co., 13 Cal. 3d 804(1975).

❹ WARRE C. Volenti non fit injuria in action of negligence[J]. Harvard law review, 1895, 457(8): 461; SIMONS K W. Assumption of risk and consent in the law of torts: a theory of full preference[J]. Boston university law review, 1987, 213(67): 234; ESPER D A, KEATING G C. Abusing "duty"[M]. Southern California law review, 2006, 265(79): 290.

其行为是否符合一般人的合理做法❶，是否违反了注意义务而为不当行为。从时间的角度看，前者对当事人行为及心理状态的观察应该是在损害发生之前的阶段，即其开始从事危险行为时，后者法院可以通过其实施的行为的客观判断标准进行分析，那么对其行为合理性的证明可以后于前者。而且自甘风险是原告的行为，法院更多以其行为作为分析对象，而比较过失涉及双方的行为，被告的行为也是法院进行分析和比较的对象。虽然在比较过失出现后，很多学者和法院支持将自甘风险规则全部或部分由比较过失规则代替，但是我们可以看到两个规则之间仍然存在区别，而且区别并非术语的不同，因此，自甘风险规则的规范分析会更好地彰显其独立性问题。

（二）明示自甘风险规则中自愿接受风险的效力规则

由于自甘风险规则的表现形式不同，当事人自愿接受风险的判断也不尽相同，而且带给法院的审理难度也不同。具体来说，明示自甘风险规则中，当事人自愿接受风险可以表现为其在自由的状态下作出面对或接受风险的意思表示。比如，购买门票行为表示其自愿接受了门票中已经注明的接受观看比赛中可能发生的危险，也可以是当事人与对方签订明确的约定了风险免责的活动协议。明示自甘风险规则中，只要当事人在自由意志条件下达成了愿意承担风险的合意，即可以认为当事人是自愿接受风险。当然，明示自甘风险规则中当事人自愿接受风险的判断相对默示自甘风险规则下更加清晰且比较容易操作，在司法实践中也较容易得到证据证明，且合同法规则发展较为成熟。质言之，明示自甘风险在法律上可以类比作一个合同，应当受到合同法的规制。但是，明示自甘风险规则中的合意与普通合同相比存在着细微的区别，前者要求当事人在完全知道风险的前提下作出接受风险的合意，而且合意的作出往往并未通过双方之间实际的协商。❷ 通常

---

❶ NOEL D W. Defective products：abnormal use，contributory negligence，and assumption of risk[J]. Vanderbilt law review，1972，93(25)：128.

❷ SERGIENKO G S. Assumption of risk as a defense to negligence[J]. Western State university law review，2006，1(34)：24.

来说，当事人之间自由订立的合同都是有效合同，除非其违反合同生效的规制或者存在合同效力瑕疵的法定情形。自甘风险规则中一方当事人自愿接受合同约定的风险且放弃向对方主张损害赔偿的权利，该协议的内容只要不违反合同生效要件，也不存在效力瑕疵的因素，就应为有效合同。当然，以门票形式提供的自甘风险条款应当首先遵守格式合同条款的效力规则，即其解释应该不利于提供格式合同条款一方的利益。有些美国法院并不认可以门票或者类似形式提供的自甘风险合意的效力。❶

值得注意的是，合同法上合意的效力规则与明示自甘风险规则中的合意效力规则并不完全相同，这就强调了自甘风险规则的重要性。❷ 换言之，当事人在某些情况下作出自愿承担风险的同意，依据合同法上的效力规则可能被认定为无效，而在侵权法上适用自甘风险规则而能够被认为是有效的同意。两者区别的根本原因在于，合同法更加强调公平，平等主体之间作出真实的意思表示而达成合意，双方主体之间可以自由约定权利义务且应当对等，不得一方主体仅承担义务或一方主体仅获得利益而不存在义务。合同责任遵守严格责任归责原则，违反义务必然承担违约责任。而公平也是侵权法的价值追求，侵权法上的权利义务并非源自当事人的约定，在过失责任归责原则下，当事人承担侵权责任不仅需要满足责任构成要件，且政策及其他因素也会对责任成立产生影响。

另外，法院对待明示自甘风险规则的效力所持的态度也不尽相同，而且在其整个发展过程中也出现了不同的效力判断标准及因素。在美国司法实践中，法院对于当事人自甘风险协议效力的否定的主要根据是政策因素。❸ 能够影响自甘风险合意效力的政策是基于社会政治、经济各方面的综合考量且

---

❶ FEUERHELM K,LUND J,CHALAT J H,KUNZ M B. From Wright to Sunday and beyond：is the law keeping up with the skiers? ［J］. Utah law review,1985,885(985)：895.

❷ SERGIENKO G S. Assumption of risk as a defense to negligence[J]. Western State university law review,2006,1(34)：23；GOLDBERG J C,SEBOK A J,ZIPUESKY B C. Tort law：responsibilities and redress[M]. 3rd ed. New York：Wolters Kluwer,2012:438-440.

❸ 多布斯. 侵权法：上册[M]. 马静,等,译. 北京：中国政法大学出版社,2014:472；FELDMAN E A,STEIN A. Assuming the risk：tort law,policy,and politics on the slippery slopes ［J］. DePaul law review,2010,259(59)：271.

经由法院确立的政策❶，同时是对当事人合法权益的保护。

在具体的语境中，比如，体育侵权中，有些法院也尝试给出了判断自甘风险合意的效力的主要因素，虽然这并不具有严格的执行力，但是给司法实践提供了参考和指引。首先，自甘风险的协议应该对被告持严苛的态度，就如同格式条款的解释应作不利于被告的解释规则；其次，当合意的主体是未成年人时，该合意是无效的，且其监护人也不得代理其作出自甘风险的合意；最后，特别立法若明确否定自甘风险合意的效力，则该合意必然无效。❷有学者提出，当事人作出明示自甘风险的合意应当满足以下几点要求：其一，原告作出自甘风险的意思表示应当足够明确，不存在模糊的表达；其二，合意中应当明确表达被告因为过失对原告可能造成危险及导致损失；其三，被告的行为不得为重大过失或故意侵权行为；其四，当事人之间的合意还应当受政策的审查，若违反政策也为无效。❸值得注意的是，有的学者还提出自甘风险的合意应该符合一定的形式条件，即在自甘风险合意中的关键条款应该以大写的特殊字体标示，能够提醒当事人充分阅读并理解这些关于责任免除的具体规定❹。例如，"我明确且自愿接受所有可能出现在活动中的危险及其可能导致的伤亡损害……"

综上所述，明示自甘风险规则的效力问题在法院具体个案审理中得到了谨慎对待。虽然其表面看似简单且易于操作，但是在具体的效力问题上仍然需要法院结合具体案件事实、合同效力规则进行认真判断。政策在明示自甘风险规则的效力问题中也发挥了关键作用。当然法院还需要考虑主体的特殊性、条款的形式等。一套严密而看似庞杂的法律规则是社会所需

---

❶　E·艾伦·范斯沃思.美国合同法[M].葛云松,丁春艳,译.北京:中国政法大学出版社,2004:320-324.

❷　HORTON D. Extreme sports and assumption of risk:A blueprint[J]. University of San Francisco law review,2004,599(38):617-619.

❸　DRAGO A J. Assumption of risk:an age-old defense still viable in sports and recreation cases[J]. Fordham intellectual property, media & entertainment law journal, 2002, 583 (12):586.

❹　ROSEMAN-ORR A I. Recreational activity liability in Hawai'I:are waivers worth the paper on which they are written? [J]. University of Hawai'i law review,1999,715(21):726.

要的，这也正是保护个人自由和个人选择所必需的。❶

二、默示自甘风险规则中自愿接受之主观判断的合理性及局限性

相比明示自甘风险规则中对自愿接受危险的判断，对默示的自甘风险的规制会比较困难，这也是很多学者和法院共同关注和产生分歧的问题。默示的自甘风险规则中，当事人积极作为的法律效果如何认定，能否证明其自愿接受呢？如果其参加活动或接受规则就证明其自愿接受其中的风险，那么如何证明其正当性？可替代选择比起要么接受，要么离开的生硬规制是不是更具有正当性？本书将对上述问题展开论证，这既可以减少或避免武断地认定当事人自愿接受风险，也能够为法院提供更好的规范指引。

（一）积极行为的法律效果

自甘风险规则出现初期，学者或者法院对自甘风险未进行规范分析，而且并未给出严格的适用条件，这样使得自甘风险规则的发展陷入危机四伏的状况。在 1900 年 Lamson v. American Axe & Tool Co. 案件中❷，霍姆斯大法官认为，基于雇员和雇主之间的法律关系，原告（雇员）明显知道工作环境的安全情况，而且十分关注自己工作环境的安全问题，因此比任何人都清楚具体的危险，也更能认识到危险的具体内容和程度，但他仍选择留下来继续工作或者接受这个工作的危险，所以原告能够自主决定自己是否承担该工作中的危险可能导致损害的成本，更能够自由地把握自己的命运。在这个案件中，被告（雇主）的态度是雇员要么接受这个工作内在的危险而继续留任，要么不接受风险而选择放弃这份工作。虽然在 Lamson 案件中霍姆斯法官作出的审判推理对原告来说是十分苛刻的、近乎无情的，而且在今天看来这种推理并不是法律意义上能够证成的自愿承担的情形。

---

❶ 弗里德曼.选择的共和国：法律、权威与文化[M].高鸿钧，等，译.北京：清华大学出版社,2005:71,74.

❷ Lamson v. Amrican Axe &Tool Co. ,58 N. E. 585(Mass. 1900).

在 Murphy v. Steeplechase Amusement Co. 案中，卡多佐法官认为，导致原告损害的风险是原告自主参加运动所招致的且其能够预见到的危险，而且该风险也是其知道并乐意接受的。❶ 因此，根据卡多佐法官的推理可以看出，其认为由于风险是诸如运动等内在的必不可少的特质，如果原告参加该运动，就可以推断原告自愿接受该风险导致的损害。其在认定自愿接受危险的过程中的关键之处在于该危险是不是行为内在的且必不可少的风险，正如其指出"如果风险不存在，那么冒险及其后续的一切事情都不会发生"❷。

也有法院认为，如果原告充分了解并相信风险十分严重或发生概率很高，其本来可以选择不实施某个危险行为，但其认识到行为的风险属性仍选择参加该行为，那么法院就会认为当事人愿意承担行为的风险。❸

因此，上述法院对于默示自甘风险中当事人自愿接受风险的行为的判断方法都可以表达为"当事人的行为应当被认为其自愿接受了某个风险"，或者"有理由认为其自愿接受风险"。换言之，当事人积极的作为通常可以看作是其默示接受，而且不需要根据具体个案对当事人的类似作为的法律效果进行判断，因此，这种判断方法可以称为客观判断方法。客观判断方法显然比较简单直接，而且具有效率，就如同侵权法上对于过失的判断的客观标准一样。但是，当事人自愿接受风险或同意冒险本来被看作自甘风险规则尤其是默示自甘风险规则区别于比较过失的关键特征，如果采用客观判断方法将会使其能够区别于其他规则的关键特征变得模糊❹，自甘风险规则的独立性问题又会使法院和学者陷入十分困扰的境况，甚至这种默示的自愿接受风险的行为之判断被误认为是一种法律的拟制或虚构。❺ 具体而言，采取这种一刀切式的客观判断方法可能导致不可知的后果。首先，其扭曲了案件事实认定，法院如果采取客观判断方法，可能会降低案件事实认定的冗繁从而提高裁判效率，将主观因素的认定转换为客观的事实，自

---

❶ Murphy v. Steeplechase Amusement Co. ,166N. E. 173,174(N. Y. 1929).

❷ 同❶.

❸ Leopold v. Okemo Mountain Inc. ,420 F. Supp. 781(d. Vt. 1976).

❹ SERGIENKO G S. Assumption of risk as a defense to negligence[J]. Western State university law review,2006,1(34):6.

❺ Knight v. Jewett,3 Cal. 4th 296(1992).

甘风险规则中的自愿接受风险变成了只要参加活动或接受行为就被认为自愿接受了行为或活动中的风险。比如，参加体育活动。不过，后来的学者反对这种认为参加或介入行为即认定接受风险的观点，当事人是否自愿接受了行为的风险及其造成的损害，仍需要被告承担证明责任。❶ 其次，其会导致裁判结果的不准确甚或错误。既然客观判断方法使法院在案件事实认定中操作过于粗糙简单，加之法律适用应以事实认定的结果为前提，那么，客观判断方法会导致裁判结果不准确或错误。这主要表现为可能使自甘风险规则的适用过度泛化，从而导致"自甘风险"当事人的合法权益受到侵害且纵容风险制造者的肆意行为。最后，客观判断方法违反了自甘风险规则中的个人主义的价值目标。20 世纪以来，人们处于一个被构建的"选择的共和国"中，自我选择的权利被看作一种优先的特殊权利。❷ 个人主义通常被看作是美国社会中的人格基础。❸ 自甘风险规则设计中包含了个人主义价值，应当充分尊重当事人的自由选择，自甘风险规则设计中包含了个人主义价值，适用中应充分尊重当事人的自由选择。如果采取客观判断方法判定当事人接受风险，自甘风险规则的适用就无视个人主义价值，而可能发生当事人并非自愿地接受行为的风险及其损害。

如上所述，判例中法院在认定当事人自愿接受风险中所采纳的判断方法可以被称为客观判断方法，显然该方法存在很多不足和弊端。自愿接受风险可以看作风险决策的一种形式，其自身必然具有主观色彩。❹ 自甘风险规则中当事人自愿接受风险的判断还应该采取主观判断或者个案判断的方法，即当事人主观上真实同意接受风险❺，尤其是在默示的自甘风险中。主

❶ ROSEMAN-ORR A I. Recreational activity liability in Hawai'I: are waivers worth the paper on which they are written? [J]. University of Hawai'i law review,1999,715(21).

❷ 弗里德曼. 选择的共和国:法律、权威与文化[M]. 高鸿钧,等,译. 北京:清华大学出版社,2005:3.

❸ 同❷:12.

❹ 珍妮·斯蒂尔. 风险与法律理论[M]. 韩永强,译. 北京:中国政法大学出版社,2012:26.

❺ 多布斯. 侵权法:上册[M]. 马静,等,译. 北京:中国政法大学出版社,2014:473; SIMONS K W. Assumption of risk and consent in the law of torts: a theory of full preference[J]. Boston university law review,1987,213(67):282.

观判断方法更加注重原告内心的真实意思表示，更需要通过对能够反映原告内心真实状态的案件事实进行判断，而非通过被告的行为进行简单武断的推断，这也是对客观判断方法所认为默示的同意冒险是法律拟制的回应。❶ 主观判断方法并非由法院完全根据案件事实进行裁量，立法还应提供一些具体规则为法院提供审判指引。在具体案件中，法院在进行充分的案件事实认定后，当事人参加或接受某些行为可能并不被认定为自甘风险规则中的接受风险。因此，主观判断方法的目的是辨析当事人事实上自愿接受风险或同意冒险，❷ 减少客观判断方法带来的不准确和错误结果。

第一，当事人自愿接受风险之自愿的判断应当是当事人不限于外在压力即身体自由不受约束的状态，至少应为非被告行为对其施加外在压力的心理状态。❸ 契约自由是合同法中的基本原则，明示自甘风险规则中包含当事人对于风险及其导致损害的分担的意思表示，该意思表示虽然并非严格意义上的合同，但是其应该是当事人在自由意志状态下作出的意思表示，否则自甘风险规则会被异化为不法剥夺原告权利的工具。当然，在当下的时代，个人主义被具体归类为表现型个人主义，其表现为主体更加注重自我表现而非自我控制，更推崇自己喜欢的生活方式，更加重视具体的选择而非抽象的自由。质言之，个人的权利在当下变得更加主观化、个性化和外在化，法律不得不更宽容开放和关注个人的自由选择。❹

第二，如果当事人面对的选择都是其不愿意选择的风险，那么判断其是否自愿接受风险的标准应当是被告的行为不得限制其选择意愿。❺ 通过对风险的成本和收益的价值判断，人们往往倾向于选择期待价值更高的行为，即风险厌恶规则。❻ 当面对风险行为时，当事人根据信息和自己的经验判断

❶　SERGIENKO G S. Assumption of risk as a defense to negligence[J]. Western State university law review,2006,1(34):10.

❷　Restatement(Second) of Torts § 496C cmt. h. (1965).

❸　同❶:17.

❹　弗里德曼.选择的共和国:法律、权威与文化[M].高鸿钧,等,译.北京:清华大学出版社,2005:(译者导言)13.

❺　Restatement(Second) of Torts §496E cmt. c.

❻　珍妮·斯蒂尔.风险与法律理论[M].韩永强,译.北京:中国政法大学出版社,2012:28.

认为，该行为可能发生危险且危险发生造成损害的代价低于该行为给其带来的收益时，其更可能选择接受这个行为。但是，风险厌恶规则并非始终决定着当事人的行为选择。在很多现实情形中，当事人所要选择的对象都是风险和利益并存的集合❶，其本来无法从中选择所想要的最好的对象，但是其为了从该选择对象中获得所欲得到的利益而不得不作出一个选择❷，那么这个选择就是一个"打包性选择"即包括了风险和收益的选择。

第三，原告基于自愿接受的风险而获得其所欲得到的利益。从抵消的规则看，合同法上的违约责任的限制规则之一损益同销或损益相抵与该要求类似，本质是避免守约方从违约责任中获得额外的利益，同时避免剥夺违约方合法的利益。❸当作出决策前对风险进行评估时，风险发生的可能性和风险结果的"成本"都会被考虑，即对风险进行价值判断。当人们能够获得充分的有关行为的危险信息时，便会对参加危险行为的收益和发生事故的成本进行衡量。假如可能发生的事故成本超过人们对于该行为的预期收益，那么就不会心甘情愿地参加该危险行为。❹ 如果原告为得到其追求的利益而不得不接受该行为中不可避免的风险及其可能产生的损害，其不仅从该行为中获得想要的利益，而且可以向被告主张损害赔偿，那么原告与被告之间的利益就会产生明显的不公平。原告从被告所承担的损害赔偿中获得了额外的利益，这违反赔偿法的原理，被告被剥夺了合法的利益。社会并非允诺不惜一切成本保护生命。承担风险在某种意义上就是耗费生命❺，这在法律上表现为牺牲人的生命权、健康权、身体权等。当然，当事人基于风险行为而获得利益成为判断自甘风险规则的要素之一，这其中包括当事人能够完全知道并理解该行为中的风险，这是该要素存在的合理性前提。

---

❶ SIMONS K W. Assumption of risk and consent in the law of torts：a theory of full preference[J]. Boston university law review,1987,213(67)：229-230.

❷ 彼得·凯恩.侵权法解剖[M].汪志刚,译.北京：北京大学出版社,2010：41.

❸ 曾世雄.损害赔偿法原理[M].北京：中国政法大学出版社,2001：155.

❹ 盖多·卡拉布雷西.事故的成本：法律与经济的分析[M].毕竞悦,等,译.北京：北京大学出版社,2008：74.

❺ 同❹：15.

另外，原告从危险行为获得利益还可以使被告有理由相信原告的行为即自愿接受风险具有合理性。❶ 被告有理由相信原告的行为即自愿接受风险的意思表示，例如，原告可以明确表示如果受到因风险导致的损害而向被告主张救济，那么被告可以拒绝其参加具有风险的行为，反之，原告被认为接受了行为中的风险。❷ 又如，原告知道该风险后仍继续实施存在风险的行为，被告可以认为其接受了该风险。❸ 而且能够证明原告同意免于被告承担注意义务❹，反之，原告的行为仅构成与有过失而非自甘风险。

还有学者提出此种情况可以看作是明示自甘风险的一种情形。❺ 但是，不作为和沉默的认定应当谨慎考虑，或者不应当作为当事人自愿接受风险的表示。

（二）可替代选择是认定当事人自愿接受风险的检验

现代世界是自由世界和法律的世界。❻ 自由是现代法律文化的一部分或者说是法律追求的价值目标之一。自由是合同法立法中更应受到重视的价值，其强调缔约主体的平等性和互换性，而且合同条款必须是当事人真实的意思表示且能够约束双方的行为，发挥与法律同等的约束效力。因此，法律保护当事人之间约定的合法效力，尽量使其生效而减少合同无效的情形。随着社会分工和经济迅速发展，合同法理论所预设的平等主体逐渐出现分化，主体之间谈判能力和财富占有量出现了巨大的悬殊。例如，合同法更加强调并单独设置格式合同的特殊规则，充分体现了契约自由和公平价值的重要性。通常，拟定格式合同的一方具有较强谈判能力，也具备更多专业知识，而相对方在缔约时可能不能够理解合同的条款，可能无法预

---

❶ TEUBER A. Justifying risk,daedalus[J]. Risk,The MIT Press,1990(4):239.

❷ Murphy v. Steeplechase Amusement Co. ,166 N. E. 173,174(N. Y. 1929).

❸ Lamson v. Am. Ax & Tool Co. ,177 Mass. 144(1900).

❹ Restatement(Second) of Torts § 496C cmt. h. (1965).

❺ TRAVELLA D F. Duty of care to spectators at sporting events:a united theory[J]. Florida A & M university law review,2010,181(5);多布斯. 侵权法:上册[M]. 马静,等,译. 北京:中国政法大学出版社,2014:475.

❻ 弗里德曼. 选择的共和国:法律、权威与文化[M]. 高鸿钧,等,译. 北京:清华大学出版社,2005:79.

期所应承担的违约责任。❶ 在资源稀缺的情形下，如果不存在其他替代市场或替代品，缔约者可能无法自由地与格式合同拟定者进行积极有效的谈判，其面临着要么接受，要么离开的选择。❷ 自由选择的含义并不是完全摆脱限制或完全不受任何规则约束的选择。自由选择应为当事人在允许的范围之内有可供选择的对象。❸ 因此，在法律预设的自由且公平的缔约语境下的规则设计并不符合缔约的实际情形，如果仍坚持苛刻地适用法律规则，缔约者可能会承受不公平缔约带来的合法权益的侵害及其损失。质言之，实践中缔约并不一定遵守自由且公平的原则，合理的可替代选择是当事人能够进行自由选择的更进一步证明，也是很直观的证明。这也被合同法学者广泛接纳，并成为证明自由缔约的一个手段，也是对合同法中契约自由理论的补足。

在自甘风险规则中，当事人自愿接受风险或同意冒险，不论明示或默示的情形，实际上都包含着当事人之间作出的明示或默示的合意或同意。显然，明示自甘风险规则中实际上就存在当事人之间对于风险及责任分担的一个合意或协议，而且多以格式合同的形式存在。比如，包含责任免除条款的门票等。虽然包含合意的明示自甘风险规则表面上可以认定当事人自愿接受风险，而且明确的合意在契约自由原则下一般不会受到法律的否定评价，但是当事人接受风险的行为是否实际上是自愿做出的呢？仅从合意的角度及合同效力规则无法完全准确肯定其效力，实践中也难免存在要么接受，要么离开的无奈选择行为❹，因为当事人可能会出于一时的急需或利益的满足而武断作出接受的意思表示。明示自甘风险规则中当事人自愿接受风险的判断无法完全依赖于当事人之间合意，如同合同法规则中所肯

---

❶ 沙哈尔,施耐德. 过犹不及:强制披露的失败[M]. 陈晓芳,译. 北京:法律出版社,2015:65-69.

❷ 弗里德曼. 选择的共和国:法律、权威与文化[M]. 高鸿钧,等,译. 北京:清华大学出版社,2005:2-3.

❸ 同❷:78.

❹ GOLDBERG J C,SEBOK A J,ZIPUESKY B C. Tort law:responsibilities and redress[M]. 3rd ed. New York:Wolters Kluwer,2012:451;JAMES F. Assumption of risk[J]. Yale law journal,1952,141(61):152.

定的证明自由平等的缔约应当是存在可替代选择的情况❶，若不存在可替代选择，当事人是否为自愿认定较难证明。既然如此，可替代选择应当成为判断明示自甘风险规则中当事人自愿接受风险的重要考量因素，而且能够更为客观地认定当事人自愿接受风险的行为。

然而，默示自甘风险规则并不存在明确的当事人自愿冒险的证明，自愿接受的判断就变得比较复杂而且更值得谨慎对待。如上所述，在默示自甘风险规则中能否以当事人的介入行为作为接受的意思表示，这是一个存在争议的问题，也需要法院对当事人默示自甘风险采取主观判断方法。可替代选择在默示自甘风险规则中能够更好地证明当事人作出默示选择时自由的主观心理状态。❷ 尽管上文中对于当事人自愿冒险行为的认定进行了论证，但相比明示自甘风险规则下的判断更需要论证其自愿接受风险，从而避免或减少法院在审理中事实判断中可能发生的司法错误。

可替代选择作为自愿接受风险的判断的标准之一❸，虽然更多地被合同法规则所采纳，但是其在检验当事人是否自愿接受风险中也发挥着关键作用，之所以将其作为判断标准的主要原因如下：

第一，缓释证明当事人主观上自愿的困难。正如侵权法中的过失概念，过失也是对当事人行为时主观心理状态的证明，审判时对当事人主观心理状态的判断完全通过还原纠纷发生时当事人的行为进行，即通过外在行为的还原来推断当事人主观心理不可避免地出现与其当时真实心理状态的不一致❹，而且司法效率也使得这种判断变得更加简单。因此，民法中通常采用过失判断的客观标准或过失的客观化。❺ 如前所述，自甘风险规则中当事人主观上自愿地证明采取主观判断方法。这使得该证明的困难雪上加霜。

❶　GEARHART J J. Rini v. Oaklawn jockey club：assumption of risk rides again［J］. Arkansas law review，1988，657（41）.

❷　KIONKA E J. Implied assumption of risk：does it survive comparative fault？［J］. Southern Illinois university law journal，1982，371（7）：380.

❸　汪传才.自冒风险规则研究［J］.法律科学，2009（4）：84.

❹　GOODHART A L. Rescue and voluntary assumption of risk［J］. The Cambridge law journal，1934（5）：194.

❺　王泽鉴.侵权行为［M］.北京：北京大学出版社，2009：241.

即使法院在证明当事人自愿冒险时穷尽上述证明标准，也难免出现结果不当或错误的可能。如果存在可替代选择时，当事人在面对危险时可以通过寻找替代方案避免遭受该损失。即使原告知道风险且在可以采取替代方案时仍然接受该风险，那么，就可以被认定自愿接受该风险及其可能导致的损害，这可使被告免于承担该损害。换言之，如果除了面对被告引发的风险或放弃自身的权利，原告没有其他的选择，原告作出面对风险的决定就不应该被禁止。❶ 因此，可替代选择作为最后一道屏障，可以排除当事人在非自愿状态作出冒险选择的情形，减少或避免司法错误对当事人的合法权益的侵害。

第二，自愿接受风险是适用自甘风险规则的关键因素。自甘风险规则的适用要求被告证明原告确实知道风险的细节，即使这样，被告仍很可能难以免责。这主要是因为原告不得不接受风险及其导致的损害，被告不需要承担任何损害赔偿，则被视为不道德行为。❷ 当自甘风险规则被适用于雇佣关系的案例时，法院认为雇员接受雇佣合同因而自愿接受工伤带来的风险及其损失。如果雇员为了生计而不得不选择与雇主签订合同而参加高危险工作，那么其选择该工作就并非自愿的行为，自甘风险规则无法成为免除雇主责任的依据。❸ 因此，是否存在可替代选择在适用自甘风险规则中是重要的衡量标准。如果不存在可替代选择，自甘风险规则就无可适用之地。❹ 可替代选择的证明可以减少或避免误用自甘风险规则给原告造成的侵害，也为适用自甘风险规则提供了充分的更具操作性的标准。

第三，可替代选择作为证明标准符合司法效率。原告自愿接受风险的证明是对其主观心理状态的证明，如上所述，主观心理状态的证明是司法

---

❶ KEETON W P, DOBBS D B, KEETON R E, OWEN D G. Prosser and Keeton on torts [M]. 5th ed. Maryland: West Publishing Company, 1984: 490; 多布斯. 侵权法: 上册[M]. 马静, 等, 译. 北京: 中国政法大学出版社, 2014: 473.

❷ 彼得·凯恩. 阿蒂亚论事故、赔偿及法律[M]. 6版. 王仰光, 等, 译. 北京: 中国人民大学出版社, 2008: 63.

❸ BOHLEN F H. Voluntary assumption of risk[J]. Harvard law review, 1906, 91(20): 106-107.

❹ JAMES F. Assumption of risk[J]. Yale law journal, 1952, 141(61): 151.

实践中较棘手的问题，还可能存在司法错误。而且自甘风险规则中对于该要件的证明不能采取客观化的标准，这使得该问题更加复杂。当然，可替代选择只是证明当事人自愿冒险或自由同意接受风险的标准之一，其还需要符合法律对于主观心理证明的标准。相比其他标准或因素的证明，可替代选择是客观存在的，比较容易获得合法证据，而且法院比较容易判断是否符合证明标准并予以采信。从司法效率的角度看，可替代选择在司法实践中更具有可行性，更具有司法效率。

自甘风险规则中自愿承担的判断是对原告主观上自愿的认定，显然这种主观判断由案件事实进行证明比较困难，若趋向客观判断又可能导致该规则的滥用，因此，当事人有没有可替代选择便成为对自甘风险规则中"自愿接受"认定的一个更好的证明标准或限制性规则。❶

三、自愿接受风险的范围决定自甘风险规则适用

自愿接受的判断问题在明示自甘风险与默示自甘风险中存在不同的问题，相应地也需要不同的方法和标准对其进行判断。明示自甘风险中自愿接受可以通过当事人明确的意思表示来裁定而变得比较容易，而默示自甘风险中的自愿接受，仅通过客观的证据来推断当事人主观上自愿接受就比较困难。尽管上文中对该问题给出了裁定的方法，也提出了可替代选择这一更易操作的判断标准，与前述裁定的方法共同降低判断的难度和错误的可能。但是，原告自愿接受的范围决定了被告是否免责或是否全部免责的问题，这也是对自愿接受的判断的另一限制性条件。

由上述对风险的分析可知，自甘风险规则中的风险主要是人为的内在风险，但并非行为中的所有风险都是原告自愿接受的范围。如果导致损害发生的危险超出原告自愿接受的风险范围，被告依然需要承担侵权责任。那么，自愿接受风险的范围如何确定比较合理呢？首先，原告并不是全盘

---

❶　多布斯.侵权法：上册[M].马静,等,译.北京：中国政法大学出版社,2014:473.

接受行为中所有的危险。❶ 风险可以分为行为的内在风险和非内在风险。内在风险通常具有不可避免性，而非内在风险不为原告所接受，如被告的过失行为引起的风险等。在明示自甘风险规则中，原告以明确的合意或单方意思表示做出自愿接受风险的范围。在默示自甘风险规则中，原告自愿接受的范围的确定应当考虑其事实上知道的风险范围，而不是将其实施的行为的内在风险都视为其接受的范围内。因为原告在事实上知道风险后才会自由决定是否接受及接受哪些风险，即真正自愿接受的风险范围，这需要通过上述对原告真实的自愿接受的判断。因此，自甘风险规则中同意或自愿接受风险远远超越了合意的传统语义射程，其并不限于当事人之间达成的明确合意的内容或单方作出的意思表示。❷ 其次，原告自愿接受或同意的范围不得违反法律。❸ 此处的法律应为广义的法律，包括法律、行政法规、规章等。法律明确规定的原告合法权益不得通过原告的自愿接受的意思表示而免除被告的侵权责任。例如，原告的生命权，与法律相违背的同意内容都是无效的，原告仍可以主张侵权责任。我国多个民法典草案及侵权责任法草案中对自甘风险规章的规定中都强调了危险行为不得超过受害人同意的范围，否则，被告仍需承担侵权责任。❹ 最后，原告同意的范围不得违反公共道德或善良风俗。这类似于美国法上不得违反公共政策的限制，我国民法中则表述为公共道德或善良风俗。法律和道德并不相同但也无法完

❶ KEETON W P，DOBBS D B，KEETON R E，OWEN D G. Prosser and Keeton on torts [M]. 5th ed. Maryland：West Publishing Company，1984：485；汪传才. 自冒风险规则研究[J]. 法律科学，2009(4)：84.

❷ SIMONS K W. Assumption of risk and consent in the law of torts：a theory of full preference[J]. Boston university law review，1987，213(67)：224.

❸ KEETON W P，DOBBS D B，KEETON R E，OWEN D G. Prosser and Keeton on torts [M]. 5th ed. Maryland：West Publishing Company，1984：492-493.

❹ 全国人大常委会法制工作委员会民法室. 侵权责任法立法背景与观点全集[M]. 北京：法律出版社，2010：547-548；王利明. 中国民法典草案建议稿及说明[M]. 北京：中国法制出版社，2004：240；梁慧星. 中国民法典草案建议稿附理由：侵权行为编·继承编 [M]. 北京：法律出版社，2004：26-27；梁慧星. 中国民法典草案建议稿附理由：侵权行为编 [M]. 北京：法律出版社，2013；杨立新，等. 中华人民共和国侵权责任法草案建议稿及说明 [M]. 北京：法律出版社，2007：9.

全分离❶，公共道德或善良风俗是民法中的原则。公共道德或善良风俗在法律中无完全确定的概念内容，因而需要由法官基于经验和案件事实通过自由裁量权进行判断。

原告自愿接受的范围是对自甘风险规则适用的限制条件，虽然自愿接受的范围受到法律的限制，但是其仍然是当事人通过其自愿的意思表示或同意接受某些风险而免除被告的侵权责任。自愿接受风险的范围的正当性基础依然是个人主义，❷ 个人主义强调对当事人意思自治的尊重，更加关注当事人主观心理状态且体现了司法对个案公平的考量。法律对自愿接受的范围作出了刚性的限制，其根本目的在于避免原告的合法权益在自愿接受的掩饰下受到侵害。再者，自愿接受或同意的范围也体现了风险分担的功能，原告自愿接受风险的范围划定了由其自己承担因该风险而导致的损失的成本，而范围之外的侵权责任仍由被告承担。这种由当事人之间通过自由选择进行的分担不仅遵守私法上意思自治的基本原则，而且能体现效率的价值目标。具体而言，法定的风险分担规则可能存在规则的刚性与个案公平之间冲突，在自甘风险适用情形中，自愿接受或同意风险的范围取决于当事人的自由选择，再由法院根据当事人的选择进行个案裁决。自愿接受风险使得自甘风险规则更具弹性，降低或避免司法审判中错误。因此，从经济分析的视角看，自愿接受的范围在风险分担中减少了立法中或司法错误可能导致的司法成本，从而体现了效率价值。

有些美国法院仍采纳自甘风险规则，对自甘风险规则做极其狭窄的解释及适用❸，而且更加重视当事人的事实上具体的意思表示，即是否自愿接受风险而放弃损害赔偿的主张。❹ 自甘风险规则最根本的理论基础被认为是

---

❶ 彼得·凯恩.侵权法解剖[M].汪志刚,译.北京:北京大学出版社,2010:28.

❷ 汪传才.自冒风险规则:死亡抑或再生?[J].比较法研究,2009(5):18-23.

❸ KEETON W P,DOBBS D B,KEETON R E,OWEN D G. Prosser and Keeton on torts [M]. 5th ed. Maryland:West Publishing Company,1984:496-497;SIMONS K W. Reflections on assumption of risk[J]. UCLA law review,2002,50(2):481-529.

❹ SIMONS K W. Exploring the relationship between consent,assumption of risk,and victim negligence[EB/OL].(2013-09-03)[2015-10-01]. http://www. bu. edu/law/faculty/ scholarship/workingpapers/2013,html.

自由主义，尽管私法也带有规制的色彩，侵权法在私法中是整体上具有较强规制性的部门法。家长主义式立法是各国法律难以逃脱的命运❶，美国法亦如是。自甘风险规则虽然以彰显个人主义为理论基础，但其适用中会严苛地使责任的分担发生转移，为了体现其正义的价值也不可避免地在规则适用的解释中掺杂了家长式立法作风，因为平等和自由是法律中同等重要的价值追求，自甘风险规则应当充分权衡两种价值于其中的地位。❷ 相反，排除自甘风险规则并不能代表当事人的权利可以得到更多的保护或者可以得到更公正的救济，法律预设当事人无法管理好自己的利益并不确定是理性的，人们自由地选择放弃权利也并非不符合其价值衡量的最优选择。❸ 里普斯坦认为，侵权人逾越了公平的互动条件时才发生结果责任。该公平条件即取决于自由和安全之间的利益平衡。这种利益平衡界定了合理性的内涵。❹

---

    ❶ 孙良国.法律家长主义视角下转基因技术之规制[J].法学,2015(9):134-135.

    ❷ DORFMAN A. Assumption of risk,after all[J]. Theoretical inquiries in law,2014,293(15):327.

    ❸ 盖多·卡拉布雷西.事故的成本:法律与经济的分析[M].毕竞悦,等,译.北京:北京大学出版社,2008:48.

    ❹ RIPSTEIN A. Equality,responsibility and the law[M].//珍妮·斯蒂尔.风险与法律理论[M].韩永强,译.北京:中国政法大学出版社,2012:112.

第五章 民法典自甘风险规则的解读

2020年我国民法典最终通过，自甘风险规则成为其中一条新设的规则，被认为是此次立法的一大创新点❶，也引发了来自不同领域专家学者的较多的关注。当然，立法过程中对于该条的讨论从未停止过，在立法草案中的变动也很频繁，可见其能够出现在民法典中也是立法者智慧的集中体现。当然，民法典出台是当前时代背景下的产物，规则的设计要服务于当前的社会发展需要。因此，自甘风险规则的存在必要的讨论就需要回答这个问题。当然，自甘风险规则在我国法律视域内并不是一个陌生的规则，在民法典之前，其就被学者和法官们关注，甚至出现在我国法院的裁判文书中。但是，民法典出台后，各级人民法院纷纷报道了根据自甘风险规则审判的典型案例，这也值得关注。另外，民法典实施后，适用自甘风险规则的案例与之前类似案件的裁判是否会存在差异呢？这也是对民法典自甘风险规则法律效果研究需要回答的关键问题。

一、民法典中自甘风险规则的立法梳理

（一）我国民法典立法进程梳理

"一个现代法制国家的民事法律中，民法典是绕不过去的。"梁慧星教

---

❶ 张鸣起.民法典分编的编纂[J].中国法学,2020(3).

授曾经这样说。❶ 我国民法典的编纂经历了漫长且曲折的过程。2001 年，第九届全国人大常委会组织起草了《中华人民共和国民法（草案）》，并于2002 年进行了一次审议，经讨论，仍确定继续采取分别制定单行法的办法。此后，民法典的编纂工作基于种种原因一直未能顺利开展，直到 2014 年 10月 23 日，党的十八届四中全会通过《中共中央关于全面推进依法治国若干重大问题的决定》，作为立法工作的重要内容，明确提出要"编纂民法典"。随后，民法典编纂工作全面开启，立法机关决定采取分步编纂的方式。2016年 6 月，民法总则草案首次提请全国人大常委会审议，标志着民法典编纂工作正式进入立法程序。2017 年 3 月，作为中国民法典开篇之作的民法总则获第十二届全国人大五次会议表决通过，民法典编纂完成了关键的"第一步"。2018 年 8 月，民法典编纂迈出"第二步"，各分编草案首次提请十三届全国人大常委会第五次会议审议，其中包括六编，即物权编、合同编、人格权编、婚姻家庭编、继承编、侵权责任编，共 1034 条。此后，2018 年12 月、2019 年 4 月、2019 年 6 月、2019 年 8 月、2019 年 10 月，十三届全国人大常委会第七次、第十次、第十一次、第十二次、第十四次会议对各分编草案进行了拆分审议。2019 年 12 月 23 日，各分编合体后的民法典草案首次亮相，十三届全国人大常委会第十五次会议审议民法典草案。2020年 5 月 28 日，第十三届全国人大三次会议表决通过了《民法典》，该法于2021 年 1 月 1 日起实施。《民法典》实施已经经过了四年多时间，最高人民法院在逐步制定并颁布了各编司法解释，为更好地适用民法典提供具体方案。

由于我国自身特殊的国情，且处在社会发展经历急剧变迁的时期，民法典的编纂需要考虑本国国情的复杂性，既要保障法律的稳定性，又要兼顾开放性。稳定性是成文法的本质特征，但是立法专家在编纂过程中特别强调民法典要具备一定的开放性，才能更好地保持其稳定性，目的是能够面对社会发展中不断出现的新问题。民法典的编纂要考虑国内经济社会发

---

❶ 梁慧星. 著名民法学家梁慧星代表称绝不能放弃制定民法典目标 [EB/OL].（2011-03-12）[2023-10-11]. http://www.npc.gov.cn/zgrdw/npc/zt/qt/2011zgtsshzyfltx/2011-03/12/content_1643403.html.

展的具体情形，要体现法典的时代性和本土性。民法典在贯彻民法的平等基本原则的前提下，也要针对当前或将来的社会现象进行规范，因此具备一定的时代性；同时，法律具有强烈的社会实践性，我国法律适用范围广泛，为解决一些具体的地域问题，需要在民法典中体现一定的本土性。在借鉴既有域外成文法典的前提下，仍要认真面对本国实际法律问题，在坚持法典体系性同时，要对社会发展中的特定问题进行回应。民法典的编纂并不是简单的汇编，而是一项复杂且庞大的工程。前期我国已经出台了一些民事单行法，如合同法、物权法、侵权责任法等，民法典编纂要克服单行法体系混杂的弊病而形成明显的体系架构，才能实现法典化的目的。值得注意的是，我国民法典的体系架构并不是完整照搬其他成文法典的结构，而是在一定程度兼顾解决本国法律实际问题的基础上形成了独立的体系架构。

以自甘风险规则为例，在成文法国家的民法典中，自甘风险规则的采纳是比较少见的，这并不能决定我国民法典立法中自然应当排除自甘风险规则。相反，根据我国民法典的立法价值的选择，自甘风险规则恰好能够反映我国民法典立法中要立足本国实际的要求，即民法典编纂要体现本土性的同时要具有开放性，在坚持民法典体系逻辑的前提下，要能够切实地解决我国法律实践中需要面对的问题。比如，自甘风险规则的拟定需要解决的最常见的法律纠纷是体育侵权案件，这也是我国立法机关在立法过程中对相关法律问题进行实际调研的结果。当下，我国体育运动中风险分配规则存在一定的不公平现象，这影响了群众对体育运动的参与积极性。因此，立法机关认为需要通过法律来提升我国人民的运动参与率，尤其是未成年人的体育运动参与度，主要解决人们因为害怕承担责任而避免参加一些具有危险性的体育运动。❶自甘风险规则被采纳后，体育运动的风险规则相较过去的侵权责任法规则具有较大的进步，更能够体现责任分担的公平，因此可以避免挫伤学校等机构在体育运动组织中的积极性，减少参与者对在体育运动中出现损害时责任承担的顾虑，从而提升群众体育运动的参与度，提升全体人民的身体健康水平，实现健康中国的目标。

---

❶　张新宝.侵权责任编:在承继中完善和创新[J].中国法学,2020(4).

（二）民法典自甘风险规则的形成

在民法典编纂以前，自甘风险规则在我国立法进程中不止一次被提及，在过去的侵权责任法编纂过程中，学者编纂的专家建议稿中就包括自甘风险规则条款。例如，杨立新教授在其起草的《侵权责任法》草案中就规定了自甘风险规则条款："第28条【自愿承担损害和自甘风险】受害人明确同意行为人对其实施加害行为，自愿承担损害后果的，或者自甘风险，行为人不承担侵权责任。加害行为超过受害人同意范围的，行为人应当承担相应的侵权责任。受害人自愿承担损害的内容违反法律或者社会公共道德的，不得免除行为人的侵权责任。参加或观赏具有危险性的体育活动，视为自愿承担损害后果，适用本条第一款的规定，但行为人违反体育运动管理规则，故意或者重大过失造成损害的除外。"❶ 王利明教授主持起草的《中国民法典学者建议稿及立法理由》和中国社会科学院法学研究所梁慧星研究员主持起草的《中国民法典草案建议稿附理由》都对自甘风险进行了相应的规定。❷ 但是，自甘风险规则在我国过去侵权责任法中没有被立法者采纳，因此其仅体现了学者对自甘风险规则的理解和重视。当然，这并不意味着自甘风险规则在我国的法律中没有存在的必要性和合理性。

在民法典编纂过程中，自甘风险规则已经被写进民法典草案中，只不过规则的具体表述在民法典草案不同版本中进行了多次修正。《民法典》侵权责任编（草案·二次审议稿）第954条之一，首次规定了自甘风险规则，即"自愿参加具有危险性的活动受到损害的，受害人不得请求他人承担侵权责任，但是他人对损害的发生有故意或者重大过失的除外。活动组织者的责任适用本法第九百七十三条的规定"。在审议过程中，有意见提出，自甘风险规则的适用范围不宜过宽，应限定为体育比赛等具有一定风险的文

❶ 杨立新.中华人民共和国侵权责任法草案建议稿及说明[M].北京:法律出版社,2007:9.

❷ 王利明.中国民法典学者建议稿及立法理由·侵权行为编[M].北京:法律出版社,2005:54-55;梁慧星.中国民法典草案建议稿附理由·侵权行为编[M].北京:法律出版社,2013:45-46.

体活动。❶ 立法机关采纳了这一意见，对草案进行了修改，形成了《民法典》侵权责任编（草案·三次审议稿）第 954 条之一，即"自愿参加具有一定风险的文体活动，因其他参加者的行为受到损害的，受害人不得请求其他参加者承担侵权责任；但是，其他参加者对损害的发生有故意或者重大过失的除外。活动组织者的责任适用本法第九百七十三条至第九百七十六条的规定"。2019 年 12 月 23 日，民法典总则与各分编草案第一次合体，形成了《民法典（草案）》，其第 1176 条保留了第三次审议稿的表述范式，规定自甘风险规则仅适用于有一定风险的文体活动。2020 年 5 月 28 日全国人大最终表决通过的《民法典》，对自甘风险规则依然按照《民法典（草案）》中对该条的规范表达。

由自甘风险规则在我国民事立法进程中的多次呈现及其规范方式可知，我国过去侵权责任立法和民法典的编纂中对自甘风险规则都给予了充分的关注。虽然过去旧的侵权责任法没有采纳学者建议稿中提出的自甘风险规则，但是在民法典的编纂中引发了立法者的讨论，这体现了我国立法者对于自甘风险规则的重视和司法审判的实际需要。从不同版本的立法草案中可以看出，自甘风险规则的设计存在较大的变化。起初，自甘风险规则的条文表达适用的范围是比较宽泛的，对于适用的具体行为类型和主体都没有严格的限制。后来，在民法典编纂中草案审议基于征求意见或专家意见等对自甘风险规则进行了修正。比如，根据征求意见和立法者的考量，自甘风险规则被认为需要限制适用范围，不仅限制在特定的行为类型中，而且要对适用主体进行限制。因此，民法典中自甘风险规则的表述体现了立法者和学者最终权衡后拟定的规范表达。当然，这也是立法者对自甘风险规则在我国民法体系中的定位和司法实践需要回答的主要问题。

二、民法典中自甘风险规则的规范分析

我国已生效民法典最终将自甘风险规则写进其中，并将其置于民法典

---

❶　黄薇.中华人民共和国民法典侵权责任编释义[M].北京:法律出版社,2020:36.

侵权责任编"一般规定"之下。民法典第 1176 条规定："自愿参加具有一定风险的文体活动，因其他参加者的行为受到损害的，受害人不得请求其他参加者承担侵权责任；但是，其他参加者对损害的发生有故意或者重大过失的除外。活动组织者的责任适用本法第一千一百九十八条至第一千二百零一条的规定。"这条被认为是民法典编纂的创新点和亮点之一，也引发了法学理论和法律实务对该条的关注和讨论。在成文法的研究中，最重要的方法应该是规范分析，这可以对立法进行全方位的检验，也可以为司法提供更为可行的适用建议。我国民法典中自甘风险规则是侵权责任编中新加入的一条，过去侵权责任法中并不存在相应的条文，所以，认真进行规范分析是理解和适用自甘风险规则的基础。

（一） 自甘风险规则中的文体活动的界定

第一，如何解释文体活动。我国民法典中自甘风险规则的规则设计以"具有一定风险的文体活动"为限制，但是，该条中"文体活动"这一概念在法律规范表达中并不常见，且立法并未给出定义。因此，对于本条的理解首先需要阐释的是何为文体活动。从文义上，文体活动被解释为对文娱体育活动的简称。❶ 也有学者对之进行了阐释，文体活动指文化活动和体育活动两类活动。在释义中还进行了简单列举：文艺表演，如相声、曲艺表演、杂技魔术表演等，属于文化活动。足球、篮球、拳击等属于体育活动。❷ 也有学者认为，所谓文体活动基本等同于大体育的概念，指各种体育活动和其他以健身、休闲、娱乐为目的的身体活动。❸ 但是，对于什么是体育活动，我国一般由国家体育总局定期公布体育项目清单。另外，还有观点认为，可以通过风险发生的场域进行界定，只有发生在特定场合的风险才能适用自甘风险规则。虽然关于文体活动的定义并不明确，现行《民法典》中未予明确，司法实践中对该术语的适用也无相对统一的标准，但是，

---

❶ 中国社会科学院语言研究所词典编辑室. 现代汉语词典[M]. 北京:商务印书馆, 1996:1319.

❷ 张新宝. 中国民法典释评·侵权责任编[M]. 北京:中国人民大学出版社, 2020:41.

❸ 韩勇.《民法典》中的体育自甘风险[J]. 体育与科学, 2020(4).

学者并不主张以列举的方式对其进行准确的界定。比如，王利明教授认为，将来出台的侵权责任编司法解释的征求意见稿中，并不需要以列举的方式来对问题活动进行界定。❶ 通常来说，对于大众熟悉的文化和体育活动类型，在具体个案中法官界定起来比较容易，如篮球导致的伤害案件，显然属于该条中所谓的文体活动的范围。但是，当下社会飞速发展，新型的文娱体育类型也在不断涌现。比如，AR 技术发展而产生的模拟游戏，在游戏中 AR 设备使用者因为无法掌握游戏规则而受伤，那么，该类损害是否可以适用自甘风险规则，这就需要对文体活动概念作出合理的法律解释。

当前，《民法典》实施后，对于文体活动的定义仅仅出现在法律释义书及学者组织编纂的评注类作品中，诸如上文给出的对文体活动的定义。但是，在具体个案中，如何对所涉行为是否为文体活动进行界定即法律解释，这是适用自甘风险规则的前提。对文体活动解释应先从文义解释入手，基于常见的定义可以对涉及的行为类型进行界定。如果文义解释无法准确界定所涉行为是否为文体活动，那么，法官可以根据该条的立法目的进一步界定。例如，文体活动特性在于，其具有娱乐社交属性，行为人对行为风险很难进行理性判断，也不会存在信赖保护的适用；其还具有风险偏好属性，这也是与文体活动的娱乐社交属性具有关联的，一旦完全屏蔽风险就无法享受文体活动带来的愉悦和兴奋。❷ 文体活动本身不是法律专业术语，而且涵摄的范围比较广泛，除去常见的文体活动类型，其判断还应该依赖于法官基于法律解释的方法进行。有限的列举并不是判断是否为文体活动的有效方式，而且存在对自甘风险规则的适用过于僵化的弊端。

第二，根据文体活动的属性可以对其进行类型化。在自甘风险规则语境下认识文体活动属性，对规则适用具有关键性的属性即是否具有身体接触性。是否具有直接的身体接触性可以影响行为的风险判断，进而影响是否适用自甘风险规则，或者是否为自甘风险规则语境下文体活动语义涵摄

---

❶ 《最高人民法院关于适用〈中华人民共和国民法典〉侵权责任编的解释（一）》（征求意见稿）专家研讨会成功召开［EB/OL］. (2021-06-16) ［2024-10-11］. http://www. fx-cxw. org. cn/dyna/contentM. php? id=22007.

❷ 申海恩. 文体活动自甘冒险的风险分配与范围划定［J］. 法学研究,2023(4).

的范围。常见的直接身体接触性文体活动包括如拳击、篮球等，非直接身体接触性文体活动如射击、瑜伽、羽毛球等。通常情形下，直接身体接触性文体活动被认为具有较大的风险，因为仅在此等情形下，才存在受害人因其他参与者的行为而受到损害的可能。因此自甘风险规则适用的范围主要是直接身体接触性文体活动的语境。

更进一步的类型化划分，直接身体接触性文体活动又包括对抗性运动以及互相配合型接触性文体活动，前者如拳击、散打等，后者如舞蹈、体操等活动。对抗性运动本身需要具备一定的力量，又需要通过符合规范的互相打击体现运动的特性，因此具备较大的风险性。相比较而言，互相配合型接触性文体活动不需通过力量性动作完成，因而其自身风险性也较小。在自甘风险规则适用时，强烈对抗性的文体活动（如重量级的拳击比赛）在损害发生时是否可以适用该规则呢？这还需要后续的论证加以说明。

另外，还可以对体育运动作进一步的划分，如职业体育运动和非职业体育运动。有的观点认为，职业体育运动因为存在合同关系，并不适用自甘风险规则，但是，根据比较法的经验，职业体育运动并未被排除适用自甘风险规则。❶

立法者以"文体活动"限制自甘风险，可能只是为了防止在雇佣关系中不当适用自甘风险，造成英美法国家的悲剧，而在其他领域内应当有一定程度的适用。医疗侵权领域、非法活动领域等都涉及自甘风险的适用。针对"文体活动"这一要件，更多的应该是立法用语上的不周延，应当允许法官进行类推适用。❷

（二）具有一定风险的文体活动之"风险"

对民法典中自甘风险规则的适用，首先应当解释何为文体活动，其次需要界定清楚具有一定风险的文体活动的内涵。将这一限定性的表述界定清楚才能解决自甘风险规则适用中可能发生的不确定因素。这也是我国民

---

❶ 韩勇.《民法典》中的体育自甘风险[J].体育与科学,2020(4).

❷ 李鼎.论自甘风险的适用范围——与过失相抵、受害人同意的关系[J].甘肃政法大学学报,2021(1).

法典中自甘风险规则与美国侵权法中的根本区别，当然也是适用中的难点之一。上文已经对文体活动进行了解释，接下来对具有一定风险的文体活动进行界定。

第一，该条文中所谓的"具有一定风险的文体活动"，应当是合法的文体活动，至少是不为法律、行政法规和管理规定禁止的活动。❶ 具有一定风险的文体活动作为规范表达的内容，具有一定的模糊性、不确定性，因此，适用自甘风险规则的前提就是要对该作为限定条件的表述进行界定。具有一定风险的文体活动的边界应排除违法行为，违法行为不得适用自甘风险规则。例如，赌博、封建迷信活动、地下拳击比赛、非法飙车等活动具有违法性质，不属于条文所称的"具有一定风险的文体活动"。❷ 具有一定风险的文体活动并不意味着可以违法冒险，也不意味着可以实施任何具有危险性的违法行为。因此，立法者在制定规范时特别加以强调的是"具有一定风险"的限定，而且限定在文体活动的范围内。这样就会减少对于风险行为的武断的扩张。如果以侵害他人利益为目的实施违法行为，基于我国侵权法基本原理，行为人已经构成故意侵权。基于上述非法的行为对受害人造成损害的情形，应当按照侵权责任法的一般规定要求侵权人承担侵权责任。

第二，民法典自甘风险规则中规定的"风险"，是指从事某类活动发生意外人身伤害等事故的危险性。在前文中已经较为全面论述了风险的含义，尤其是在法律范围内的风险的定义。同时，在论述中对风险进行了不同层次的类型化划分，以便更好地在讨论自甘风险规则下风险的范围。根据我国学者的观点可以看出，自甘风险规则下的风险范围主要是行为的内在风险或者称为固有风险。❸ 所谓固有风险，是指明显的、必然的而不能与运动

❶ 张新宝.中国民法典释评·侵权责任编[M].北京:中国人民大学出版社,2020:41.

❷ 李鼎.论自甘风险的适用范围——与过失相抵、受害人同意的关系[J].甘肃政法大学学报,2021(1).

❸ 韩勇.《民法典》中的体育自甘风险[J].体育与科学,2020(4);杨立新.自甘风险:本土化的概念定义、类型结构与法律适用——以白银山地马拉松越野赛体育事故为视角[J].东方法学,2021(4).

相切割的风险。❶ 例如，足球比赛中推搡、铲球可能发生的风险。有观点认为，在自甘冒险中，是由于活动有固有风险才导致行为人不负有注意义务。❷ 根据前文论述，固有风险的特性应主要包括不确定性、不可避免性、可预见性。不确定性是风险的显著特征，即具有风险的行为在实施时是否发生风险是不确定的，但具有一定的概率。不可避免性表明即使尽了相当的注意义务仍不可避免。或者说，如果将内在风险完全从该行为中涤除，那么该行为就失去了其本质属性，或者就不存在了。风险具有可预见性，行为人或者风险的接受方可以通过活动或行业的习惯予以判断。尽管如此，固有风险的概念仍具有高度抽象性，在判断固有风险的范围时，应根据活动或行业的习惯予以认定。如果发生了风险导致损害的情形，尤其在自甘风险规则适用的案件中，对于是不是具有一定风险的文体活动的判断，仍应由法官依据标准进行裁判，即采取裁判的方法作出判断。

第三，对于"一定风险"的解释。民法典自甘风险规则中采取了"具有一定风险的文体活动"的表述，立法者意图通过这一表述限定自甘风险规则的适用范围，对文体活动再加以"一定风险"的限定，试图通过多重限定术语创设规范来精确限定该规则的适用情形。通观民法典的规范表达，我们可以发现立法者很少使用"一定"这种程度表达，而会采用"轻微""重大"等具有较强确定性的限定术语。此种表达方式让自甘风险规则的适用具有更大的不确定性。因此，需要对风险程度进行准确的论述，从而减少自甘风险规则适用的难度。但是，何为一定风险呢？即一定风险具体是指风险发生的概率还是风险可能造成的损害严重程度呢？如何判断实施行为的风险程度呢？在司法实践中，又该依据什么标准进行合理判断呢？一定风险的限定对自甘风险规则的适用会产生什么影响呢？

民法典中没有明确一定风险的程度，当前也没有可供司法实践参考的具体操作规范。立法机关办事机构提出的所谓"一定风险"应为"较高风

---

❶ 吴志正.运动参与者于运动中对他人人身侵害之民事责任[J].台北大学法学论丛,2013(3).

❷ 陈聪富.自甘冒险与运动伤害[J].台北大学法学论丛,2010(3).

险"的释义❶，也无法回应"一定"为什么相当于"较高"、立法时为何不表述为"较高"以及如何衡量"较高"等疑问。❷ 规范层面，在民法典外，如果法律、法规和管理性规定将某些文体活动界定为较高风险文体活动的，依照其规定。❸ 民法典作为一般法，在体育法等特别法中如果对行为的风险有相关规定，那么，可以适用特别法中关于行为的风险程度的界定。比如，《体育法》中第105条中规定，"国务院体育行政部门会同有关部门制定、调整高危险性体育项目目录并予以公布"。对于大多体育运动的风险程度的判断可以根据体育主管部门制定的管理性规定进行。如果在既有法律、法规或规定中无法找到相关的风险程度的界定，那么对行为的风险程度的判断还需要通常的判断标准。因此，依据常识和生活经验，一个理性人能够判断一项文体活动为"具有一定风险的文体活动"，则认定此等文体活动便是具有一定风险的文体活动。对风险程度的判断，以通常参加此等活动、对其有较充分全面了解的"理性人"之认知为判断依据。采取理性人假设的一般判断标准应当考虑的客观因素主要包括：活动的性质、周围环境对安全的影响、对抗的激烈程度、发生事故特别是人身伤害的概率、发生人身损害的严重程度、防范措施、救助和救济手段能力等。❹ 结合行为的本身属性及判断的标准，可以做出如下划分：凡事故率较高的为高风险，不出事故或者事故率低的为零风险或者低风险。如歌唱、相声表演属于风险程度极低或无风险的文化活动行为，有些文化活动具有一定的风险。❺ 通常来说，大多数文化活动的风险程度较低，而大多数竞技体育项目特别是身体直接接触的竞技体育项目则有较高程度的风险。体育活动的风险等级由体育主管部门公布。另外，有观点认为，具有"一定风险"的限定语有两层含义：一是指风险在数量上的异常性、非合理性、严重性，程度上超越一般的生活风险、商业经济风险，其引发损害的可能性很高，如广场舞、古

❶ 黄薇.中华人民共和国民法典侵权责任编解读[M].北京:中国法制出版社,2020:47.
❷ 申海恩.文体活动自甘冒险的风险分配与范围划定[J].法学研究,2023(4).
❸ 张新宝.中国民法典释评·侵权责任编[M].北京:中国人民大学出版社,2020:45.
❹ 同❸.
❺ 同❸:41.

筝演奏等则不符合。二是指特定活动的固有风险，受害人参与文体活动，仅仅承担文体活动通常的、明显的、可预见的、必要的风险，而不包括额外的风险。❶

综上所述，自甘风险规则中对于文体活动的风险程度的判断，如果存在特别法中的规定可供参考，那么优先适用特别法中的标准进行判断。如果不存在特别法规定，适用一般判断标准，即采取"理性人"对风险程度认知的标准，并根据判断的具体考虑因素加以辅助，提供可供具体操作的判断方法。这一客观判断方法在法律适用中需要结合个案中主体的情况和行为的实施情况进行，还应当采取事实判断。民法典侵权责任编解释 2022 年 6 月 11 日的讨论稿第 15 条拟规定："具有一定风险的文体活动，是指篮球、足球、拳击、赛车、赛马、团体操、群体舞、户外探险等风险性或者对抗性较强、对活动参加者自身条件有一定要求的文艺和体育活动。"❷ 司法机关采取了列举加概括的方式对自甘风险规则中的"具有一定风险的文体活动"进行解释，但是解释内容并未在征求意见稿中被采纳。这也是我国司法机关对规则适用解释的常见方式，将来的侵权责任编司法解释可能还会对该条的适用问题进行回应。但是，"一定风险"不应当理解为对风险的定量的分析，不能仅仅理解为对风险发生概率大小的判断，还应涉及对风险可能造成损害的严重性考量；进而对风险程度的判断并不是认定固有风险的标准。值得注意的是，"具有一定风险的文体活动"的规定方式意图在限制自甘风险规则的范围，避免规则适用的泛化，但实际采取的表述方式加大了适用规则的难度和不确定性，也引起了对该表达的理解差异。对于规则的解释应当回归立法的旨意，可以适用自甘风险规则的"具有一定风险的文体活动"还是应强调行为的固有风险，而不是以风险的大小和对抗性的强弱加以界定。❸ 否则，低风险行为不得适用该规则，行为人需要承担责任，高风险行为反而可以适用之，行为人无须承担责任。

---

❶　石记伟.自甘风险的法教义学构造[J].北方法学,2022(1).

❷　申海恩.文体活动自甘冒险的风险分配与范围划定[J].法学研究,2023(4).2023年3月29日的《最高人民法院关于适用〈中华人民共和国民法典〉侵权责任编的解释(一)(征求意见稿)》并未纳入该条。

❸　申海恩.文体活动自甘冒险的风险分配与范围划定[J].法学研究,2023(4).

（三）自愿参加的解释

由上文论述可知，自甘风险规则的核心要素在于当事人知道风险且自愿接受风险。根据"民法典"第1176条的规定，"自愿参加具有一定风险的文体活动"的表述被认为是该规则适用的主观要件，实际包含两个层面的含义：一是当事人知道风险，二是当事人在知道风险后自愿参加文体活动。

域外法学对自甘风险规则中"知道"因素的研究，在前文中已经进行了详细的论述。在《民法典》出台前，我国学者对自甘风险规则研究论文中较少深入研究适用条件，尤其是"知道"要素。《民法典》编纂和实施后，自甘风险规则的研究成果中更多地开始关注"知道"要素，另外，民法典的释义著作也大多对"知道"因素进行了解释。比如，张新宝教授在主编的释义书中指出，"受害人知晓风险可以从两个方面判断：其一，活动的组织者对风险进行了明确和充分的告知或者提示；其二，依据参加者的经验和知识应当知道风险的存在和风险的程度，从而推定参加者应当知道风险。比如，参加F1方程式职业赛的选手，当然知道或者应当知道此等赛事的高风险性"[1]。最高人民法院编写的民法典释义著作中指出，"冒险行为人对于危险和可能的损害有预见或认知。这种认知既包括对于其行为的性质、条件的认知，也包括对其行为所面临的危险和可能发生的损害的认知"[2]。杨代雄教授主编的释义著作中也对"知道"要素进行了解释，"受害人明知或者应当知道风险的存在，即其对风险具有可预见性"[3]。也有观点认为，"一方面要求受害人知悉特定的风险，即要求受害人对于自己参加的活动可能导致的危害结果是明知的，并且能够合理评价此种危害的性质。另一个方面要求受害人知悉风险现实化的可能性"[4]。还有观点认为，自甘

❶　张新宝.中国民法典释评·侵权责任编[M].北京:中国人民大学出版社,2020:45.
❷　最高人民法院民法典贯彻实施工作领导小组.中华人民共和国民法典侵权责任编理解与适用[M].北京:人民法院出版社,2020:116.
❸　杨代雄.袖珍民法典评注[M].北京:中国民主法制出版社,2022:1017.
❹　杨立新,佘孟卿.《民法典》规定的自甘风险规则及其适用[J].河南财经政法大学学报,2020(4).

风险抗辩的成立前提是受害人对特殊活动可能发生异常风险的概率以及发生风险后的后果严重程度必须完全"知晓且明白"。我国未来自甘风险规则中受害人风险认知状态的判定，宜采取实质正义和事实公平的法律立场，适用客观标准而不是主观标准：当且仅当受害人事实上对风险"知晓且明白"时，被告才可以主张受害人自甘风险，举证责任由被告承担。❶ 相反，也有学者强调，应在考虑学校体育社会价值的基础上，以较为完善的保险保障机制为前提，设计一个主客观相结合的理性判断标准。如在年龄、智力等客观条件大致相当的情形下，以行为人参与行为为标志，均应被视为"知道"风险，不主张排除"应当知道"。实践中不能苛刻地要求学生（含未成年学生）完全清楚参加学校体育活动的风险危害才能参加体育活动，只要学生心智水平、身体能力等处于相同层次就应视为"知道"而适用自甘风险。❷

综合上述关于"知道"因素的释义和研究，第一种观点给出了判断方法，但是判断"知道"的方法并不具体，除非被告知后当事人知道风险，在其他情况下，当事人"知道"的判断还应该由法官根据客观标准进行裁量。第二种观点主要对"知道"的范围或内容进行了界定，但是缺乏对"知道"的判断方法。第三种观点对"知道"的解释等同于对风险的可预见性，在认知程度上，可预见性的要求更倾向于客观性的判断，即一般理性人的判断标准，而"知道"的判断应该避免过度客观性以及一刀切的模式。第四种观点对"知道"的内容和程度都作了较为详细的界定，更加符合我国《民法典》中采纳限缩解释的方法界定规则适用范围的目的。第五种观点论述是比较全面且严苛的判断标准，既给出了"知道"内容的范围，也给出了"知道"的判断方法。本书赞同该判断方法，因为它避免了前几种观点中的判断过于简单、武断。有体育法学者强调在学校体育情景中，应采纳"应当知道"的判断标准，才能实现学校体育发展的宏观意义。

---

❶ 唐林垚.自甘风险规则的世界观与方法论——基于82份司法判决的法律分析[J].人大法律评论,2020(1).此处作者所谓的客观标准即根据个案进行实际裁量判断，而非依据一般性标准进行推定，与常见法学研究中所谓的主观标准的称谓是一致的。

❷ 谭小勇.自甘风险规则适用学校体育伤害侵权的司法价值与挑战[J].上海体育学院学报,2020(12):13-27.

结合前文中多个版本民法典释义著作中对知道因素的论述，再借鉴新近对知道因素学术研究的成果，本书认为：自甘风险规则中知道因素的判断方法应当根据个案具体情况进行，不能依据理性人的标准进行推断；知道的内容范围应当包括风险的类型、程度、可能导致的损害、损害发生的概率等。如上所述，本书认为，在认定当事人是否知晓风险时应避免适用"应当知道"推定，避免客观判断方法带来的肆意和适用不准确。另外，判断风险是否可预见时，一般采取理性人标准。由于受害人需识别风险，故而需具备一定的识别能力，但此种识别能力无须达到完全民事行为能力的程度，只需认识到风险将可能对其自身产生损害即可。❶

根据《民法典》第1176条的规定，"自愿参加具有一定风险的文体活动……"该表述中更加直观地强调了自愿参加。具体来说，当文体活动参加者知道将要参加活动的风险，即对风险有了充分的认知，才可能自愿选择是否参加该活动。既有的民法典释义著作与法学研究成果对自甘风险规则中的"自愿参加"也作了进一步的阐释。当然也存在不同的见解。张新宝教授主编的释义著作中认为，"受害人自愿参加具有一定风险的文体活动，而不是被强迫、胁迫、欺骗参加此等活动。在自愿参加的前提下，受害人以明示或者默示的方式表示自己愿意承受活动的风险，如果发生意外损害不追究他人的侵权责任"❷。杨代雄教授主编的释义著作中指出，"受害人根据其自由意志决定承受风险。但若受害人并非自愿承受风险，而是由其他参与者通过精神强制（胁迫）的方式参与该文体活动，则其他参与者不得以自甘冒险为由予以抗辩。须注意的是，虽受害人具有承受风险的意愿，但其却排斥风险的现实化即损害的发生。此系自甘冒险与受害人同意相区分的重要特征"❸。另外，有学者将"自愿参加"理解为，"默示自甘风险之际，尽量探求受害人的真实主观意思，当不能获取时，采取客观理性人标准，受害人可以自由任性一些，但是加害人不能轻易成为其自由意

---

❶ 杨代雄.袖珍民法典评注［M］.北京：中国民主法制出版社，2022：1017.
❷ 张新宝.中国民法典释评·侵权责任编［M］.北京：中国人民大学出版社，2020：45.
❸ 同❶.

愿的牺牲品"❶。有学者认为，"自愿要素，指的是受害人在认知到特定危险的情况下，自愿地趋近危险。自愿要素也包括两个方面：一是积极方面，受害人作出了自愿接受风险的意思表示。受害人可以通过明示或者默示的方式作出自愿承担风险的意思表示。受害人未以这两种方式表达自愿接受风险意愿的，禁止根据某种事实推定受害人作出了自甘风险的意思表示。二是消极方面，自愿参与某种特定的风险并非基于法律或者道德上的原因"❷。也有学者给出了类似的解释，"受害人自愿参与是受害人明知或可得而知自己将置身于某一危险状态，而非基于法律、道德、职业等义务而自愿的趋近该危险状态，最后招致损害"❸。

根据上述对自愿参加的解释论述可以看出，第一种观点对"自愿参加"的界定是基于民法中常见的对自愿内涵的解释，即并非处于被强迫、胁迫、欺骗的状态，基于当事人自由且真实的意思表示作出的选择。该判断是抽象的，在实际操作中会存在判断标准上的偏差，因此还需进一步细化标准。第二种观点与第一种观点类似，还是针对自愿进行了解释，但是采取了排除特定情形的具化方式。第三种观点采用了利益权衡的方法，既强调要根据个案情况进行具体判断避免让受害人自由意志遭受限制，也强调要保护加害人的合法权益，不应该让加害人为受害人自愿行为的不利后果买单。第四种观点认为，受害人自愿参加的判断应尽可能排除根据一般情形的推定。还需注意的是，民法中默示的意思表示应当依据当事人事实进行的行为作出推定，当其不作任何表示时不应被推定为自愿参加。第五种观点其实与第四种观点中的消极判断部分相同，即受害人不应该是基于法律、道德、职业等法定义务而参加某行为，此种情形并不属于当事人主观上的自愿。例如，消防人员履行职责并非其自愿参加。其排除了自愿参加判断中的特殊情形，将判断的范围进一步窄化和明晰。

综合上述论断，当事人在知晓风险后自愿参加活动，这一行为首先是

❶ 石记伟.自甘风险的法教义学构造[J].北方法学,2022(1).

❷ 杨立新,佘孟卿.《民法典》规定的自甘风险规则及其适用[J].河南财经政法大学学报,2020(4).

❸ 王千维.侵权行为损害赔偿责任法上之允诺[J].政大法学评论,2008(4).

强调当事人自愿的意志要素，即非被强迫、胁迫、欺骗的状态，是基于当事人自由且真实的意思表示作出的选择。进而，在司法实践中，自愿参加还应该根据个案情况进行具体判断，避免采取客观标准进行推定的方法而产生不公平，损害当事人的合法权益。在具体判断中，要认真对当事人自愿的意志要素进行证明，结合法定排除情形并予以细化，从而准确认定当事人在具体情形中是自愿作出参加活动的选择。进一步来说，对当事人自愿参加作出判断的更具可操作性的方法，即依据在具体语境中当事人是否有其他替代性选择。❶ 这样可以避免当事人在具体活动中只能做出选择或退出的判断，严格来说，此种情况可能会让当事人的自由且真实的意思表示受到限制。所以，采取可替代选择的验证方法可以进一步准确判断当事人是否作出了自由且真实的意思表示。

另外，还需要探讨特定情境中当事人自愿参加的判断。比如，在校学生在体育课上进行活动，是否可以认定是自愿参加的行为？自愿参加的判断标准应当如何确定？有观点认为，学校组织学生上体育课，按照老师的指导进行特定项目训练，并不能认为是学生自愿参加的行为。在训练、教学、见习、培训等情形下，相较于正式的比赛等，其活动的风险显然更加可控，参加者若适用自甘风险规则，则反向降低了加害者的注意义务。❷ 有观点认为，学生在学校上体育课参加运动应被认为是自愿参加，从而适用自甘风险。谭小勇教授认为，民法典的自甘风险规则中所指的文体活动多由学校组织，特别是最后提到"如果活动组织者为学校等教育机构，应当适用学校等教育机构在学生受到人身损害时的相关责任规定"，其实质是将《学生伤害事故处理办法》第12条"因下列情形之一造成的学生伤害事故，学校已履行了相应职责，行为并无不当的，无法律责任：……（五）在对抗性或者具有风险性的体育竞赛活动中发生意外伤害的……"关于学校体育适用自甘风险的规定上升为法律而进行固化，一些认为自甘风险可能排

---

❶ 多布斯.侵权法：上册[M].马静，等，译.北京：中国政法大学出版社，2014：473.

❷ 唐林垚.自甘风险规则的世界观与方法论——基于82份司法判决的法律分析[J].人大法律评论，2020（1）；石佳友.民法典侵权责任编（二审稿）：侵权责任制度的重要完善[EB/OL].（2019-01-02）[2024-11-12].https：//mp.weixin.qq.com/s/aofIP2obDujVUfTDLw4aWw.

除学校体育的评论显然是误读。❶ 也有观点认为，在校学生的年龄差距较大，能否适用自甘风险规则还应该根据其行为发生时的年龄进行具体判断，即强调其认知能力。韩勇教授认为，对于未成年人的认知能力判断，并不能一刀切地认为其不具备认知能力进而排除适用自甘风险规则，而应交由法院根据个案进行判断，即未成年人具备相应的认知能力便可适用自甘风险规则。❷

对于学校体育的特殊类型中，尤其是涉及受害者为未成年人时，是否适用民法典自甘风险规则，关键在于判断未成年人是否能够知道且自愿接受风险。从前述观点可以看出，不同的学者对该问题坚持不同的立场，也给出了比较充分的论证，当然仍存在一些瑕疵。第一种观点认为在校学生参加体育活动，基于利益权衡，如果学生依据自甘风险规则无法获得赔偿，则相应地降低了教师的注意义务。这种观点并没有认真考查学生的认知能力，而仅基于利益权衡作出判断，而且该权衡比较狭隘，无法充分证明排除自甘风险规则适用的正当性。第二种观点是从体育法学的视角研究，谭小勇教授认为体育运动的价值不仅针对学生个人，还应该考虑其所产生的社会效用，故坚持让学生参加体育运动这种情况应该适用自甘风险规则，这样学校才能正常开展体育教学活动，增强学生体质，进而实现体育强国的目标。同时可以避免学校因惧怕担责而减少或拒绝安排具有危险性的体育活动。该观点主要从学校体育的社会意义来证明自甘风险规则适用的正当性，而且认为学校体育运动伤害案件中，受害人知道且自愿接受风险的证明标准不宜过于严苛。第三种观点主要聚焦于学校体育中主体的特殊性，以及主体特殊性在判断是否适用自甘风险规则时的标准设计。未成年人不具备完全民事行为能力，但是只要具备相当的认知能力且具备对体育运动的相应知识就应当认定其知道风险且自愿接受。这种观点还参考了国外立法例的做法，即并未完全排除未成年人适用自甘风险规则。❸

❶ 谭小勇.自甘风险规则适用学校体育伤害侵权的司法价值与挑战[J].上海体育学院学报,2020(12):13-27.

❷ 韩勇.《民法典》中的体育自甘风险[J].体育与科学,2020(4).

❸ 同❷.

综合上述关于学校体育特殊类型中，未成年人作为受害人的情况下可以适用民法典自甘风险规则。首先，从民法典立法价值及自甘风险规则的立法目的看，我国民法典坚持自由的基本原则，尊重当事人的意思自治，尤其是自甘风险规则的立法目的主要在于促进人民参加一些文体活动，特别是有一定风险性的体育活动，增强人民体质，促进人民健康，尤其是提高广大青少年的身体素质。❶ 其次，根据民法典立法价值及其自甘风险规则的立法目的，上述第二种、第三种观点都具有一定的合理性，尤其是谭小勇教授特别从立法目的出发进行论证，韩勇教授也从民法基本理论出发提出了认知能力的判断标准，这些都体现了立法者的意图。最后，结合立法者的考量和学者的论证，在学校体育特殊类型中，学生参加体育活动时遭受损害，应当在具体个案中对主体的情况进行考察。即可以考虑细化学生年龄分段，分别设计认知能力判断标准，从而判断能否适用自甘风险规则（该问题的具体论述详见本书第六章中的分析）。因此，本书认为，在低年龄段学生参加体育运动遭受伤害的案件中，法院应该尽量避免采纳自甘风险的抗辩，对于较高年级的学生受到伤害的情形可以适用之。

（四）活动参加者的解释

《民法典》第 1176 条第 1 款规定："……因其他参加者的行为受到损害的，受害人不得请求其他参加者承担侵权责任；但是，其他参加者对损害的发生有故意或者重大过失的除外。"该款表述中，并不是使用侵权责任编其他完全法律规范中使用的侵权人和被侵权人的称谓，而是使用受害人和其他参加者，那么在适用规范时应当首先对作为参加者的受害人的范围和其他参加者的范围进行界定。

根据民法的基本原理，民事主体制度主要依据当事人的年龄和认知能力进行分类，其对所实施的法律行为的效果会产生影响。通常情况，如果法律对某项具有一定风险的文体活动的参加者的条件或者资格作出一定要求，受害人是符合此等条件和资格的参加者，其知道且自愿接受风险的情

---

❶　最高人民法院民法典贯彻实施工作领导小组. 中华人民共和国民法典侵权责任编理解与适用[M].北京:人民法院出版社,2020:114.

况，那么加害人可以基于自甘风险规则免于承担责任。● 不符合条件和资格的主体参加此类文体活动而遭受损害，不宜适用《民法典》第1176条作为责任抗辩事由，而应该按照侵权责任法中的过错责任以及受害人过错等规则处理。如前所述，我国民法典中采纳自甘风险规则的立法目的在于促进群众参与一些文体活动，特别是有一定风险性的体育活动，增强人民体质，促进人民健康，尤其是提高广大青少年的身体素质。❷ 更进一步来说，民法典采纳自甘风险规则是为学校、幼儿园及其他文体活动组织者"松绑"、鼓励开展相应文体活动，增强广大人民群众特别是青少年身体素质的重要制度设计。❸ 因此，在一般情况下，适用自甘风险规则对于主体的要求并不严苛，这也是多数学者对该问题的立场。❹ 受害人并不要求具备完全民事行为能力，只要具备一定的识别能力，能够知道风险并作出自愿接受的表示，即可适用自甘风险。另外，自甘风险规则主要适用于体育侵权领域，尤其是像球类这种多人参加的具有竞赛性的运动，那么加害人可能是己方队友也可能是对方选手。因此，张新宝教授指出，"依据本条规定，自甘风险适用于与受害人一起参加文体活动的其他参加者，如篮球（足球等）赛的对方球员或者本方队友、拳击赛的对方拳手。实践中，对方人员致害发生较多，己方人员致害也偶有发生。法律并不区别对待对方人员或者己方人员，作为其他参加者的对方人员和己方人员，于其行为致害之情形均可以援引本条作为抗辩事由，不承担侵权责任"❺。

另外，在我国侵权责任编的编纂过程及民法典出台后自甘风险规则的理解与适用中，对于条文中"其他参加者"的理解存在一定的异议，其本

❶ 张新宝.中国民法典释评·侵权责任编[M].北京:中国人民大学出版社,2020:45.

❷ 最高人民法院民法典贯彻实施工作领导小组.中华人民共和国民法典侵权责任编理解与适用[M].北京:人民法院出版社,2020:114.

❸ 陈龙业.论《民法典》侵权责任编关于免责事由的创新发展与司法适用[J].法律适用,2020(13).

❹ 谭小勇.自甘风险规则适用学校体育伤害侵权的司法价值与挑战[J].上海体育学院学报,2020(12):13-27;曹权之.民法典"自甘风险"条文研究[J].东方法学,2021(4);韩勇.《民法典》中的体育自甘风险[J].体育与科学,2020(4).

❺ 同❶:44.

质在于解释文体活动中可以适用自甘风险规则的主体范围。例如，在篮球运动中，除场上运动员外，如果球迷或观众受到伤害，是否可以适用自甘风险呢？对于其他参加者的解释是否应进行扩张解释呢？

最高人民法院编写的释义著作中指出，"自甘冒险的适用范围应当限定在活动的参与者当中，这时也要依相应的社会日常生活经验法则来判断，如在体育活动中，发生在运动员、裁判员等参加者之间的损害可以不承担侵权责任，但对观众造成的损害不宜包括在内。同参加者相比，观众的目的是娱乐，观众一般都远离比赛场地，也就是说不能认为观众观看比赛具有危险性，也不能认定他们已经预见到风险并愿意承担此风险"❶。石记伟博士认为，"文体活动的运动员是危险的制造者和享有者，风险程度高，观众并不是活动的直接参与者，二者风险层级不同，当球迷或者其他人员擅自进入比赛场地中时，考虑其他参与者的预防可能性及公平性，可以适用自甘风险，同理，赛场中的裁判也应当适用自甘风险。但是，处于观众席的观众一般不能认定为'其他参加者'，不能适用自甘风险，而应适用一般过错侵权规则，并注意分散注意力的问题"❷。韩勇教授认为，"观众观看体育赛事是为了娱乐，观看体育竞赛利益与风险并存，观众承担一定的风险不足为奇，国外立法和司法实践均认为观众适用自甘风险规则。因此，民法典中其他参加者应做扩大解释，将观众和运动员都作为活动的参加者"❸。杨立新教授认为，这条规定适用于具有一定风险的文体活动的其他参加者，明确规定不适用于文体活动的组织者。有关组织者的侵权责任问题，适用《民法典》第1198条至第1201条关于违反安全保障义务承担侵权责任的规定。这样规定风险活动组织者的责任看似有道理，实则割裂了自甘风险类型的体系，降低了自甘风险主要规范的责任主体地位，使其作为一般的安全保障义务人对待；而突出风险活动其他参加者的责任主体地位，倒置了本末，失去了自甘风险规范的主要价值。甚至可以说，自甘风险主要适用

❶　最高人民法院民法典贯彻实施工作领导小组.中华人民共和国民法典侵权责任编理解与适用[M].北京:人民法院出版社,2020:117.

❷　石记伟.自甘风险的法教义学构造[J].北方法学,2022(1).

❸　韩勇.《民法典》中的体育自甘风险[J].体育与科学,2020(4).

于风险活动的组织者，确定他们对因风险发生而受到损害的受害人是否承担责任。❶

上述四种观点对于"其他参加者"的解释存在较大的差异，仅从范围来看就差异甚大。最高人民法院的态度是比较严谨的，当然也采取了扩大解释，尤其针对体育运动特定语境下，将其他参加者范围确定为运动员、裁判员，将观众排除在外，其并没有将自甘风险规则完全限定在文体活动范围，所以被认为采取了扩大解释，但是在体育运动中的其他参加者的范围界定较为谨慎。石记伟博士在论述中界定的范围相对扩大，将体育运动中观众的范围进行了更具体的类型化划分，认为仅处在观众席中的观众应该排除适用，但是诸如球迷等进入赛事场地则可以适用自甘风险规则。这一界定也是基于价值判断的结果。韩勇教授对于其他参加者的范围界定采纳了比较法上的态度，进行更大程度的扩大解释，认为应将观众纳入自甘风险规则的适用主体范围。在体育比赛中，其认为观众也通过观看比赛获得了精神价值，同样应当承担相应的风险。例如，在对抗激烈的比赛中，观众可能会被球体击中受伤，在场地设施不存在问题及运动员不存在故意时，观众应当承担此类风险带来的损害。经常观看 NBA 比赛或美国超级碗比赛可以知道，被击打的球飞出场地并不罕见。杨立新教授对该问题持更加开放的态度，认为民法典将活动组织者排除自甘风险规则适用是与立法价值相悖的。活动组织者被认为是主要责任承担者，民法典实则降低了其责任主体地位，被排除在其他参加者范围之外。这一观点显然与我国民法典立法者态度相去甚远，其他学者对自甘风险规则的研究成果中大多也并未作出如此大胆的扩张解释。

基于对于上述四种观点的剖析，本书认为，我国民法典中自甘风险规则中采用受害人和其他参加者的表达，其中其他参加者的范围规定得比较模糊，就像《民法典》第 1176 条中仅使用"具有一定危险的文体活动"的概念，故需要准确地对该术语进行解释，才能解决在司法实践中法律适用不统一的问题。首先，以上列举的观点对其他参加者均采取了扩张解释，

---

❶ 杨立新.自甘风险:本土化的概念定义、类型结构与法律适用——以白银山地马拉松越野赛体育事故为视角[J].东方法学,2021(4).

只是扩张的程度存在差异。由此可以看出，民法典在将来的司法解释中如果进行界定的话，其他参加者的范围可能会适度扩大，而并非持过于谨慎的态度。其次，民法典出台后，有学者认为，民法典的释义是当下及今后的主要工作，那么自甘风险规则的研究也应当遵循这一路径。因此，对其他参加者的解释应采取既有的法律解释方法，而不是肆意地进行修正。再次，根据民法典立法价值和自甘风险规则的立法目的，其他参加者的范围不应局限于体育运动的运动员、裁判员，还应当包括观众和组织者，尤其在户外活动等一些自发组织活动中，组织者应该被认为是其他参加者。最后，对于其他参加者范围的界定，司法实践中应该根据个案进行法律解释，结合多种解释方法作出适当的范围界定，从而实现自甘风险规则的立法目的，依法保护当事人的合法权益，避免不公平和不利的法律效果。

（五）活动组织者的责任

民法典自甘风险规则被认为是我国本土化的设计❶，尤其是对活动组织者的责任的规定，这与传统民法上存在区别。根据《民法典》第 1176 条第 2 款的规定，活动组织者的责任适用本法第 1198 条至第 1201 条的规定。该款被认为是一个指引性条款，即活动组织者包括幼儿园、学校等，承担违反安全保障义务的侵权责任。这一立法选择主要是为了限缩自甘风险规则的适用范围，避免规则的扩张适用带来不公平的后果。从规范分析的视角来看，需要认真审视这一条款的设计是否合理，是否能够实现规范目的。

纵观既有的民法典释义和研究成果，对于活动组织者责任条款的解释存在不同的观点。最高人民法院编纂的释义著作认为，如果过于强调活动组织者依照有关安全保障义务、学校责任的条款来承担相应责任，会与自甘风险规则作为免责事由的出发点不符，也不利于鼓励这些活动组织者积极开展体育运动。从条文规范上看，安全保障义务人以及有关学校、幼儿园及其他教育机构这类主体是否应该承担责任，都与他们是否尽到安全保障义务或者教育、管理职责直接相关，而这实际上是关于客观过错的表述

---

❶　杨立新.自甘风险:本土化的概念定义、类型结构与法律适用——以白银山地马拉松越野赛体育事故为视角[J].东方法学,2021(4).

形式。换言之，在活动组织者没有这些客观过错的情况下就不应承担责任。有必要采取适当从严认定的态度，不宜加重活动组织者的责任，在法律适用上要切忌"和稀泥"，以有利于推动有关主体积极组织相应活动，这也符合自甘风险规则的立法初衷。❶ 李鼎博士认为，我国在规定自甘风险规则时增加了限制要件，将自甘风险限制为"因其他参加者的行为受到损害"，排除了安全保障义务领域自甘风险的适用。立法上的这一担心也并非全无必要，而且由于表述明确，难有解释及类推的余地。但这样反而与立法的初衷不符。之所以明文规定自甘风险，一个很重要的原因是学校在未成年人体育、娱乐侵权中承担了过重的责任，导致学校不敢组织活动，家长也不敢让孩子参加活动。但经过第三稿的修改，从目前的表述来看，第2款针对学校等安全保障义务主体排除了自甘风险的适用，可能会导致这一立法目的无法实现。由于这一限制由立法单设一款，表述清晰，缺少解释弹性，法官依据该条并不能减轻活动组织者特别是学校的赔偿责任。❷ 杨立新教授指出，活动组织者具有更强的风险控制能力，且控制风险现实化的成本较低，因而受害人在自愿承担风险时，不应免除活动组织者的任何注意义务。对于具有一定风险的文体活动的组织者对自甘风险的应用，如果活动组织者履行了相应的义务，即可援引自甘风险作为抗辩。既然《民法典》第1176条第2款是第1176条的内容之一，因而活动组织者的责任仍然在自甘风险的体系之内，是自甘风险规则的基本类型，只不过要适用其他条文的规定确定其责任而已。至于活动组织者应当承担的责任范围，应当适用过失相抵规则确定其责任份额。❸ 杨代雄教授给出了更简单的解读，认为该规范并未增加任何新的规范内容，也非自甘冒险规则的内容，仅起到宣示性、指引性的作用，于法律属性而言，属于提示性规范。即使无此规范，当活

❶ 最高人民法院民法典贯彻实施工作领导小组. 中华人民共和国民法典侵权责任编理解与适用[M]. 北京: 人民法院出版社, 2020: 119; 陈龙业. 论《民法典》侵权责任编关于免责事由的创新发展与司法适用[J]. 法律适用, 2020(13).

❷ 李鼎. 论自甘风险的适用范围——与过失相抵、受害人同意的关系[J]. 甘肃政法大学学报, 2021(1).

❸ 杨立新, 佘孟卿.《民法典》规定的自甘风险规则及其适用[J]. 河南财经政法大学学报, 2020(4).

动组织者违反安全保障义务造成损害时，也需要根据具体情形适用《民法典》第1198条至第1201条的相关规定而承担侵权损害赔偿责任。❶

针对活动组织者的责任条款，上述观点的分析都是基于立法目的的视角。虽然观点表述不同，但实质上各观点都坚持不应该经由该条款加重活动组织者的责任，这与民法典采纳自甘风险规则的立法目的是不符的。详言之，最高人民法院的释义著作中对此坚持解释论，虽然并未直言活动组织者应该被扩张至自甘风险规则适用的主体范围，却指出不应该过度强调安全保障义务人、学校、幼儿园等主体的注意义务，要谨慎判断活动组织者的客观过错，要避免宽泛的判断标准导致施加过重的责任，因为这与自甘风险规则的立法旨意不符，也不利于实现自甘风险规则所欲达至的社会效果。李鼎博士的观点主要从立法者的意见出发，认为采取此种立法模式的目的在于对传统的自甘风险规则进行一定限制。李鼎博士认可立法者采纳具有限制性的立法模式的必要性，但是也指出立法者的制度设计方法过于刚性，缺乏规则适用上的弹性，较难通过司法解释等缓解这种弊端，从而无法减轻活动组织者的责任，更无法达到民法典采纳自甘风险规则的理想预期。杨立新教授的观点实质上认可了活动组织者是自甘风险规则主要的主体。活动组织者能够以较低的成本控制风险的现实化，其应为避免风险发生的主体。基于自甘风险规则适用的特殊语境，即因活动固有风险或内在风险导致损害发生，那么活动组织者应当适用自甘风险规则进行抗辩。另外，从民法典自甘风险规则设计上，《民法典》第1176条的两款之间应该具有紧密联系，具有体系性，活动组织者也应为自甘风险规则的适用主体。基于此，杨立新教授从经济分析、体系分析多个层面论证了活动组织者可以基于自甘风险免予承担责任。杨代雄教授在其释义著作中指出，关于活动组织者责任的规定仅是指引性条款，本身不具备实质意义，也不是自甘风险规则的内容，所以第2款存在与否并不具有关键性作用。其认为，活动组织者只要违反安全保障义务，可直接依据民法典自甘风险规则承担相应的侵权责任。该释义基于文义解释、体系解释的方法，对活动组织者

---

❶　杨代雄.袖珍民法典评注[M].北京:中国民主法制出版社,2022:1020.

责任条款的定性、体系上的合理性进行了论述，也为完善民法典制度提供了建议。

结合民法典的立法目的和学者们的观点、司法实践的态度等，活动组织者的责任与自甘风险规则的立法目的实现之间具有密切关系。首先，在民法典出台前，以学校为主的活动组织者过于担心承担较重的责任，从而避免开展或促进具有较大风险的体育活动，这不利于实现全民健康的目标。我国民法典之所以采纳自甘风险规则，主要是为了回应这一社会问题及提供政策落实的法律保障。其次，民法典编纂过程中，自甘风险规则是否被采纳，经历了多次论证，立法专家对该规则的设计存在分歧。立法者采取较为谨慎的态度，对传统的自甘风险规则进行了层层限制性设计，以《民法典》第1176条的形式呈现。最后，民法典出台后，我国民法学者展开了积极的解释论工作，如上所述，对该条的释义也出现了不同的观点。多数观点强调了立法目的，活动组织者的责任承担问题不能与自甘风险规则的立法目的相悖。为实现该目的，应当谨慎地证明活动组织者责任，而不应该采取"和稀泥"的方式，避免重新陷入基于安全保障义务承担过重责任的困境中。多数观点坚持解释论的立场，避免突破民法典规则设计的模式。杨立新教授创新性地论证了活动组织者应当成为自甘风险规则的适用主体。本书认为，我国民法典自甘风险规则设计中存在冲突，一方面采取过度谨慎的表述方式，层层限制，另一方面要对社会问题进行积极回应，要减轻多数情况下作为活动组织者的责任。实践中，活动组织者多数情况下会成为实际参加者，尤其是当下比较受欢迎的自发组织的户外活动等情况。如果将活动组织者排除适用自甘风险规则，那么自甘风险规则的适用空间是极其狭小的，无法实现其立法目的。另外，如果将活动组织者的责任问题都归入安全保障义务规则中，一方面会给司法机关制造过大的审判任务，也会发生可能宽泛适用安全保障义务而导致"和稀泥"的结果；另一方面民法典既有的规则设计会存在冗繁的体系性问题，即第2款就没有存在的必要性。因此，结合立法者建议、司法实践的立场和学者的观点，本书认为，活动组织者在尽到合理注意义务时可以适用自甘风险规则，从而实现自甘风险规则的立法目的和切实回应社会需要。

（六）与民法典中其他相关条款的适用关系

在民法典出台后，自甘风险规则的释义和学术研究中大都会涉及概念界分的问题，尤其是其与受害人同意、比较过失等概念的比较。由于这些概念在不同国家法律理论上存在一定的差异，基于我国侵权法理论的分析，既有的释义文本和学术研究成果认为，自甘风险规则与受害人同意和比较过失存在明显的区别，其自身具有相对独立性。因概念界分不是本书主要的论证方法和关注视角，在本书中就该问题仅做简单的阐释。

1. 受害人同意与自甘风险

受害人同意是指权益的所有者就他人针对自己民事权益的侵害行为或者将要对自己民事权益造成的特定的损害后果予以同意并表现于外部的意愿。❶受害人的同意构成一种正当理由的抗辩，应当同时具备以下要件：（1）受害人事先明示的真实意思表示。受害人的同意应当是在加害行为实施之前表示出来的意思，而不是事后表示的意思。（2）行为人主观上的善意。行为人主观上的善意应当是受害人同意这种正当理由的抗辩事由的构成要件，这可以避免受害人同意被行为人利用。（3）不超过同意的范围和限度。行为人对受害人实施加害，不得超过受害人同意的范围和限度，否则，应对超出限度和范围的损害承担侵权责任。（4）受害人同意不违反法律与社会公序良俗。❷民法典没有将受害人同意作为责任抗辩事由单独加以规定，遇此等情况如果符合受害人自甘风险的构成要件，可以解释将之为受害人自甘风险。❸

最高人民法院的释义著作中指出，自甘风险与受害人同意最显著的区别在于，受害人并没有明确地同意承受因危险而产生的损害，该损害的发生与受害人的意愿是相违背的。这与德国学者克雷斯蒂安·冯·巴尔著作《欧洲比较侵权行为法》中的观点类似，"受害人同意实际上不可能发生在过失侵权责任中，因为对未知的将来时间很难谈得上同意，只要我尚不知

---

❶　程啸. 侵权责任法［M］. 3 版. 北京：法律出版社，2021：345.
❷　张新宝. 侵权责任法［M］. 4 版. 北京：中国人民大学出版社，2016：60.
❸　张新宝. 中国民法典释评·侵权责任编［M］. 北京：中国人民大学出版社，2020：45.

道具体会发生什么，则即使是有意识地接受了风险，实际上也希望它不要发生；换句话说，实际上我是不同意伤害结果的"❶。对于两者的区别，杨代雄教授在其编著的释义著作中进行了详细论述。其一，法理基础。受害人同意本质上是受害人对自身权益的处分，其法理基础为自我决定权。自甘风险中，受害人并非主动积极处分自身权益，而是被动消极地承受风险，其法理基础为风险分配。其二，法律性质。受害人同意是一项准法律行为，可类推适用意思表示的规定，故其建立在行为人具有同意能力的基础上，同意能力是一个人对其决定的性质、程度以及可能产生的后果的理解能力；而受害人自甘风险是一种事实行为，它的成立虽然需要一定的识别能力，但此种识别能力仅需认识到其行为可能对自身权益造成侵害。自甘风险规则只需冒险的受害人在主观上明知或应知其行为可能带来的风险，而对主体的民事行为能力未提出明确的规定和要求。❷ 无行为能力人不具有理性，故而应认定其无此识别能力，不得认定其行为构成自甘风险，而仅在认定限制民事行为能力人的识别能力时，才能依据当事人具体情况加以认定。其三，认识要素。受害人同意建立在其明确知晓其面临的风险并主动愿意承受此种风险乃至确定损害的基础上。而受害人自甘风险仅系明知或者应知风险的存在，即其仅对风险具有可预见性。其四，意志要素。在受害人同意中，受害人是对自身权益受损害表示同意，即受害人决定承受损害。而在受害人自甘风险中，受害人仅决定承受风险，但对损害的发生却是排斥的。❸ 另外，有些国家将"受害人同意"作为与受害人自甘风险相并列的责任抗辩事由加以规定。❹

我国《民法典》中并未在一般规定中明确地将受害人同意作为抗辩事由，但《民法典》第 1219 条所规定的医务人员在履行说明、告知义务后取得患者或其近亲属的书面同意，表明我国实证法上认可受害人同意是一项

❶ 克里斯蒂安·冯·巴尔.欧洲比较侵权行为法：下卷[M].焦美华，译.北京：法律出版社，2004：606.

❷ 齐晨辰.自甘风险制度探析[D].上海：复旦大学，2013：4-8.

❸ 杨代雄.袖珍民法典评注[M].北京：中国民主法制出版社，2022：1018-1019.

❹ 杨立新.侵权法论[M].2 版.北京：人民法院出版社，2004：212.

侵权责任抗辩事由。❶ 也有观点认为，我国侵权法理论中未采纳违法性理论，而且受害人同意规则适用的条件比较苛刻，范围比较狭小，因此，我国侵权责任法不需要采纳受害人同意。❷ 从我国侵权法的发展和学术研究成果可以看出，侵权法理论上常见的抗辩事由一直都是研究所关注的问题，民法典的立法专家对自甘风险的采纳与否也存在不同的意见，到目前为止，对于受害人同意是否存在也有不同观点。因此，抗辩事由在侵权法理论上是一个比较特殊的问题，尤其是如何合理进行制度设计才能实现立法目的，才能保护当事人的合法权益。基于我国司法实践和立法价值考虑，民法典最终采纳了自甘风险规则，扩张了侵权责任的抗辩事由。关于两者的区别，本书认为，最高人民法院的释义著作中给出了简单的概括，这可以作为界定两者的基本点，而从理论上详细分析可以参考杨代雄教授的论述。

2. 过失相抵与自甘风险

在我国侵权法理论上，比较过失、过失相抵、与有过失有时会被混淆使用，也有人认为它们之间存在区别。（此处不再作详细的比较，主要采纳引注文献中的使用术语。）在对自甘风险规则的研究成果中，作者较多提及两者之间的区别。在美国侵权法中，与有过失、比较过失与自甘风险的论述也比较多，这也与自甘风险规则的发展密切相关。（详见前文的论述）

关于比较过失与自甘风险的区别，在新近的文献中出现比较多，本书主要采纳具有代表性的观点进行分析。例如，最高人民法院编纂的民法典释义著作中概括了两者的区别：其一，对于受害人的注意义务和程度要求不同。自甘风险中受害人对于其所愿意去承担的危险有清楚、明确的认知，这种认知不仅要求受害人意识到存在潜在风险，更应当包括对潜在危险的性质、程度、范围以及可能后果和责任的认知。而比较过失对于受害人的注意程度并非出于注意义务角度考虑，受害人单纯的不注意也可能构成过失相抵的适用。其二，自甘风险体现为受害人以基础法律关系中的同意表现出自愿承担危险的意思，而比较过失中不存在基础法律关系，受害人即

❶　程啸.侵权责任法［M］.3 版.北京:法律出版社,2021:303-305.
❷　李鼎.论自甘风险的适用范围——与过失相抵、受害人同意的关系［J］.甘肃政法大学学报,2021(1).

使出于故意，也并非通过民事行为表示主动去承担风险的意思。❶ 在法国和比利时等国的法律中，当受害人自甘风险时，通常依比较过失制度对加害人的赔偿责任进行相应的减轻。《欧洲侵权法原则》第 7：101 条第 4 款规定，受害人同意承担受损害的风险，可导致行为人被免责。另外，法律实际上对高度危险活动采取适当鼓励的立场，通过设立自甘风险规则，可以在一定程度上减轻高度危险行为人的责任。❷ 法律上规定自甘风险，既合理分配了责任，也可以实现损害的预防。❸

过失相抵是我国民法典中规定的抗辩事由之一，民法典同时规定了自甘风险规则。新近研究自甘风险规则的成果中也较多地论述两者的区别，如最高人民法院的释义著作中所做的区别概括，基本反映了主流的观点。因此，自甘风险与过失相抵存在本质上的区别，过失相抵无须当事人的认知程度和意志因素，仅仅考量当事人的注意义务。自甘风险规则对于当事人的认知程度和意志因素都有较为全面的考量，也是抗辩成立的关键因素。

综上所述，自甘风险与受害人故意、过失相抵存在明显的区别，各自都有独立的必要性和适用空间。我国民法典出台前，自甘风险规则的适用已经出现在司法实践中，但是比较混杂。在既有的司法案例中，自甘风险规则的案例中也会将过失相抵作为法律适用。民法典出台后，自甘风险规则作为明文规定的抗辩事由，但是，司法实践中对于两者的适用依然存在一些混淆使用的情况。这还归因为司法实践中对于民法典规则的理解和适用存在不足，以及对旧侵权责任法适用的惯性。因此，需要厘清不同规则的理论基础、适用条件等，准确适用相应的规则进行裁判。

三、民法典自甘风险规则的完善建议

自甘风险规则在我国民事立法中经历了较长时间且曲折的论证过程，

---

❶ 最高人民法院民法典贯彻实施工作领导小组. 中华人民共和国民法典侵权责任编理解与适用[M]. 北京：人民法院出版社，2020：122.

❷ 同❶：112.

❸ 王利明. 侵权责任法研究：下卷[M]. 2 版. 北京：中国人民大学出版社，2010：858.

民法典最终以极具本土化的方式将其写进来。这与传统上自甘风险规则的形成和发展及侵权法理论的发展有密切关系。民法典出台后，自甘风险规则被认为是民法典的创新之一，引起了我国侵权法学者的关注，较多的研究成果已经呈现出来。同时，人民法院积极适用自甘风险规则进行裁判，各类案例已经被拿来研究讨论。通过上述自甘风险规则的传统理论的论述和我国民法典自甘风险规则的解释论分析，可以看出，我国民法典中自甘风险规则设计还存在问题，这需要通过司法机关制定司法解释或通过案例等方式进行完善。本书在前文论述的基础之上，总结我国民法典自甘风险规则中目前存在的问题，并对规则的完善提供一些可行的建议。

（一）自甘风险规则制度设计中存在的问题

作为我国民法典编纂的立法专家杨立新教授归纳了我国民法典对自甘风险规则的设计可能存在的问题。具体来说，一是立法思想保守，立法者较担心在自甘风险规则适用中可能出现的其他问题，因而在设计规则时表现得较为谨慎；二是司法机关以往对自甘风险的实践仅局限于体育活动以及教育机构体育活动发生的活动事故，使立法囿于现有经验而拒绝对本土经验之外的立法例的借鉴；三是立法、学理、司法等领域对自甘风险的法理基础认识不够，很多人对其采取拒绝、排斥态度，不能广泛适用这一规则保护行为人的行为自由。[1] 由此可见，基于我国侵权法理论和实践经验，民法典中自甘风险规则被认为是本土化的设计成果，在立法过程中设计思路担忧采用其他模式会在司法适用中可能产生不利后果，规则设计稍显局限。

既有的研究成果也反映了对于民法典中自甘风险规则存在的具体问题的分析。同为民法典立法专家的张新宝教授认为，《民法典》第 1176 条措辞上限定适用于"具有一定风险的文体活动"，在立法过程中也有人主张扩大适用范围，但是意见没有被采纳。在实施中，《民法典》第 1176 条是否可以适用于一定风险文体活动之外的其他活动呢？本书倾向于认为不宜直

---

[1] 杨立新,佘孟卿.《民法典》规定的自甘风险规则及其适用[J].河南财经政法大学学报,2020(4).

接引此条作为其他活动中的责任抗辩依据，因为第 1176 条的文义限定在"一定风险的文体活动"，其适用范围是确定和封闭的，没有用"等"字样留下扩张的空间。在坚持解释论方法的情况下，自甘风险规则的适用范围被认为只能限定在具有一定风险的文体活动中，而且不应该通过法律解释的方式扩大适用范围。这样使规则适用具有较强的局限性，缺乏适用弹性，暂无法满足司法实践对制度的需要。

另外，也有观点从宏观视角分析了自甘风险在我国侵权法体系上的合理性。周晓晨博士认为，综合适用模式是综合适用责任构成制度或过失相抵制度，有时是加害人无过错，有时是加害人过错与受害人所受损害间无因果关系，有时是适用过失相抵制度从而减轻直至免除加害人责任。对此模式而言，自甘冒险只是现象，不是独立制度，不是独立的抗辩事由。德国、法国、瑞士、奥地利、意大利、荷兰、比利时等欧陆国家都采用这种模式。从裁判结果看，自甘风险案件核心在于合理分担损害，应对当事人的行为做综合评价，不能仅因自甘风险就一概由受害人承担全部损害。从法律传统看，独立抗辩模式是英美法欠缺体系思维的产物，综合适用模式更符合我国民法的体系思维传统和司法传统。我国民法典应坚持综合适用模式，可以实现对各类自甘风险案件的妥当处理。因此，自立法论而言，建议删除《民法典》第 1176 条。❶ 该观点认为，自甘风险规则的立法模式有两种，独立抗辩模式与我国民法体系思维不符，且从适用结果看无法合理分配风险，综合运用模式实质上否定了自甘风险的体系定位和功能，应将其作为现象而不是通过独立的制度进行规制，可以通过责任构成、过失相抵等制度进行调整。这是立法论的视角分析。在我国民法典出台后，立法论的分析在学术讨论中已经无法占据主要位置。

可以看出，当前我国民法典对自甘风险规则的设计经过了多次的论证，立法专家在讨论过程中也提出过诸多的立法建议，在民法典出台后，学者们又进行了积极的研究，司法实践中也对该规则的适用形成了不同的意见。但是，自甘风险规则设计在民法典出台后依然引发了较多的关注，通过梳

---

❶ 周晓晨.论受害人自甘冒险现象的侵权法规制[J].当代法学,2020(2).

理既有研究成果可以看出，规则设计仍然存在问题，在立法理念、具体表述、体系性等方面都存在不足。其中较明显的问题是，自甘风险规则的本土化设计导致其存在较大的局限性，可能无法实现立法的预期目的。

（二）民法典自甘风险制度设计的完善建议

针对前述自甘风险制度设计存在的问题，在民法典出台后，制度设计的完善只能通过法律解释的途径进行。当前，我国民法典的司法解释仍在进行中，侵权责任编司法解释草案已经完成，但是，公开征求意见稿中未出现对自甘风险规则的解释适用条款。因此，自甘风险制度的完善还需要更多的学术讨论，有待后续的司法解释、指导案例进行调整。

第一，司法实践态度坚持对自甘风险规则的扩张适用。根据最高人民法院在其民法典释义著作中对自甘风险规则适用范围问题的立场，可以推断其突破了法律解释的界限，与张新宝教授的观点不同，此观点还是采取扩张适用。在其他领域中，比如，户外活动中，特别是一些类似于探险的活动中，也有适用自甘冒险的判例。例如，广州市花都区某村违反安全保障义务责任纠纷案，即"擅自上树摘杨梅坠亡案"。❶ 换言之，"具有一定风险的文体活动"在实践中有其典型适用的领域，但也有进一步具体解释甚至扩大适用的空间，这里面需要有相关价值判断和利益衡量的考虑。❷ 北京市第二中级人民法院在涉"自甘风险"侵权纠纷案件新闻通报会上指出，自甘风险适用范围较广，几乎涵盖了一切风险性活动。虽然自甘风险的适用领域集中于体育竞技活动，但是在其他具有一定风险的活动（通常表现为进入一定危险区域或从事有一定危险性的活动，如河道游泳、冰上遛狗、搭乘醉驾者车辆等）、危险性休闲活动（如骑马等）中也有适用空间，而风险较低的培训、教学、排练等不予适用。❸

---

❶　最高人民法院指导案例 140 号：李秋月等诉广州市花都区梯面镇红山村村民委员会违反安全保障义务责任纠纷案，2020-10-16。

❷　最高人民法院民法典贯彻实施工作领导小组. 中华人民共和国民法典侵权责任编理解与适用[M].北京：人民法院出版社，2020：115.

❸　北京二中院. 涉"自甘风险"侵权纠纷典型案件和法官提示[EB/OL].（2020-12-08）[2023-12-25]https://mp.weixin.qq.com/s/_khcMJBDJHXTHP8nbE8bnw.

第二，司法实践为自甘风险规则适用法律效果提供了指引性意见。北京市第二中级人民法院的调研结果显示，自甘风险规则适用的法律效果为减轻责任的案例数量超过完全免责的案例。免责判决一般是其他活动参加者对受害人损害无故意或者重大过失的情形。减责判决中，部分系安全保障义务人安保义务履行不到位，故不能因受害人自甘风险而免责，安全保障义务人需承担其过错范围内的责任；另有部分系基于公平原则的考量，在他人无过错的情况下仍判决其承担责任。❶ 但是，在民法典出台后，各地人民法院纷纷适用自甘风险审理案件并作出免责判决。例如，在北京市朝阳区人民法院开庭审理的北京市民法典"第一案"中，原告、被告等人在朝阳区红领巾公园进行羽毛球比赛，比赛中，被告击打的羽毛球击伤原告右眼。法院认为："羽毛球运动系典型的对抗性体育竞赛，除扭伤、拉伤等常规风险外，更为突出的风险即在于羽毛球自身体积小、密度大、移动速度快，运动员未及时作出判断即会被击中。原告作为多年参与羽毛球运动的爱好者，对于自身和其他参赛者的能力以及此项运动的危险和可能造成的损害，应当有所认知和预见，而原告仍自愿参加比赛，将自身置于潜在危险之中，应认定为自甘冒险的行为。"❷ 在该案中，法院适用《民法典》第1176条的规定判决驳回原告的诉讼请求，为民法典新规则的实施提供了有益的司法经验。❸

在各级人民法院的审判实践中，自甘风险规则在民法典出台后得到了足够的重视，裁判产生了较好的法律效果和社会影响。此类案件被作为弘扬社会主义核心价值观、维护公序良俗、倡导法治精神的典型案例。我国法院已经形成了公报案例、指导案例、典型案例等不同的案例指导制度，案例指导制度也被法官作为说理的参考。虽然案例不是我国的法源，不能作为案件裁判的法律依据，但是其可以为法官审判提供明确的参考指引，为法律适用提供更易于掌握的裁量空间。

第三，学术研究成果为自甘风险规则的完善提供了理论支持。在适用

---

❶ 北京二中院.涉"自甘风险"侵权纠纷典型案件和法官提示[EB/OL].(2020-12-08)[2023-12-25]https://mp.weixin.qq.com/s/_khcMJBDJHXTHP8nbE8bnw.

❷ 北京市朝阳区人民法院(2020)京0105民初67259号民事判决书.

❸ 张新宝,曹权之.民法典实施一周年观察[J].中国政法大学学报,2022(3).

主体范围上，杨立新教授认为，自甘风险规则不应排除活动组织者，在多数情况下，活动组织者是自甘风险规则适用的主体范围。如果自甘风险规则不能适用于活动组织者这类主体，那么自甘风险规则的立法目的很难实现。尤其在学校体育运动侵权中，学校等作为组织者仍然被施加过重的责任而无法积极开展体育运动。在法律效果上，王利明教授认为，自甘风险不同于受害人同意，因此并非所有原告自甘风险中被告都应该免责，在具体情形中，自甘风险只是减轻责任的正当事由。在自甘风险的情形下，被告所控制的风险或所从事的行为引发的风险导致原告遭受损害，因此，被告通常被认定存在过错且应当根据其过错程度承担相应的责任。❶

第四，自甘风险规则起初被认为是尊重个人行为自由，这也是民法中意思自治原则在侵权责任法中的具体体现。虽然侵权责任法包括数量较多的强制性规范，但是，作为民法的侵权法的功能之一即保障行为人的行为自由，自甘风险规则的设计初衷是尊重当事人的自由选择，避免对当事人施加不必要的侵权责任，能够实现保障行为人的行为自由的功能。在当事人对行为风险进行了合理预期，并自由决定实施该行为，即使之后发生了其不追求的损害结果，基于自甘风险规则，其也无法主张损害赔偿。在司法实践中，该类案件的裁判结果可能无法满足受害人的预期，但是符合司法公平的要求。尤其在体育运动特定情境中，自甘风险规则可以保障当事人的合法权益，避免不合理的风险分配，从而减少当事人对参加运动而可能承担过重损害赔偿的顾虑，进而可以推动体育运动的发展和提高人们的参与度。这也是我国民法典将自甘风险规则作为独立免责事由的主要立法目的。因此，人民法院在适用自甘风险规则时应当注重目的解释方法，对立法中存在的可能影响规则适用的问题，在未形成统一的裁判规则或司法解释时，可以通过法律解释方法尽可能准确适用自甘风险规则。

四、本章小结

本章主要对民法典中自甘风险规则的立法过程进行梳理。自甘风险在

---

❶ 王利明.论受害人自甘冒险[J].比较法研究,2019(2).

我国民事立法过程经过了反复的论证、存废的讨论。在民法典编纂中，自甘风险规则在第二次草案中才被写进来，经过再次征求意见和修改后最终被正式写进民法典。可见，我国立法者对自甘风险规则的设计持有非常严谨的态度。本章重点内容在于对自甘风险规则的规范分析。自甘风险规则被认为进行了本土化改造，"具有一定风险的文体活动"作为规则的限制条件，但是其并非传统的法律术语，在司法适用中还需要严谨的法律解释，才能保证规则适用得准确，避免出现适用不统一的现象。自甘风险规则适用的主体范围也是民法典规则设计中重点关注的问题，立法者对适用主体范围进行了严格限制。但是，司法实践和学理观点都认为该适用范围过于狭窄，以至于无法实现规则的立法目的。自愿参加的行为判断是自甘风险规则适用中的关键因素，如何判断便是准确适用自甘风险规则的决定因素。参照国外立法和司法经验，自愿参加的判断并非法律行为，因此并不取决于当事人的行为能力。但是，我国学者和司法实践的立场仍然比较严谨，倾向于采取个案裁判的方法，避免客观推断的武断结果，使自甘风险规则滥用而影响当事人合法权利保护。自甘风险规则的法律效果从解释论视角应为完全免责，即受害人无法获得赔偿。司法实践和学者观点认为，我国民法典中自甘风险规则适用的法律效果并不完全采纳完全免责，在不同案件中可以结合过失相抵适当减责。但是，符合自甘风险规则完全免责的案件应该严格按照规范规定的法律效果进行判决，而不应当采取和稀泥的态度。民法典编纂虽然经过了严谨的论证和广泛的意见征求，但是仍可能存在一些问题。自甘风险规则被认为是经本土化改造的规则设计，加之立法者对规则的设计持有非常谨慎的态度，因此，其呈现一定的局限性，以至于被认为可能无法实现其立法目的，尤其是在学校体育等特定领域。民法典出台后，各级人民法院积极采纳该规则进行案件审理，并已经产生了一定数量的案例。这些案例被各类指导案例、典型案例采纳，具有了一定的宣传、引导和教育意义。司法实践的立场应该采纳扩大解释，突破规则的局限性、扩大规则的适用范围，以便更好地实现立法目的。同样，学术研究成果对规则的完善提供了理论支持。

第六章　我国侵权法中自甘风险规则的具体适用

通过上述对自甘风险规则基础理论的分析，我们可以看到一直以来困扰学者和法院的问题。上述自甘风险规则理论分析目的在于比较清晰地提出该规则理解和适用中难以把握的法律解释问题，从而明确该规则适用的具体条件和方法。民法典出台以后，较多学者开始关注自甘风险规则，也产出了众多的研究成果，尤其是解释论视角的成果。司法实践中也已经涌现一批适用自甘风险规则裁判的案例。自甘风险规则在我国民法典的编纂过程中引发了较大的争议，即使民法典出台后，仍有部分学者对该规则持有批判意见。另外，民法典出台后，司法实践中对自甘风险规则的适用依然存在较多问题，比如，法律解释的不足、法律适用说理的匮乏等，从而导致适用的准确性不足，甚至出现了违背自甘风险规则立法旨意的情况。因此，对于自甘风险规则的分析，我们采取大量案例分析的方法不仅能够进一步评价规范的立法价值，而且可以在既有立法基础上通过实证分析的视角来回应立法中可能存在的问题及可能的修正路径。

本书在案例分析中参考一些类型化的案件，这些案件是为了发展论证主题中的主要原则被挑选出来的，因而类型化是案例分析的基本手段。法律更加关注类型化的处理方法，这是基于一般情形或者在一定统计学意义上归纳得出的情形进行分析的方法。虽然统计分析并归纳作出类型化需要巨大的成本，但是这种基于概率的形式对某类案件事实的判断比个人对案件事实的描述更有可信度。❶ 这种方式是一种客观标准的方法，法律无法窥探当事人的内心，甚至有时候基于证据的盖然性所认定的案件事实与实际发生的事实相去甚远。当然，类型化的处理方式也有自身不足，例如，其缺乏个案处理规则的灵活性，可能会忽视具体个案中存在的一些特殊情节，道德判断在类型化中的分量更加重要等。❷ 总之，类型化的案例分析符合归纳推理的逻辑，能够透过某个类型的案件归纳出其中法律适用的问题，即法律事实推进法律规则的形成和完善。在尚不存在法律规则时，案例分析在研究某一尚未形成的法律规则中的角色就显得更为重要。另外，通过案例进行具体分析的方法也能够使容易混淆的法律概念变得更加清晰❸，比如，前文中提及的比较过失与自甘风险规则的易混之处，借助案例分析可以剥离更多易引起混淆的规范性分析。

通过对自甘风险规则相关案件的类型化概括分析可知，民法典出台前，我国司法实践已经采纳自甘风险规则，但是基于我国成文法传统的法律适用仍不能将其作为裁判的法律依据。后来，学者们在过去侵权责任法和民法典的立法过程中提出应当增加自甘风险规则作为抗辩事由，因此，自甘风险规则被我国法院和学者所接受。最终，我国民法典中采纳了自甘风险规则。民法典出台后，学者们对适用自甘风险规则的案例进行分析，总结司法实践中对该规则的适用问题，进一步分析我国自甘风险规则设计中存在的问题，并尝试为规则的适用问题提供可行性的建议。为了更进一步说明我国司法实践对自甘风险规则的理解和适用问题，以及案例分析方法在法律规则发展中的关键作用，下文将以高度危险责任、体育运动伤害和严格产品责任中的自甘风险规则相关案例为例，分析该规则在我国司法实践中的法院的立场及其根据，并探讨其中存在的问题及其解决方法。

---

❶ 盖多·卡拉布雷西.事故的成本：法律与经济的分析[M].毕竞悦,等,译.北京：北京大学出版社,2008:213.

❷ 同❶.

❸ ESPER D A, KEATING G C. Abusing "duty" [M]. Southern California law review, 2006,265(79):271.

一、高度危险责任中自甘风险规则的适用

高度危险责任在我国侵权责任法理论中被认为适用无过错责任归责原则[1]，侵权责任法具体规定了特殊的高度危险行为责任类型及其减免责任事由。在所列举的特殊类型的侵权责任中，《侵权责任法》（已废止）第76条（民法典第1243条基本继承了第76条，并未作实质性修正）被认为是一类独立的高度危险责任，即高度危险区域致害责任。[2] 也有人认为第76条是高度危险责任中的一种减免责任事由，而且认为该条实质上是自甘风险规则的适用。[3] 因此，本部分以第76条为对象论述自甘风险规则在我国立法及司法中的现状与可能存在的问题。由于民法典出台后，适用其第1243条裁判的案例较少，无法通过新近的案例数据进行分析，因此，该部分采纳的案例分析样本仍然是民法典出台前的案例，从学理上进行论证。

（一）高度危险区域致害责任相关案例的案情

在搜集到的与自甘风险相关的案例中，可以归类为高度危险责任的案例数量相对较多，其中与高压触电损害相关的案例更为集中[4]，因此，本书选取此类案件作为研究对象，分析自甘风险规则在高度危险责任中的适用及其存在的问题。

案例一：在"陈某乐诉沁阳市电业综合公司触电人身损害赔偿纠纷一案"中，原告在从事生产活动中触碰到被告经营的高压电线而受到损害，

---

[1]　王胜明.中华人民共和国侵权责任法释义[M].北京:法律出版社,2013:385-386.

[2]　程啸.侵权责任法[M].3版.北京:法律出版社,2021:702.

[3]　王利明.侵权责任法研究:下卷[M].北京:中国人民大学出版社,2011:566;最高人民法院民法典贯彻实施工作领导小组.中华人民共和国民法典侵权责任编理解与适用[M].北京:人民法院出版社,2020:112.

[4]　在上述搜集到的200余件相关度比较高的案件中,与触电损害相关的案件比例大概为1/4,其中多数可以归为第76条高度危险区域致害责任。因此,以此类案件作为分析对象更具代表性,所论证的结论更集中,更有说服力。但案例分析不可能涵括所有零散的不同案由的案例,这也是此种分析方法的劣势所在。

被告电业公司主张，"陈某乐（原告）作为完全民事行为能力人，明知高压线路的危险性，仍自甘风险，造成自己的伤害，后果应自负"，即被告认为原告的行为构成自甘风险而应由其自负损害后果。法院在审理中认为原告对触电的发生具有重大过错，应减轻赔偿义务人的赔偿责任，原告的责任为 50%。❶ 由此可见，法院并未认定原告行为构成自甘风险，而是认为其对损害的发生存在重大过错应依据《侵权责任法》第 73 条规定承担责任的 50%。

案例二："国网湖南省电力公司与彭某甲触电人身损害责任纠纷上诉案"，原审被告认为，"被上诉人明知其租住的房屋为电力设施保护区内违章建房，具有重大安全隐患，且其自认拾捡雷击断线的行为也具有较强的社会危害性，其作为完全民事行为能力人明知该危险的存在而自愿冒险，属于自甘风险的行为，具有重大过错，损害后果应由其自己承担"❷。本案中，原告在电力保护区内建房即未经允许进入高压区域，被告主张原告的行为适用自甘风险规则。而原审法院认为适用《侵权责任法》第 73 条，被告无法证明原告重大过失而应当承担侵权责任。二审前双方达成和解。自甘风险规则并未得到法院的肯定。

案例三："刘某坤、张某彩等与江苏省电力公司东海县供电公司触电人身损害责任纠纷案"中，被告认为"原告亲属刘某祥作为一名专业从事建筑施工的完全民事行为能力人，其对在 10 千伏高压线下施工所具有的危险不可能不知情，但却置这一明显的风险于不顾，甘冒风险仍然违法实施涉案施工行为，放任危害结果的发生，其过错显而易见，而这种行为的过错形态属于故意形态中的间接故意，因此产生的法律责任只能依法自负"❸。法院认为原告的行为亦有过错，应减轻被告的侵权责任。

案例四："温某信、庞某丽、齐某銮、温某宇与吕某刚、国网冀北电力有限公司唐山供电公司触电人身损害责任纠纷案"中，法院认为，"温某翔未经许可进入高度危险活动区域，在天气晴好的情况下，应当注意到车辆

---

❶ 沁阳市人民法院(2014)沁民王曲初字第 00209 号民事判决书。

❷ 长沙市中级人民法院(2014)长中民一终字第 02621 号民事判决书。

❸ 东海县人民法院(2014)连东民初字第 01698 号民事判决书。

上方架空电力线，避免在其下方进行作业。温某翔往车辆上方抛钢丝绳揽车厢的行为，应当预见到其危险性，而他作为受害人对造成自身损害的后果采取放任态度，系自甘风险"❶。因此，法院依照《侵权责任法》第73条、第76条驳回原告的诉讼请求。

案例五："祖某军与广东电网公司东莞供电局、卢某威、东莞市道滘镇九曲村村民委员会、东莞市道滘镇人民政府触电人身损害纠纷案"中，法院认为，"祖某军作为一个正常的成年人，具有完全民事行为能力，应当对自己的健康及生命安全负有最高的注意义务。祖某军明知案涉鱼塘有高压线存在触电危险，在鱼塘承包者卢某威劝阻下仍然执意去钓鱼，自甘风险，最终导致触电受伤，祖某军没有对自己的身体健康尽到谨慎的注意义务，存在重大过错，祖某军应对自己的受伤承担最主要的责任"❷。法院还认为被告东莞供电局已经采取安全措施并尽到警示义务，原告未经许可进入高压线保护区触电受伤，故依据《侵权责任法》第76条，被告东莞供电局不需承担损害赔偿责任。

由上述五个案例可知，这些案例的案件事实基本相同，均为原告在高压电线附近区域从事活动而触电受到损害。被告均主张原告的行为应适用自甘风险的抗辩。但是，法院最终作出的判决中法律适用并不相同，责任分担的方式也不同。案例四与案例五中，法院虽均适用《侵权责任法》第76条进行判决，案例四中法院直接认定原告适用自甘风险规则，案例五中法院仍以原告存在重大过错为由承担主要责任。由此可见，不同法院在审理案件事实类似的案件时，对于案件的事实认定、判断说理及法律适用都存在很大的差异。首先，法院对于高度危险责任下的具体规则的适用比较混乱，难以准确把握。其次，不论法院是否直接认定自甘风险规则，其都未对原告的行为是否适用该规则进行认定，或缺乏充分的论证，有些法院即使适用了自甘风险规则但错误理解了自甘风险的含义。最后，由于上述原因，类似案件的判决结果自然就会产生较大差距。因此，对于《侵权责任法》第76条的理解及其与自甘风险规则的联系应当得到认真对待，从而避免上述出现

---

❶ 唐山市古冶区人民法院（2014）古民初字第 677 号民事判决书。
❷ 东莞市中级人民法院（2014）东中法民一终字第 1080 号民事判决书。

的种种问题。

（二） 自甘风险规则与高度危险区域致害责任条款

我国《侵权责任法》第 76 条规定："未经许可进入高度危险活动区域或者高度危险物存放区域受到损害，管理人已经采取安全措施并尽到警示义务的，可以减轻或者不承担责任。"王利明教授认为这是我国侵权责任法对于自甘风险规则的承认❶，并指出了自甘风险规则作为高度危险责任中的抗辩事由的条件及限制性规定。

第一，此处高度危险区域包括高度危险活动区域和高度危险物存放区域，而高度危险活动是指高压、高空、地下采掘等活动。例如，高速轨道运输工具、核设施使用等；高度危险物存放区域是指易燃、易爆、剧毒和放射性等物质的存放区域。❷上述从事高度危险活动仅限于从事合法的从事高度危险活动，如果不合法，则其要承担侵权责任。❸另外，高度危险区域的认定还应考虑政策和价值因素。例如，自甘风险规则并不适用于机动车未经允许进入高速公路的案件中，因为道路交通事故在当今社会不再被认为是高度危险责任的范畴，但是高速公路仍应为高度危险区域。❹高度危险区域中存在的危险从性质看符合前述对于风险的认定标准，通常为该区域不可避免的内在的人为危险。

第二，如果经营者已经采取安全措施并尽到警示义务，行为人仍擅自闯入高度危险活动区域或者高度危险物的存放区域，并因为区域内的高度危险活动或者危险物而遭受损害，受害人自己要承担风险。❺值得注意的是，被告减免责任的条件是其履行警示义务并采取安全措施，显然，此处对被告的义务要求更高。而且当进入高度危险区域的主体为未成年人时，

---

❶ 王利明. 侵权责任法研究：下卷[M]. 北京：中国人民大学出版社,2011:566.

❷ 王胜明. 中华人民共和国侵权责任法释义[M]. 北京：法律出版社,2013:389.

❸ 同❶.

❹ 王利明. 侵权责任法研究：下卷[M]. 北京：中国人民大学出版社,2011:568；王利明,周友军,高圣平. 侵权责任法疑难问题研究[M]. 北京：中国法制出版社,2012:589.

❺ 同❶.

被告应当承担更高的警示义务并采取更多的安全措施。❶ 王利明教授认为，出于对未成年人的特殊保护政策，自甘风险规则并不适用于未成年人未经允许进入上述高度危险区域而受到损害的情况。❷ 综上可知，高度危险区域责任中的警示和安全设施足以证明未经允许的进入者知道此处存在危险，而且其未经允许的进入行为可以被认定为其自愿接受该危险。虽然其不希望危险现实化，但高度危险区域中危险的特性决定了其极可能受到损害，这应当是其能够知晓且预见到的结果。

第三，强调该抗辩事由不得扩张适用❸，仅适用于高度危险责任中侵权责任减免事由。由于进入高度危险区域的主体在被提供警示及安全措施的情况下未经允许进入该区域，其本身也存在过错。因此，基于公平考虑，此处自甘风险规则应被认为是一种减轻侵权责任的抗辩事由。❹ 自甘风险规则被认为是完全抗辩事由，在高度危险侵权责任中自甘风险规则适用的法律效果是减轻被告的侵权责任。可以推断，虽然高度危险侵权责任案件可以适用自甘风险规则，但是本质上采纳了比较过失，从而实现损失分担。

第四，比较法上，《欧洲侵权法原则》第7：101条第4款明确规定受害人同意承担损害的风险，则行为人可免责。该条立法的目的是通过法定的责任分担避免被告承担过重的责任，激励原告积极参与高风险的行为。❺ 另外，法国、比利时等其他国家立法规定当事人自甘风险时，可以减轻被告的侵权责任。❻《欧洲示范民法典草案》中第6-5：101条第2款规定了受害人知道造成损害的风险，仍自愿承担该风险并被视为已接受该风险的情

---

❶　王利明.侵权责任法研究：下卷[M].北京：中国人民大学出版社,2011：568.

❷　同❶：569.

❸　王利明,周友军,高圣平.侵权责任法疑难问题研究[M].北京：中国法制出版社,2012：588；王利明.侵权责任法研究：下卷[M].北京：中国人民大学出版社,2011：567.

❹　王利明.论高度危险责任一般条款的适用[J].中国法学,2010(6)：161-162；王利明.侵权责任法研究：下卷[M].北京：中国人民大学出版社,2011：567；王利明,周友军,高圣平.侵权责任法疑难问题研究[M].北京：中国法制出版社,2012：590.

❺　同❶：566.

❻　U.马格努斯,M.马丁-卡萨尔斯.侵权法的统一：共同过失[M].叶名怡,陈鑫,译.北京：法律出版社,2009：365-379.

形，加害人可以之作为抗辩事由。● 自甘风险规则在普通法上是一个古老的规则，但是诟病较多以至于当下发展式微，但仍有学者认为其有适用空间。高度危险区域责任中适用自甘风险规则可以类比美国法上土地占有人或所有人责任中的适用情形。●

综上可知，上述列举案例中法院肯定了自甘风险规则可以适用于触电致害侵权责任案件中，学者对于《侵权责任法》第76条的解读也支持自甘风险规则适用于高度危险区域发生的损害赔偿责任。虽然自甘风险规则并未作为一般的抗辩事由或减免责任的事由出现在《侵权责任法》中，但是该规则通过特殊侵权类型的相关条款中的法定抗辩事由出现，且在特殊侵权类型案件中也被法院作为抗辩事由。因此，自甘风险规则在我国高度危险责任这一特殊侵权类型中被认为是责任减免事由。值得注意的是，在我国已有案例中法院对于自甘风险规则几乎未作出详细的判断说明，有一些法院对自甘风险的认识只是停留在其字面含义上，并未准确把握其法律上的意义及其法律效果。本书尝试给出自甘风险规则的解读和判断方法，并试图为解决诸如此类问题提供理想的建议。民法典出台后，类似案件的处理在法律适用的说理部分可以基于自甘风险规则，民法典第1243条对高度危险致害侵权责任规定了抗辩事由，可以看作对侵权责任编"一般规定"中自甘风险规则的具体化，也是对侵权责任编一般规定中自甘风险规则的具体化。

二、自甘风险规则是否为严格产品责任中的免责事由

普遍来看，美国的产品责任法较为健全，采取的是严格责任原则。自

● 欧洲民法典研究组,欧盟现行私法研究组. 欧洲示范民法典草案:欧洲私法的原则、定义和示范规则[M]. 高圣平,译. 北京:中国人民大学出版社,2012:321.

● GOLDBERG J C P, ZIPURSKY B C. Shielding duty: how attending to assumption of risk, attractive nuisance, and other "quaint" doctrines can improve decisionmaking in negligence cases[J]. Southern California law review,2006,329(79):340-341.

甘风险规则发展过程中，其是产品责任的抗辩事由之一。❶ 当原告知道产品存在危险仍不合理地使用而导致损害，被告完全免责。我国的产品责任也采取严格责任原则，且《中华人民共和国产品质量法》（以下简称《产品质量法》）与《中华人民共和国消费者权益保护法》（以下简称《消费者权益保护法》）都对产品侵权责任的免责事由作了规定，但是更倾向于保护消费者的合法权益而采取严格的无过错责任原则。

（一）严格责任归责原则

产品在生活中的普遍性和必要性决定了产品责任在法律中的突出地位。产品责任一直是美国侵权法中发展最快、最重要的组成部分之一，也被认为是能够影响美国经济和社会的为数不多的法律部门之一。❷ 实施严格责任原则主要是基于公共政策的考虑，也是为了尽量避免缺陷产品给人们造成伤害的风险。❸ 美国法学及法院支持严格责任原则的主要理由有三点：其一，相对原告来说，被告更可能和更有能力监控产品导致损害的风险，被告也更加了解产品的属性及其可能存在的风险。因此，被告能够更好地评估和尽量减少、避免风险，而且其在风险的预防和控制中付出的成本更低，并能够以价格的形式分配给所有的消费者。❹ 从经济分析的视角看，被告更有利于控制风险。其二，从举证责任规则的角度来说，原告很难证明导致其损害的产品的瑕疵及其原因，进而无法请求侵权损害赔偿❺；而被告占有更多的产品信息或者更能够理解产品的信息，尤其是高科技或专业性很强的产品。由于产品的伤害可能波及较多公众的安全，而且产品在流通过程

---

❶ HARDVARD LAW REVIEW ASSOCIATION. note, Assumption of risk and strict products liability[J]. Harvard law review, 1982, 95(1):875; NOEL D W. Defective products：abnormal use, contributory negligence, and assumption of risk[J]. Vanderbilt law review, 1972, 93(25); KEETONe R E. Assumption of risk in products liability cases[J]. Louisiana law review, 1961, 122(22).

❷ 许传玺. 美国产品责任制度研究[M]. 北京：法律出版社, 2013:1,7.

❸ 同❷:6.

❹ 同❷:6.

❺ 同❷:6..

中经过多个程序且涉及数个不同的主体，经过的时间较长、地域较多，原告难以证明被告的过失而难以获得赔偿❶，因此，法律从保护公众的生命和财产安全的角度采纳了严格责任。其三，从侵权责任的功能看，被告如果因为产品缺陷或风险被施加严重的损害赔偿责任，这能够激励其集中更多的人力、物力资本改进产品及降低产品致害的风险，从而提供给消费者更安全的产品。❷换言之，生产者相对于消费者来说更有能力承担产品瑕疵导致的损害，而且应该承担最终责任。销售者若对消费者承担了损害赔偿责任后比较容易向生产者追偿，而消费者却难以向生产者主张赔偿或赔偿成本较高。基于成本—收益分析，生产者会更愿意加大对产品质量改进与提升的投入与监督、产品损害的预防与控制等，而不是承担无法预估的损害赔偿责任。❸另外，当损害实际发生后，无过错责任的最大优势在于损失分担。这表现为两个方面：一是通过损失分担可以减少使个人陷入经济困境的可能性，二是人们对于较小数额的损失责任的接受程度远比较大数额的容易得多。❹通过保险，此类损失分担并不具有很高的效率，过错责任等方式的局部的损失分担更具有效率。❺从时效来看，当潜在风险现实化为损害，受害人尽早恢复健康是最小化成本的最好方式。❻因此，事先的风险防范与实际损失的分担更有效率。如果受害人得不到及时的救治，可能造成更大的损失，甚至是无法弥补的损失。

值得注意的是，美国产品责任法中的严格责任并不是绝对的，在司法实践中也受到相关规则或司法程序的限制。比如，消费者主张其因为产品质量问题而遭受损失或损害时，应该证明所受损失与产品质量有关及产品本身确实存在缺陷等，即法律通过因果关系来限制严格责任的范围。在美国

❶ 许传玺.美国产品责任制度研究[M].北京:法律出版社,2013:57.

❷ 同❶:6.

❸ SCHWARTZc G T. The beginning and the possible end of the rise of modern American tort law[J]. Georgia law review,1992,601(26):613.

❹ 盖多·卡拉布雷西.事故的成本——法律与经济的分析[M].毕竞悦,等,译.北京:北京大学出版社,2008:35.

❺ 彼得·凯恩.阿蒂亚论事故、赔偿及法律[M].6版.王仰光,等,译.北京:中国人民大学出版社,2008:464.

❻ 同❹:36.

产品责任法中，产品责任限制于商业性销售行为中，诸如邻里之间偶然的非商业买卖或易物行为并不受产品责任法调整，而应适用一般过失侵权责任。另外，美国产品责任法将引发产品责任的原因细分为制造瑕疵、设计瑕疵、警示瑕疵，而《美国侵权法第二次重述》认为在后两种类型产品责任的认定中法院还应考虑当事人的过失。❶ 当产品责任归责原则突破了合同的相对性时，法律追究被告的侵权责任则要求其负有对风险的合理注意义务，而且是对于多数人的普遍注意义务。❷

《美国侵权法第三次重述》对制造瑕疵导致的损害仍采取严格责任，而对于设计瑕疵和警告瑕疵则采取可预见性规则和合理替代规则❸，后者虽然仍被称为严格责任，实质上包括了过失责任归责原则，以一般人的合理预见和合理替代判断设计或警示中存在的不合理风险。❹《美国侵权法第三次重述》第 2 节（b）条适用风险—效用标准判断是否存在设计缺陷。❺ 反过来说，产品在设计上存在一定的危险性，并不一定构成法律上所规定的设计缺陷。有些产品为了保留特殊性能，不得不勉强接受其不可避免存在的危险。在判断产品缺陷时应该综合考虑各种因素，从而使风险公平合理地在当事人之间进行分配。❻ 判断产品危险的提示或警示是否足够充分，主要考量以下因素：损害发生的可预见性、损害的程度、提供警示的成本、警示的效果等。❼ 其中也包括成本—收益分析方法，此方法主要考量获取信息的成本、信息接受方的接受能力及效果等。❽ 为了避免信息负载并考虑到提示义务的实际效果，美国产品责任法中提出了"经验丰富的使用者"规则

---

❶　SCHWARTZc G T. The beginning and the possible end of the rise of modern American tort law[J]. Georgia law review,1992,601(26):654;许传玺. 美国产品责任制度研究[M]. 北京:法律出版社,2013:101.

❷　许传玺. 美国产品责任制度研究[M]. 北京:法律出版社,2013:16.

❸　同❷:104.

❹　同❷:112-113.

❺　同❷:112.

❻　同❷:114.

❼　同❷:169.

❽　本杰明·N. 沙哈尔,卡尔·E. 施耐德. 过犹不及:强制披露的失败[M]. 陈晓芳, 译. 北京:法律出版社,2015:109-113.

(the sophisticated user doctrine)❶，即当使用者能够完全知道并理解产品的危险时，制造者可以免除警示义务，也无须承担对使用者因产品危险而导致的损害的赔偿责任。

我国产品责任相关立法未对责任原因进行再次分类，也未做归责原则上的区别对待。因此，侵权责任法及其有关产品责任的法规均被解释为严格责任归责原则。但是，法院对于产品责任的认定和责任分担的衡量中往往会考虑到可预见性和合理替代等影响产品责任分担的因素，即考虑当事人过错对于无过错责任的影响。❷ 立法上，我国的产品责任适用严格的无过错责任原则，立法目的在于倾向性地保护消费者的合法权益。《产品质量法》《消费者权益保护法》中规定的生产者或销售者免责的条款极少。

（二）自甘风险规则为严格产品责任的免责事由

在美国严格产品责任中，自甘风险规则通常适用于原告知道产品存在危险但仍然不合理地继续使用该产品的情形。❸《美国侵权法第二次重述》中第402A节评注n明确规定了自甘风险规则作为产品责任的主要抗辩事由。❹ 重述将产品责任的抗辩事由作了特别规定，这是因为立法者强调产品责任同类案件不适用于一般过失侵权责任的抗辩事由，并且生产者或销售者不得因原告一般过失而免于承担责任。

美国法院在严格产品责任中适用自甘风险规则需要具体考虑以下几个因素❺：其一，产品存在显著危险，或者产品中的危险为不显著风险，但是制造者或销售者对原告尽到了充分说明和告知的义务。其二，被告对原告履行了充分提示和说明义务，但是，如果被告在告知原告产品的危险同时进行过

❶ 许传玺.美国产品责任制度研究[M].北京:法律出版社,2013:170-172.
❷ 刘海安.过错对侵权法上无过错责任赔偿范围的影响[D].吉林大学,2010:159-166.
❸ 同❶:270.
❹ SIMONS K W. Assumption of risk and consent in the law of torts:a theory of full preference[J].Boston university law review,1987,213(67):274;许传玺.美国产品责任制度研究[M].北京:法律出版社,2013:255,269-270.
❺ 同❶:271-273.

分推销或者为了销售产品而筛选部分信息不予告知，就不能满足充分告知的要求。其三，自甘风险的主体应该是原告本人，如果购买者的产品由第三人，如雇员使用，不得认定第三人知道风险并使用的行为构成自甘风险。❶ 其四，原告不得遭受经济胁迫，即原告没有可替代的选择，其不可能进行更换、修理或更换、修理成本过高，被告仍应承担严格的产品责任。❷ 另外，相关的政策对美国侵权法的发展产生了重要的影响。例如，交通事故死亡率居高不下，被认为是严重的社会问题，应该由政府制定公共政策进行规制。而且交通事故的问题不再被归因于侵权人和受害人的过错，而被看作是产品责任问题。产品责任问题更多地将过错或责任都归于生产者，法院也不再愿意采纳自甘风险规则或与有过失作为产品责任中广泛的且积极的抗辩。❸ 因此，风险运作的政治学上和经济学上的影响是分析自甘风险规则更关键的因素。❹

由上述可知，美国法院在适用自甘风险规则时通常重视对原告主观的判断，包括谨慎判断原告是否为本人，其是否明知危险，是不是在自愿且不存在经济胁迫的情况下接受了不合理的风险。但是，随着比较过失的发展，与有过失规则适用存在的弊端被认为得到了解决，自甘风险规则作为完全抗辩事由也凸显出偏向另一方的不公平的劣势，被越来越多的州法院摒弃。❺ 有些州法院虽采纳比较过失规则在原告与被告之间判定损害责任的分担，但是会将自甘风险规则作为责任分担的考量因素之一❻，也有一些州立法将此写进法律，如《犹他州法典注释版》第 78 节第 27 条第 37 款。❼

从我国产品责任的既有判决看，法院很少支持被告主张因原告存在过

---

❶ Hammond v. International Harvester Co. ,691 F. 2d 646(3rd Cir. ,1982).

❷ Missick v. General Motor Corp. ,460 F. 2d 485(5th Cir. ,1972).

❸ SCHWARTZc G T. The beginning and the possible end of the rise of modern American tort law[J]. Georgia law review,1992,601(26):612−614.

❹ FELDMAN E A,STEIN A. Assuming the risk:tort law,policy,and politics on the slippery slopes[J]. DePaul law review,2010,259(59):260−261.

❺ 许传玺. 美国产品责任制度研究[M]. 北京:法律出版社,2013:255.

❻ 许传玺. 美国产品责任制度研究[M]. 北京:法律出版社,2013:271;HARDVARD LAW REVIEW ASSOCIATION. note,Assumption of risk and strict products liability[J]. Harvard law review,1982,95(1):885.

❼ 同❺:271.

错而减免责任。❶ 美国产品责任法上的自甘风险规则在我国产品责任的司法实践中并不存在。从立法看,我国产品责任立法中规定被告免责的情形只有三种,而对于比较过失规则是否适用于产品责任中,存在不同的声音。我国立法对消费者的保护较多,但可能不完全符合效率和公平价值。那么,自甘风险规则在我国产品责任中是否有适用的可能呢? 首先,立法在我国整个法律运作过程中十分重要,欲审视我国产品责任的司法合理性,应从产品责任立法着手。我国产品责任规制存在于多部部门法规范中,比如,民法典出台前的《民法通则》(已废止)、《产品质量法》《消费者权益保护法》《侵权责任法》(已废止)等,民法典侵权责任编承继《侵权责任法》也规定了产品责任条款。产品责任的规制跨越民法和经济法两个门类,其中混杂了较多行政规制的成分,因而存在明显的倾向性规则,但是民法的调整显得苍白无力,即使民法规制方法可能是最具效率且能使产品侵权的被侵权人获得最有力的救济。其次,由于明显的倾向性保护立法,法院在审理产品责任案件时会更多关注被告或企业的侵权责任,而可能忽视原告是否知道产品存在危险而不合理使用的问题。即使被告主张原告存在过错的抗辩,法院通常也会以严格责任拒绝(但也有例外)。❷ 最后,随着科学技术发展和可能包含危险的产品增加,人们获取信息的能力明显提升且信息获取的成本不再那么高昂,法律若将产品责任更多地施加给被告是没有效率的。生产者将提供产品安全信息的成本、危险导致损害赔偿责任的成本都转化为产品价格,这些成本基本最终将由原告承担。而这种责任分担方式无法实现对原告预防风险的激励。

因此,我国当前的产品质量问题较严峻,对人们生活可能造成了一定的影响,相关的法律暂不能有效遏制产品责任问题。当然,我国仍处在经济发展及转型的关键时期,法律也应该考虑到促进经济发展的政策。在消费者权利保护和生产者的产品责任的张力之间,严格责任成为我国产品责任的归责原则,但是相关的立法还应该细化,适当地将部分损害赔偿责任由原告自己承担。自由和公平是法律中重要的价值,个人行为自由和责任

---

❶ 江苏省盐城市中级人民法院(2015)盐民终字第 2561 号民事判决书。

❷ 湖北省天门市人民法院(2015)鄂天门民初字第 00103 号民事判决书。

在逻辑和法律上并非平衡状态，个人选择的自由和范围越来越大，但是责任更多地施加给了大型的组织或者政府等。当风险导致损害发生时，法律会判定这些损害后果由大型组织或公共机构承担，而作为弱势一方的个人应该获得补偿，即实现损失的外部化。❶ 自甘风险规则尊重当事人的自由选择，在兼顾责任分担之公平的前提下，其可以作为我国产品责任中的免责事由。

尽管产品责任中的自甘风险规则在美国法上逐渐淡出，但自甘风险在产品责任的无法避免的风险抗辩中可以作为规范性解释的依据，其仍以不同的规制方式影响着美国产品责任。在我国产品责任部门法中，自甘风险规则还未被立法及司法认可。❷ 基于公平和效率的价值考量，其在我国产品责任中可能存在适用空间。但是，法院在适用自甘风险规则时对案件事实认定和被告举证责任应当更加谨慎，避免自甘风险规则对严格责任的过度侵蚀。

民法典出台后，自甘风险成为新设规范，被置于侵权责任编一般规定部分。从法典体系上看，自甘风险规则可以作为特殊侵权行为责任的抗辩事由适用。侵权责任编的一般规定具有统领性，一般规定中规则可以适用于侵权责任编的各章中。如前所述，立法者对民法典的自甘风险持非常谨慎的态度。所以我国民法典自甘风险规则的具体制度设计存在一些局限性，比如"具有一定风险的文体活动"的适用范围限制，其能否适用于侵权责任编各章的特殊侵权行为责任中，是存在分歧的。但是，如上所述，从价值判断和立法目的看，自甘风险规则在产品责任中存在适用空间，其能够更好地调节在严格责任归责原则下产品侵权责任规范的刚性对主体之间合法权益保护的弊端。我国民法典诞生于21世纪信息技术发展迅猛且已经形成一定产业规模的时代，当下社会中产品责任的案例已经不再局限于传统意义的商品了。比如，人工智能产品大量涌现并逐步在生产生活中占据重要位置，并深刻地改变人们的生活和生产方式。但是，技术的发展进步也

---

❶ 弗里德曼.选择的共和国:法律、权威与文化[M].高鸿钧,等,译.北京:清华大学出版社,2005:230.

❷ 唐林垚.自甘风险规则的世界观与方法论——基于82份司法判决的法律分析[J].人大法律评论,2020(1).

会带来一定的风险，甚至较过去传统社会可能制造更高的风险，在风险和收益之间合理权衡，具有正当性的风险分配规范在技术进步和合法权益保护之间的作用不可或缺。在民法典自甘风险规则的解释论研究中，有观点认为，其应当适用于产品责任中，尤其是当下人工智能高速发展背景下相关产品的侵权责任中。❶ 合理适用自甘风险规则解决产品责任纠纷，才能够促进当下人工智能产业的发展，避免过于刚性的产品责任规则一边倒地施加过重责任于生产者，从而给技术发展带来抑制效应。❷

　　具体到人工智能产品中，某种产品开发并推广后，产品的开发目的远远无法覆盖其在推广后获得的实际价值，而且实际适用领域远远大于开发设计的范畴。❸ 如果法律要求人工智能产品的开发者完全承担适用过程中产生的风险及其损害，那么生产者就可能面临过重的责任负担。例如，整合进互联网生态系统的智能推送算法技术，其被新媒体行业无限运用于信息定向推送，也被电商平台用来进行服务和商品的定向推广。人脸识别技术同样被运用到各行业中，如手机支付、工作考勤打卡、门票等消费券的识别划扣，甚至被商家用来进行信息收集再处理使用。在人工智能产品开发和生产中，法律在分配产品风险时不能完全采取严格责任由生产者承担过重的责任❹，而应该要求生产者履行充分的告知说明义务，使用人如果未按照说明用途使用商品并造成损害，则应承担违反说明用途使用的代价。❺ 因此，自甘风险规则在该类产品责任侵权中的适用，一方面可以降低开发生产商的创新风险并促进产业创新，另一方面能保障使用人的自由选择和使用新产品获得的利益。

　　当然，人工智能领域还处在迅速发展的上升期，新产品的快速更新也需要法律提供相对宽松的空间。但是，目前司法实践中对于该类新产品责任的关注几乎是空白，国内外的法学研究更多关注的是知识产权侵权问题，

---

　　❶ 唐林垚.自甘风险规则的世界观与方法论——基于 82 份司法判决的法律分析[J].人大法律评论,2020(1).

　　❷ 唐林垚.人工智能时代的算法规制:责任分层与义务合规[J].现代法学,2020(1).

　　❸ 同❶.

　　❹ 王利明.生成式人工智能侵权的法律应对[J].中国应用法学,2023(5).

　　❺ Jeferson County Bank V. Armored Motors Serv,148 Colo. 343,366 P. 2d134(1961).

使用人工智能产品造成的侵权责任问题还没有形成具有价值的研究案例样本。对于此类特定侵权类型的自甘风险规则适用问题暂且只是理论层面的探讨，后续还会跟进司法实务案例进行深入考察和论证分析。

三、体育运动伤害责任中自甘风险规则的适用

在美国侵权法上，自甘风险规则的论述最常提及的侵权类型即体育运动伤害侵权。由此可见，体育运动伤害侵权案件中的自甘风险规则对该类案件的侵权责任承担产生重要影响。民法典出台前，我国司法实践中有关体育运动伤害的案件已经将自甘风险规则视为被告免责的根据。民法典设计自甘风险规则时将文体活动作为适用该规则的限定条件，这也体现了自甘风险规则在体育运动侵权责任中的重要性，同时体现了我国民法典设置自甘风险规则的立法目的。因此，本书对于体育运动伤害责任中自甘风险规则的分析主要包括两个问题：体育运动伤害的特殊性及自甘风险规则适用的合理性；在我国司法实务背景下，自甘风险规则是否能够成为普遍适用此类侵权责任的免责事由。

（一）体育运动伤害的特殊性与自甘风险规则

体育运动伤害作为一种特殊类型的侵权行为，其特殊之处源于体育运动自身的特性。体育运动包含种类丰富的运动项目，可以增强人们的身体素质，也潜在地会导致身体损害，因为体育运动自身包含不同程度的风险。通常来说，体育运动可以分为职业性竞技体育和非职业竞技体育。[1] 职业性竞技体育导致损害通过适用劳动法或雇主责任来解决；[2] 非职业性竞技体育发生侵权责任可以适用自甘风险规则。[3] 但是，也有学者主张在论述体育侵

---

[1] DENNER K. Taking one for the team：the role of assumption of the risk in sports torts cases，[J]. Seton Hall journal of sports and entertainment law，2004，209（14）.

[2] HURST T R，KNIGHT J N. Coaches' liability for athletes' injuries and deaths[J]. Seton Hall journal of sport law，2003，27（13）.

[3] DRAGO A J. Assumption of risk：an age-old defense still viable in sports and recreation cases [J]. Fordham intellectual property，media & entertainment law journal，2002，583（12）.

权责任时模糊处理两者之间的区分。非职业性竞技体育运动还可以分为竞技性运动和非竞技性运动。竞技性运动侵权可以适用自甘风险规则，而非竞技性运动侵权还需要进一步分析给出答案。其一，竞技性运动有明显的对抗性，而非竞技性运动不具有明显的对抗。非竞技性运动并不会因为对抗性较低就被忽视了风险的存在。❶ 其二，非竞技体育运动在生活中更加普遍，但发生损害的概率很高。非竞技性运动可以为人们提供娱乐和锻炼身心，看似不具有竞技性体育运动的剧烈性和危险性。事实上，非竞技性运动侵权才是适用自甘风险规则频率较高的案件类型❷，这里涉及侵权责任中原告参加行为如何判定其法律意义的问题。有学者认为，原告应该事实上知道风险并自愿接受才可以适用自甘风险规则。❸ 其三，非竞技性运动中极限运动更加普遍化。随着人们生活水平和精神生活要求的提升，极限运动越来越受到业余爱好者的欢迎。该类运动包含较大的危险性且行为人通常不具备相对专业的技术和风险防范技能。目前涉及该类行为的损害案件比较少，但是应当被法学关注。其四，即使非竞技性运动，比如，休闲运动，也会有不可避免的内在风险。体育运动自身具有内在的、不可避免的风险，即使管理者或组织者尽到合理的注意义务也无法完全剥离运动中的风险。这也是自甘风险规则作为运动伤害责任中抗辩事由的重要原因之一。❹

风险是体育运动最为显著的特征，尤其非竞技性运动，参加者常常忽视或无法真正理解其中的风险。参加者通常都是自愿参加体育运动，不论是职业性竞技体育运动还是非职业性竞技体育运动。因此，体育运动伤害责任基本表面看起来具备了适用自甘风险规则的基本条件，而且自甘风险规则的适用可以鼓励人们积极参加体育运动。从而实现体育运动的积极价

❶ FERGUSON K D. Blurring the boundary lines between amateur and professional sports [J]. UMKC law review,2008,643(76):644.

❷ 韩衍杰.自甘冒险规则在大众体育运动健康权侵权中的适用[J].政法论丛,2013(5);赵毅.体育伤害案件适用法律的误区及补正[J].体育与科学,2014(5).

❸ GEARHART J J. Rini v. Oaklawn jockey club:assumption of risk rides again[J]. Arkansas law review,1988,657(41).

❹ FEUERHELM K,LUND J,CHALAT J H,KUNZ M B. From Wright to Sunday and beyond:is the law keeping up with the skiers? [J]. Utah law review,1985,885(985).

值。然而，自甘风险规则没有被写入《美国侵权法第三次重述》中❶，随后在美国侵权法及其司法中偃旗息鼓。但是，这并不意味着其完全丧失了理论价值，仍有学者主张其应合理存在并主要适用于体育侵权中。❷美国侵权法对于自甘风险规则的态度的变化主要取决于其福利制度的进步、自由主义不再有兴起之时的狂热及体育运动政策的发展。自甘风险规则在解决体育运动伤害纠纷中渐渐丧失了当初的立法目的及显著的功能。完全的法律移植并不是最奏效和合理的立法途径，而规则的本质及其所处的社会背景决定了其发展趋向。基于我国社会发展现状与积极开展体育事业的政策，权威学者对于自甘风险规则的青睐足以说明其在当前语境中的角色及功能。之前自甘风险规则屡屡出现在我国民法典的立法建议稿中，民法典编纂中经过多次讨论修正最终规定了自甘风险规则。我国学者对于自甘风险规则的适用问题关注最多的领域也即体育和娱乐运动侵权责任范围。❸值得注意的是，此类侵权责任案件涉及未成年侵权责任时，自甘风险规则能否适用，在学者中存在不同的观点。本书认为应该考虑未成年人的认知能力❹，故在多数情况下不应适用自甘风险规则，该问题将在下文中进行详细论述。

（二）　以未成年人体育运动伤害为例对自甘风险规则的解读

本书欲从我国司法实践对自甘风险规则在未成年人体育运动伤害案件

❶　多布斯.侵权法：上册[M].马静，等，译.北京：中国政法大学出版社，2014：466.

❷　BOATMAN C D. A Knight/Li news update：a detailed analysis of the case law suggests that we should return to a consent-based assumption of risk defense[J]. Western state university law review，2013，57(41).

❸　黄立嵘.论美国侵权法"行为人自担风险"规则——兼论我国侵权责任原则的完善[J].中国社会科学院研究生院学报，2014(6)；刘雪芹，黄世席.美国户外运动侵权的法律风险和免责问题研究——兼谈对中国的借鉴[J].天津体育学院学报，2009(3)；梁亚，李延生.自愿承受风险原则研究[J].河北法学，2007(3)；赵毅.体育侵权中受害人同意和自甘风险的二元适用——由"石景山足球伤害案"引发的思考[J].武汉体育学院学报，2014(4)；韩勇.体育伤害自甘风险抗辩的若干问题研究[J].体育学刊，2010(9)；韩勇.《民法典》中的体育自甘风险[J].体育与科学，2020(4)；杨立新.自甘风险：本土化的概念定义、类型结构与法律适用——以白银山地马拉松越野赛体育事故为视角[J].东方法学，2021(4).

❹　金可可，胡坚明.不完全行为能力人侵权责任构成之检讨[J].法学研究，2012(5).

中适用可能性这一问题进行分析。主要是因为未成年人主体的特殊性结合体育运动的特殊性更能集中反映该问题，而且此类案件在司法实践中存在较多棘手问题，亟须得到解决。未成年人的身心健康备受社会关注，体育运动自然是其身体发育和健康体魄塑造所必需的。由于未成年人的心智不够成熟，其自我保护和对他人的照顾能力不足，体育运动伤害发生的概率很高。因此，法院在受理此类案件时可能会受制于未成年人保护政策与运动的特殊性，若不能恰当衡量裁判各种因素和进行价值判断，就无法准确适用法律。能否准确理解自甘风险规则，关系到此类案件法律适用准确与否的问题。从已搜集的相关案件来看，未成年人体育运动伤害案件的法律适用主要集中于以下几种情形：

1. 比较过失

在"唐甲与上海市坦直中学、金甲等生命权、健康权、身体权纠纷案"❶中，原告与被告在体育课上自由活动时进行背负活动，被告压倒原告并使其遭受损害。法院认为，"根据原告及被告金甲、唐丙、易甲的年龄及认知水平，应对上述活动的危险性及可能后果具有清醒的认识，但其均未能准确衡量自身能力，甘冒风险，活动中亦未予充分注意及保护，并直接导致原告受伤"。各方当事人对损害的发生都存在过错，并根据《侵权责任法》第26条规定使原、被告分别承担不同比例的损害赔偿责任。而且多个被告构成共同侵权，故对原告承担连带责任。又如"朱甲与上海市建平实验中学、洪乙等生命权、健康权、身体权纠纷案"❷中，法院认为，"根据原告及被告洪乙的年龄及认知水平，其对脱离成人指导、保护而自行翻越单杠的危险性及后果应有清醒的认识"。但是，"二人均未能准确衡量自身能力，甘冒风险"，原、被告双方对损害的发生都有过错，并根据《侵权责任法》第26条要求当事人分别承担相应比例的责任。❸

值得注意的是，双方的行为表面上可能都是引发体育运动伤害的原因。体育运动伤害的发生具有突发性和瞬间性，当不存在监控设备时，未成年

---

❶ 上海市浦东新区人民法院(2014)浦少民初字第467号民事判决书。

❷ 上海市浦东新区人民法院(2014)浦少民重字第1号民事判决书。

❸ 程啸.论侵权行为法中受害人的同意[J].中国人民大学学报,2004(4):115.

人不可能足够准确地描述已发生的行为，伤害发生的情景无法被还原到一个较真实的程度。所以，法院很难准确认定案件事实，往往会武断地认定双方都有过失，从而依据《侵权责任法》第 26 条规定进行判决。虽然未成年人在参加体育运动前通常会被告知并要求遵守相应的规则，但其可能无法完全理解规则并预见体育运动的风险，进而也无法采取积极的避险措施。未成年人很难了解或理解诸如单杠的危险及其可能导致的危害，很难被认定为主观过失。因此，适用《侵权责任法》第 26 条未免缺乏充分的说服力，太过牵强。

2. 意外事件

在"袁甲诉严甲等生命权、健康权、身体权纠纷案"❶ 中，一审法院认为，"篮球是一项对抗性较强的竞技体育活动，原告与被告严甲作为已满十三周岁的限制民事行为能力人，都应认识到在篮球比赛中所固有的运动参与风险，对于原告损害结果的发生被告严甲事前无法预知，同时在比赛中也无法采取相应的措施防范。事后，被告严甲也陪同原告前往医院就诊，故被告严甲没有过错，这一起伤害事故是意外伤害事件"。因此，法院根据《侵权责任法》第 24 条判决双方分担损失。"邱某龙与张某庭、张某芳等生命权、健康权、身体权纠纷案"❷ 中，法院认为，"原告受伤纯属意外事件，被告不具有过错，不应承担赔偿责任"。但判决依据《民法通则》（已废止）第 132 条要求被告共同给予原告一定的补偿。

事件是能够引起法律关系变化的法律事实之一。❸ 意外事件的发生是不以人的意志为转移的不可预见的法律事实。❹ 与法律行为的根本区别在于，意外事件的发生并不以当事人的意思表示为要素。显然，案例中未成年人因运动所受到的伤害都是由对方或双方行为导致的，并非意外事件。法院武断地认定为意外事件且作出损失分担的判决，不得不求诸《侵权责任法》

---

❶　上海市长宁区人民法院(2014)长少民初字第 18 号民事判决书。

❷　天津市滨海新区人民法院(2015)滨塘民初字第 3377 号民事判决书。

❸　王泽鉴.民法总则[M].北京:北京大学出版社,2009:193.

❹　全国人大常委会法制工作委员会民法室.侵权责任法立法背景与观点全集[M].北京:法律出版社,2010:546.

第24条或《民法通则》第132条，这使得法律适用显得十分牵强。

3. 自甘风险

自甘风险，即同意无侵权责任，是普通法上过失侵权责任的抗辩事由。❶ 自甘风险在我国司法实践中被赋予多种含义，而非普通法上原本的含义。比如，一种情形是在多数交通肇事侵权责任案件中，肇事车辆的挂靠合同中"车主在合同期间风险自担"❷。另一情形是在体育运动伤害中，多数法院认定原告参加运动即自甘风险，但是，法院大多判决公平分担损失或给予补偿，实际适用的法律也存在不同。自甘风险规则在我国立法中得到足够的关注❸，但《侵权责任法》未采纳之，直到民法典才将其写进来。

在"上诉人南京市春江学校与被上诉人孙某健康权纠纷案"❹ 中，一审法院认为，原告在体育课上进行正常的体育教学活动——足球运动时意外发生人身损害，双方均没有过错，可以根据本案实际情况，根据公平原则由双方分担因人身损害造成的损失。二审法院认为，"孙某应当自行承担其在踢球过程中意外摔倒造成的损失，本案并不符合公平责任的适用条件"。法院改判驳回孙某的诉讼请求。由该案可以推知，二审法院认为原告的行为符合自甘风险规则，因此被告应完全免责，即自甘风险被作为完全抗辩事由。与之相反，在"李某某与王某某、曲某某等健康权纠纷案"❺ 中，原告与8名被告一起在学校打篮球而受到伤害，一审法院依据自甘风险规则驳回原告诉讼请求。但是，二审法院拒绝采纳自甘风险规则而依据《侵权责

---

❶　WARRE C. Volenti non fit injuria in action of negligence[J]. Harvard law review, 1895,457(8):457-470.

❷　例如,黄某松等诉谢某恒等机动车交通事故责任纠纷案,陇川县人民法院(2014)陇民初字第152号民事判决书。

❸　例如,梁慧星教授、王利明教授、杨立新教授等在民法典立法草案中都拟定了自甘风险规则条款。梁慧星.中国民法典草案建议稿附理由:侵权行为编[M].北京:法律出版社,2013;王利明.中国民法典学者建议稿与立法理由书[M].北京:法律出版社,2005;杨立新,等.中华人民共和国侵权责任法草案建议稿及说明[M].北京:法律出版社,2007;布吕格迈耶尔,朱岩.中国侵权责任法:学者建议稿及其立法理由[M].北京:北京大学出版社,2009:173.

❹　南京市中级人民法院(2014)宁少民终字第117号民事判决书。

❺　辽河中级人民法院(2014)辽河中民一终字第38号民事判决书。

任法》第24条判决公平分担损失。再如，"原告沈某鸣与被告许某琥、李某梅监护人责任纠纷案"❶中，法院首先否定了原告监护人责任的案由，而认为"沈某鸣和许某琦放学后参与学生间自发组织的高一年级与高二年级足球竞技活动，系同学之间正常的社会交往娱乐活动"，而且当事人都是高中生，对足球运动的风险性应有认识。法院因此判决双方均无过失，被告给予原告一定的补偿。值得注意的是，在"上诉人滨城区授田英才学园与被上诉人李某某、刘某某等健康权纠纷案"❷中，法院认为涉及未成年主体的案件尽量不采纳自甘风险。

4. 公平分担损失

民法典侵权责任编第1186条规定，受害人和行为人对损害的发生都没有过错的，依照法律的规定由双方分担损失。该条对《侵权责任法》第24条进行了修改，仍被称作公平责任条款。这一修改体现在将《侵权责任法》第24条中的"可以根据实际情况"改为"依据法律的规定"，实质上限缩了我国民法中过去存在的肆意适用公平责任条款的空间。❸ 在未成年人运动伤害中，未成年人的认知能力有限，自身控制危险能力不足，也无法及时避免对方损害的发生。因此，法律不能要求其负有与成年人同等水平的注意义务，双方当事人主观上并不构成过失。例如，在"上诉人滨城区授田英才学园与被上诉人李某某、刘某某等健康权纠纷二审案"❹中，原审法院认为，李某某的损伤是与刘某某碰撞所致，而该训练项目过程中合理的碰撞不可避免，李某某无证据证实刘某某在该事故中存在故意或重大过失，因而根据《侵权责任法》第24条规定，基于案件中的特定事实，分别由双方承担一定的损失赔偿。二审法院维持原判。

从搜集的案例来看，民法典以前，适用《侵权责任法》第24条的案例

---

❶　西安市莲湖区人民法院（2012）莲民二初字第00100号民事判决书。
❷　滨州市中级人民法院（2014）滨中少民终字第37号民事判决书。
❸　张新宝．"公平责任"的再定位[J].法商研究,2021(5).
❹　同❷.

数量较多。❶ 需要强调的是，法院较少直接认定双方当事人都无过失且根据案件事实公平分担损失，而是多认定为自甘风险甚至是意外事件，在立法无相应规则的情况下转而适用该条。但也有法院认定双方应当公平分担损失，却模糊处理法律适用，比如，直接以《人身损害赔偿解释》（已废止）❷ 关于赔偿范围的规定作为裁判依据。❸

5. 过错的替代责任

未成年人大多是在校学生，尤其一些多数人参加的活动大多发生在校园里。❹ 因此，当潜在的原告因直接行为人的不当行为而受到损害时，学校也往往成为并列的潜在被告。因为根据《侵权责任法》第 38 条、第 39 条规定，学校对于未成年人负有法定的安全保护义务；其中，第 38 条规定"无民事行为能力"人在幼儿园、学校或者其他教育机构学习、生活期间受到人身损害的，幼儿园、学校或者其他教育机构应当承担责任"；第 39 条规定"限制民事行为能力人在学校或者其他教育机构学习、生活期间受到人身损害，学校或其他教育机构未尽到教育、管理职责的，应当承担责任"。在未成年人体育运动侵权发生于校园时，由于运动本身的特殊性，被告的行为往往并没有过错，因此，法院认定其不需要承担侵权责任。当学校对于原、被告疏于监督、管理和照顾而具有过失时，其应该承担相应的侵权责任。

例如"范某培与深圳市福田区皇岗小学生命权、健康权、身体权纠纷案"❺ 中，法院认为，原告与被告在学校组织的足球训练中进行正常的运动

---

❶ 鉴于我国最高人民法院案例公开情况的调整，《民法典》出台后，案例数据库中搜索到的适用民法典第 1186 条的案例比较少，因而本部分还会借助于《民法典》前的案例进行分析。因为《民法典》前后，公平责任条款也进行了本质修改，所以本部分论证会借助具体个案分析民法典后类似案件裁判问题。

❷ 即《最高人民法院关于审理人身损害赔偿案件适用法律若干问题的解释》（法释〔2003〕20 号）的简称，已废止。

❸ 如"王某诉刘某某、安徽省泾县稼祥中学教育机构责任纠纷案"，泾县人民法院（2014）泾民一初字第 01291 号民事判决书。

❹ 李延舜. 论未成年人隐私权[J]. 法制与社会发展，2015(6)：173.

❺ 深圳市福田区人民法院（2014）深福法民一初字第 954 号民事判决书。

时使原告遭受损害，被告显然无过失且不需要承担责任。学校在组织和训练的过程中未尽到安全保护义务而存在过失。但是，法院还认为，基于鼓励学校组织体育运动和促进学生健康锻炼的目的，不应该由学校完全承担全部损失，而应该由学校和原告各承担 50% 责任。本书主要基于对于实际行为人与实际受损害人之间的责任分担问题进行研究，故而此类案件并不列入本书对比研究对象。

综合分析上述案例可知，虽然未成年人体育运动伤害案件的法律适用不尽相同，法院裁判的法律效果并无太大的差距。总体而言，原告通过诉讼大多能够得到一定比例的赔偿或补偿，获得全部赔偿或者完全得不到赔偿的概率极小。下文将对上述不同的法律适用情形进行具体分析，并深入探讨导致法律适用中的问题的理论缺陷。

1. 法律适用错误或者违反法律适用的原则

成文法传统中的司法裁判是"被法律束缚住手脚的舞蹈"，因此，法官在裁判过程中应寻找准确的法律规则且严格遵照法律适用的原则。具体来说，法官应当基于特定的案件事实，寻找准确的法律。❶ 法官还应当遵守新法优于旧法、特别法优于一般法的基本原则。❷ 首先，在上述比较过失情形中，法院比较武断地认为双方当事人主观均有过错，为了达到责任分担的目的而适用《侵权责任法》第 26 条。这显然不符合第 26 条的规范目的和立法价值，即属于法律适用不正确的情形。其次，法院认定当事人主观无过错，基于案件的特殊性和当事人之间的关系，法院判决在当事人之间进行损失分配。但是，不同的法院会适用不同的法条，有的法院采用《民法通则》（已废止）第 132 条，有的适用《侵权责任法》第 24 条，即违反了法律适用中新法优于旧法、特别法优于一般法的原则。另外，体育运动侵权案件在比较法上被认为是适用自甘风险规则的典型类型，因此，有的法院采纳自甘风险规则而驳回原告的诉讼请求。也有法院认定原告行为应当适用自甘风险规则，考虑双方均无过失而认为应适度补偿原告，通常又会

---

❶　卡尔·拉伦茨.法学方法论[M].陈爱娥,译.北京:商务印书馆,2003:150-151.
❷　同❶:146-147.

落入适用《民法通则》（已废止）第132条、《侵权责任法》第24条或《人身损害赔偿解释》中相关条款的局面。此即无可适用的法律规范时出现法律适用不一致的问题。

2. 以结果为导向的裁判思维的弊端

以结果为导向（result-oriented）的思维是在裁判中常见的模式。❶ 质言之，法官基于个人生活经验和裁判经验，在了解案件事实后会对案件的裁判结果做出直觉判断。❷ 法官继而会基于这种直觉去寻找裁判的法律依据，即法律适用。我们无法完全否认这种思维方式，直觉往往是法官裁判经验的累积效应。但是，其会影响法官对案件事实的取舍，更为重要的是，也会给案件的法律适用提供一种可能错误的导向❸，从而导致错误的裁判结果。在未成年人体育运动损害案件中，法官大多会凭经验倾向于考虑损失分担的问题，这种裁判思维就可能导致如下弊端：其一，法官可能不再严苛地进行案件事实认定，尤其会过分忽视对于当事人过错的证明，案件事实的认定有削足适履之嫌❹；其二，基于上述具有倾向性的案件事实认定，法官囿于已经形成结果的判断而缺乏充分推理地任意适用法律。比如，《民法通则》（已废止）第132条、《侵权责任法》第24条等。也有法院对法律适用进行模糊处理，直接以《人身损害赔偿解释》作为赔偿范围的依据。❺ 甚至有法官为达到损失分担的裁判结果而错误地适用《侵权责任法》第26

---

❶ SIMONS K W. Doctrinal change in tort law：some methodological musings［J］. Georgia law review，1992，757（26）：771-774.

❷ 小奥利弗·温德尔·霍姆斯. 普通法［M］. 冉昊，姚中秋，译. 北京：中国政法大学出版社，2006：82.

❸ 同❶.

❹ 以"朱甲与上海市建平实验中学、洪乙等生命权、健康权、身体权纠纷案"［上海市浦东新区人民法院（2014）浦少民重字第1号民事判决书］与"袁甲诉严甲等生命权、健康权、身体权纠纷案"［上海市长宁区人民法院（2014）长少民初字第18号民事判决书］为例，法院可以推知法院裁判中对于事实的认定尤其是过错的认定都可能因为结果的预设而变得模糊、武断，缺乏充分的证明和推理。

❺ 如"王某诉刘某某、安徽省泾县稼祥中学教育机构责任纠纷案"，泾县人民法院（2014）泾民一初字第01291号民事判决书。

条或者《民法通则》（已废止）第 130 条❶规定。❷

3. 法政策对法律适用的错误引导

法政策❸在普通法中是十分重要的裁判依据，能影响案件裁判的结果。❹
美国侵权案件十分注重考察法政策因素。❺虽然法政策不是我国的法源，但
在我国法治中并非不重要。在具体个案裁判过程中，法官会考量对裁判有
重要影响的法政策，并将其置于裁判文书的说理部分。❻但是，法政策的重
要性并不能扭曲法官对于案件事实和法律适用的准确把握。若法官过分注
重对个案中某个政策的考虑从而做出错误裁判，就完全背离了法治的根本
目的。在未成年人体育运动伤害案件中，由于侵权责任法并非以未成年人
为主体制定的，法官会特别考虑保护青少年健康发展的政策，而且会尽量
让受到伤害的未成年人得到救济。从受害人的角度看，其会比较愿意接受
这样的政策考量。被告却往往难以认可裁判的结果，因为裁判中法律适用
存在错误或不准确，同时暴露了情感裁判的恣意，如上所述适用《侵权责

---

❶　在本书搜集到的关于未成年人运动伤害的案件中没有适用第一百三十条的情
形,但是在"王某等与王某刚人身损害赔偿纠纷上诉案"［河南省安阳市中级人民法院
(2010)安少民终字第 24 号民事判决书］中,两级法院皆采纳第一百三十条作为裁判依据。
虽然该案主体是成年人,但对于本书的论证也有参考意义。

❷　赵毅.体育伤害案件适用法律的误区及补正[J].体育与科学,2014(5):39-42.

❸　此处"法政策"也被译为公共政策或政策,英语表述常见为 public policy 或 policy,
是指能够影响立法或司法的政策,而并不等同于行政中的政策。在美国法中,这类政策可
以由司法判例或者法院确立,也可以由立法者确立,共同点是它们都是经过司法或者立法
部门确认过的政策。我国的政治和法律体制虽与美国不同,但是,立法或司法部门会考虑
一些重要的政策,暂没有类似美国法中的确立程序,不是我国的法源。范斯沃思.美国合
同法[M].葛云松,丁春艳,译.北京:中国政法大学出版社,2004:320-324.

❹　小奥利弗·温德尔·霍姆斯.普通法[M].冉昊,姚中秋,译.北京:中国政法大学
出版社,2006:82.

❺　SUGARMAN S D. Misusing the"no duty"doctrine in torts decisions:following the Re-
statement(Third)of Torts world yield better decisions[J]. DePaul law review,2006,539(55);
ST. JOHN M C. Strike one,and you're out:should ballparks be strictly liability to baseball fans
injury by foul balls? [J]. Loyola of Los Angeles law review,1986,589(19):617-618.

❻　孙学致,郑倩.生成于法条与政策之间的裁判理性[J].吉林大学社会科学学报,
2013(2):140;金可可,胡坚明.不完全行为能力人侵权责任构成之检讨[J].法学研究,
2012(5):105-110.

任法》第26条或《民法通则》（已废止）第130条的情形。促进体育运动发展也会成为法官在裁判中考虑的政策。❶ 通常，过重的责任会抑制当事人参加运动的积极性，甚至产生寒蝉效应。❷ 如果损失全部由被告承担，则其可能不会再去踢球或打篮球，这并未出现在上述案例中；反之，原告被驳回诉讼请求而得不到赔偿，这也会产生寒蝉效应，如"李某某与王某某、曲某某等健康权纠纷案"的一审判决，原告因受到伤害而自认倒霉也将不会再去从事这种体育运动或只会谨慎为之。

4. 道德直觉绑架法律适用的原则

道德和法律是不可能完全隔离的两类社会规范，尤其体现在侵权法中。❸ 但是，道德与法律之间会存在一些明显的冲突，道德可能还会形成一些高于或优于法律的要求。❹ 根据人们的道德直觉，无论行为人是否有过失，受害人受到身体侵害都应当得到赔偿，尤其是损害较为严重且花费巨额医疗费时，或者使受害人受到永久性影响的情况。基于案件事实并根据法律规则，法院可能会作出免除被告赔偿责任或者较轻责任的裁判。值得注意的是，若裁判背离当事人的道德直觉时，如遭受损害而得不到赔偿，当事人往往会上诉，甚至会采取其他影响法律执行和社会秩序的过激行为。法院在裁判中因司法效率问题或其他社会效果而不得不考虑常人的道德感，甚或作出存在适用法律错误的裁判❺，即道德直觉对法律适用的绑架。在未成年人体育运动伤害案件中，尤其是在当下独生子女较为普遍的环境中，未成年人家长很难接受孩子的伤害得不到赔偿或赔偿不适当的裁判。法官难免陷于司法效率的困境而不得不受制于当事人的道德直觉，以至于无法准确适用法律或违背法律适用的原则。这主要表现为法院适用共同过

❶ 文杰,文鹏.公共体育场所运动伤害中管理人的民事赔偿责任探析[J].上海体育学院学报,2012(3):70.

❷ BRUMMET T. Looking beyond the name of the game:a framework for analyzing recreational sports injury cases[J]. U. C. Davis law review,2001,1029(34):1045,1057.

❸ Smith New Court Securities Ltd v. Scrimgeour Vickers Ltd [1996] 3WLR1051, 1073.//彼得·凯恩.侵权法解剖[M].汪志刚,译.北京:北京大学出版社,2010.

❹ 彼得·凯恩.侵权法解剖[M].汪志刚,译.北京:北京大学出版社,2010:28.

❺ 陈林林,王云清.论情理裁判的可普遍化证成[J].现代法学,2014(1):22.

错的规定或者比较过错的规定。

由上述可知，我国法院在裁判未成年人体育运动伤害案件时，类似案件呈现出迥异的法律适用现状，说明此类案件中法律适用存在不准确或者错误的问题。上文也对该类案件的法律适用中存在的具体问题及其成因进行了剖析。那么，法院在裁判过程中应当注意哪些问题？下文会进行阐述。

1. 未成年人体育运动伤害的特殊性

若要准确把握未成年人体育运动伤害案的法律适用，首先应当认真对待此类案件的特殊性。其一，运动的非竞技性和内在风险。体育可分为竞技性比赛和非竞技性的运动，也可分为非职业运动和商业化的职业性体育。❶ 未成年人参加的运动主要是与其身心健康相匹配的项目，以锻炼和娱乐为主要目的。❷ 这些运动的规则通常会被修正或受到限制，降低此运动原本具有的对抗性或危险性，比如，篮球比赛设置为三对三小型赛制。即使这样，该类运动也无法完全剥离其内在风险。因为内在风险通常被认为是某类运动自身属性所必需的，即使履行注意义务仍无法避免的危险。❸ 另外，未成年人体育运动的内在风险的范围认定需要具体考虑主体的特殊性，即采用个案裁判认定方法，这将在下文论及。其二，主体的特殊性。如前所述，未成年人由于身心发展尚不健全，且缺乏社会生活经验，很难或无法完全理解运动规则且不能够充分认识运动的属性，无法预见其中的风险，更不可能采取积极的应对措施。因此，法院在认定事实时应适当考虑未成年人的主体特殊性❹，不能以理性人和可预见规则为准错误地提高标准。❺更进一步，主体特殊性还表现在未成年时期是人心智发展最迅速的阶段，

---

❶ 谭小勇,等.体育法学概论[M].北京:法律出版社,2014:10;FERGUSON K D. Blurring the boundary lines between amateur and professional sports[J]. UMKC law review, 2008,643(76):643.

❷ 韩衍杰.自甘冒险规则在大众体育运动健康权侵权中的适用[J].政法论丛,2013 (5):124.

❸ HANSEN-STAMP C. Recreational injuries and inherent risks:Wyoming's Recreation Safety Act-an update[J].Land and water law review,1998,249(33):270-271.

❹ 金可可,胡坚明.不完全行为能力人侵权责任构成之检讨[J].法学研究,2012 (5):109.

❺ 叶金强.私法中理性人标准之构建[J].法学研究,2015(1):93-122.

不同年龄阶段的心智成熟度会有明显的差异❶，比如 3 岁和 10 岁的儿童。这是因为我国民事主体理论对于不完全民事行为能力人的年龄标准划分的跨度太大，即小于 18 周岁。因此，法院在案件事实认定中应该特别关注未成年人的具体年龄及其实际心智成熟度。❷ 笔者认为，法院处理该特殊问题可以参照以下分组，即 6~8 岁、9~12 岁、12~15 岁、16~18 岁。❸ 具体年龄划分对法律适用的影响在后文中具体论及。

2. 对侵权责任法中公平责任的准确定位

在未成年人体育运动伤害的案件中，我国人民法院的裁判大多采纳公平分担损失的结果。在法律适用上，在《侵权责任法》生效之后，有的法院在裁判中仍任意地适用《民法通则》（已废止）第 132 条；有的法院甚至在裁判文书中未给出明确的法律规则，肆意作出损失分担的判决；更有法院以《民法通则》（已废止）第 130 条共同过错规则或《侵权责任法》第 26 条比较过错规则作为损失分担的根据。本书认为，未成年人体育运动伤害案件法律适用中的问题在于，《侵权责任法》中公平责任规则的基本功能及其背后的价值判断未能得到重视。因此，下文将在未成年人运动体育伤害案件的语境中对其进行具体分析。

第一，公平责任规则的基本功能。《侵权责任法》出台后，关于公平责任规则即第 24 条的讨论已出现很多论文和专著，许多侵权法学者对于该条的分析也存在不同观点。❹ 通说认为，《侵权责任法》第 24 条是对《民法通则》（已废止）第 132 条的修正，其不再被作为独立的归责原则，也不再被

<hr />

❶ 李延舜.论未成年人隐私权[J].法制与社会发展,2015(6):175.

❷ 王倩.论侵权法上抗辩事由的内涵[J].现代法学,2013(3):93.

❸ 依照体育总局、教育部、全国总工会制定的《国家体育锻炼标准施行办法》及《国家体育锻炼标准》,年龄分组为:儿童组(6~8 岁、9~11 岁),少年组(12~14 岁、15~17 岁),青年组(18~24 岁)。笔者认为,比较合理年龄划分应参照上述分组,兼顾学习阶段及民事行为能力中的年龄划分。

❹ 蔡立东,曹险峰.中国特色社会主义民法学理论研究[J].当代法学,2013(3):11;曹险峰.无过错责任原则之真实意蕴——兼论我国《侵权责任法》相关条文之原则性设定[J].烟台大学学报(哲学社会科学版),2009(4);王成.侵权法归责原则的理念及配置[J].政治与法律,2009(1):85-86;叶金强.《侵权责任法》第 24 条的解释论[J].清华法学,2011(5).

局限于财产损失的情形，而是在双方均无过错且不适用法定的无过错责任的情形下解决损失分担问题，从而实现民法中公平的目的。❶ 在未成年人体育运动伤害案件中，法院大多认为当事人双方均无过失，且运动本身的风险是不可避免的，当事人自愿参加运动，就应当承担运动内在的风险，当风险现实化为损害时，各方应当分担一定的损失。在《侵权责任法》时代，此种情形下的未成年人体育运动伤害案件应当适用该法第 24 条。在民法典出台之前，自甘风险规则虽然在运动伤害案中受到人民法院的重视，但是在裁判文书法律适用中，采纳自甘风险规则的裁判的法律适用仍应为该法第 24 条。❷

　　第二，正义是公平分担损失规则的价值判断。正义是评判善法的内在尺度。❸ 从个案角度来看，裁判结果应当公平对待双方当事人，不能无根据地剥夺被告的合法财产，也不能使原告因损害赔偿获得不正当利益。❹ 从社会整体福利的角度出发，正义要求裁判不能使社会整体福利降低，而且能够遏制侵权的发生。❺ 形式正义和实质正义之间可能会出现表面上看似矛盾的结果，法院在裁判过程中应当尽量兼顾两者并能够选取一个均衡点。在侵权法中，矫正正义是其最根本的价值追求，即损害赔偿能够使受害人恢复到未遭受损害前的状态。❻ 随着社会发展变迁及风险社会的形成，分配正义是后来才被侵权法认同的价值，法律应在当事人之间公平分担损失且符合社会利益最大化。❼ 在双方无过失的情况下，法律可以根据案件的事实情况对损失进行公平分摊。反映在裁判中，并不是要求由各方当事人承担均

---

❶　叶金强.《侵权责任法》第 24 条的解释论[J].清华法学,2011(5):39-41.

❷　王利明.侵权责任法研究:下册[M]].北京:中国人民大学出版社,2011:568.

❸　E.博登海默.法理学法律哲学与法律方法[M].邓正来,译.北京:中国政法大学出版社,2004:285.

❹　张新宝.侵权责任法立法的利益衡量[J].中国法学,2009(4):184-186.

❺　周少华.适应性:变动社会中的法律命题[J].法制与社会发展,2010(6):105-107.

❻　黄立嵘.论美国侵权法"行为人自担风险"规则——兼论我国侵权责任原则的完善[J].中国社会科学院研究生院学报,2014(6):84.

❼　马新彦,邓冰宁.论惩罚性赔偿的损害填补功能——以美国侵权法惩罚性赔偿制度为启示的研究[J].吉林大学社会科学学报,2012(3):122;刘水林.风险社会大规模损害责任法的范式重构——从侵权赔偿到成本分担[J].法学研究,2014(3):110-111.

等份额的损失，而通常体现为一种比例责任。裁判的公平通常应考虑矫正正义和分配正义，也要满足实质正义与形式正义均衡。本书认为，《侵权责任法》第 24 条适用于未成年人体育运动伤害时，裁判结果应当符合实质正义的要求，也要考虑分配正义。因为该类案件的主体特殊性决定了实质正义的重要性大于形式正义，而且使得分配正义的价值更能凸显出来。具体而言，法院在审理未成年人体育运动伤害案件时确定损失分担的比例可以考虑：①双方年龄是否有差距或差距是否明显；②他们参加运动的频率或双方参加运动的可能性是否不同；③所参加的运动在当地是否足够流行及其发生危险的可能性等。

3. 认真对待自甘风险规则

综观未成年人体育运动伤害案件可以发现，法院在裁判文书中大多提到自甘风险规则。民法典出台前，自甘风险规则一般在理论部分出现，民法典出台后，自甘风险规则被作为裁判的依据出现在法律适用部分。自甘风险规则在此类案件中高频率出现，应归因于体育运动的特殊性，即行为本身具有内在的、不可避免的风险，因此，侵权法学者和法院对于自甘风险规则的基本内容并不陌生。值得注意的问题是自甘风险规则是否可以适用于未成年人体育运动伤害案件中。在美国，有学者主张未成年人体育运动侵权案件中可以适用自甘风险规则。❶ 我国体育法学者也认为未成年人体育运动伤害案件可以适用自甘风险规则❷，也有学者认为在未成年人体育运动伤害案中自甘风险规则不得适用，但是并未加以论证。❸ 对于该问题应当从下述几个方面进行回答：其一，当事人接受的风险范围应依个案进行判

---

❶ DRAGO A J. Assumption of risk：an age-old defense still viable in sports and recreation cases [J]. Fordham intellectual property, media & entertainment law journal, 2002, 583 (12):605.

❷ 韩勇.体育伤害自甘风险抗辩的若干问题研究[J].体育学刊,2010(9):28-30;韩勇.《民法典》中的体育自甘风险[J].体育与科学,2020(4).

❸ 有学者认为未成年人不适用自甘风险规则,但是并未给出充分的论证.汪传才.自冒风险规则研究[J].法律科学,2009(4):84.

断❶，在美国法上此类事件交由陪审团进行审理。我国既有未成年人体育运动伤害的判决对风险范围问题很少给出明确的界定，还应由法院充分考虑主体的特殊性及具体年龄阶段、通常行为标准并作出更合理的界定。其二，未成年人可预见能力和认知能力不足可以限制此类案件中内在风险的具体范围。❷ 值得一提的是，已有法院注意到当事人的认知能力影响其可预见的风险的范围和程度。❸ 自甘风险规则要求能够知道并理解风险及其程度，且自愿接受该风险。那么，未成年人应该适用不得高于完全民事行为能力人的判断标准。自甘风险规则通常认为若当事人被告知了运动的危险，即被视为知道并了解运动的风险，当事人为成年人时甚至不需要考虑是否被告知。这种客观化的判断标准显然对未成年人来说并不合理。判断未成年人知道并接受风险时应当考虑以下几点：首先，未成年人应当具有与其年龄相应的正常的心智成熟度；其次，其年龄应与所参加的运动的危险性相匹配❹；再次，应该接受过并能够理解由专业人员（体育教师等）提供的运动规则及其可能存在的风险的讲解；最后，应当证明在运动过程中不存在任何一方故意侵权或者故意违规的行为。当然，本书认为，未成年人体育运动伤害案件应当谨慎适用自甘风险规则，尤其是当事人未满 16 周岁的案件。司法实践中也提出在未成年人体育运动伤害案件中尽量不考虑自甘风险。❺ 在适用自甘风险规则的案件中，人民法院应当具体考虑当事人的年龄，参照不同年龄段可以参加体育运动的风险类型及当事人的认知能力，在审理中进行充分的说理论证。

---

❶　SIMONS K W. Exploring the relationship between consent, assumption of risk, and victim negligence[EB/OL].（2013-09-03）[2015-10-01]. http://www.bu.edu/law/faculty/scholarship/workingpapers/2013,html.

❷　李钧. 论过错原则下的体育损害责任[J]. 体育科学,2015(1):70.

❸　张齐天阳与崔某、崔德强等生命权、健康权、身体权纠纷案,淄博市博山区人民法院(2014)博民初字第 234 号民事判决书。

❹　例如,学校组织的体育运动的危险程度应符合《教育部义务教育体育和健康课程标准》。

❺　例如,上诉人滨城区授田英才学园与被上诉人李某某、刘某选等健康权纠纷案,滨州市中级人民法院(2014)滨中少民终字第 37 号民事判决书。

（三）民法典出台后体育运动侵权典型案例分析

民法典中自甘风险规则的设计将其适用范围限制于具有一定风险的文体活动中，主流的解释论观点认为，文体活动主要包括体育、文娱等行为，因此，体育运动侵权是适用民法典自甘风险规则的主要案件类型。本书列举民法典出台后适用自甘风险规则的典型案例，剖析人民法院在适用该规则时的解释论立场，从而对规则的解释和适用提供具有可行性的司法实践反馈，并与立法和理论研究结合，为完善自甘风险规则在民法典中的功能和解释提供建议。

案例一：2020 年 4 月 20 日，当时 70 岁的宋某与其他球友在北京某公园内进行羽毛球三对三比赛。激烈较量当中，周某杀球进攻、大力暴扣，宋某伸手举拍，防守未果，当场被羽毛球击中了右眼。事发后，宋某三次去医院就诊，诊断结果为右眼外伤性人工晶状体脱位，右眼最佳矫正视力为 0.05，接近失明，并支出医疗费 7170.73 元。对此，宋某认为周某明知道他年龄大、反应慢，眼睛曾受过伤，但仍然选择大力扣球，虽不存在故意，但存在重大过失，于是将周某诉至法院，要求赔偿。❶ 2021 年 1 月 4 日，北京市朝阳区人民法院公开审理了此案。法院经审理认为，宋某自愿参加具有一定风险的对抗性竞技比赛，应认定为"自甘风险"的行为，当庭判决，驳回了原告宋某的全部诉讼请求。这是民法典中"自甘风险"原则首次在庭审实践中应用，被认为民法典自甘风险"第一案"，后被评选为"新时代推动法治进程 2021 年度十大案件"，成了公众高度关注的焦点。

案例二：费某和周某均是骑马爱好者。某日，周某将自己的马匹借给费某骑行。费某在骑乘过程中，马匹突然失控冲向坡道，导致费某摔伤。周某称，费某骑马上坡时遇到羊群，马受惊躲闪，费某摔了下来。费某对此不予认可，坚持认为是周某的马匹有问题导致其摔下受伤。一审法院以动物致人损害认定周某赔偿费某各项损失共计五万余元。一审判决后周某

---

❶ 最高人民法院、中央广播电视总台正式发布新时代推动法治进程 2021 年度十大案件[EB/OL]（2022−01−24）[2023−12−24]. https：//export. shobserver. com/baijiahao/html/444882. html.

不服，上诉至北京市第二中级人民法院。经审理，法院认为，野外骑马运动存在着固有的高度风险，不可控制、无法消除。费某作为某户外运动网站的注册会员，其对骑马运动的固有风险应充分知晓，且自愿地参加了野外骑马运动。对费某而言，其明知骑马运动的固有风险而自愿参加并因固有风险受伤。对周某而言，其虽将自己所有之马借与费某骑乘，但费某骑马之固有风险对周某而言是不可控制、无法消除的，且周某亦不负有消除该种固有风险的义务；而周某因已尽到合理注意义务，其对于费某摔伤没有过错。故费某的自冒风险行为对其自身造成的损害应由其自行承担。二审法院判决驳回了费某的诉讼请求。❶

案例三：2017 年 1 月某日，支某外出遛狗未归，当晚经民警查找，发现支某于永定河拦河闸南侧消力池里死亡。事后，支某妻子、父母支某1、马某和女儿支某2 等近亲属向法院提起民事诉讼，以被告北京市水务局、丰台区水务局、北京市永定河管理处、丰台区永定河管理所未尽到安全保障义务为由，要求四被告共同赔偿损失 62 万元。北京市丰台区人民法院于2019 年 1 月 28 日作出 (2018) 京 0106 民初 2975 号民事判决：驳回支某 1等四人的全部诉讼请求。宣判后，支某 1 等四人提出上诉。北京市第二中级人民法院于 2019 年 4 月 23 日作出 (2019) 京 02 民终 4755 号民事判决：驳回上诉，维持原判。北京市第二中级人民法院经审理认为：支某溺亡地点位于永定河拦河闸侧面消力池。从性质上、位置、抵达路径来看，难以认定消力池属于公共场所，而侵权责任法中的安全保障义务是针对经营性公共场所管理人的法定义务，故永定河管理处对消力池冰面不负有安全保障义务。本案所涉永定河道并非正常的活动、通行场所，支某在明知进入河道、冰面行走存在风险的情况下，仍进入该区域并导致自身溺亡，其主观上符合过于自信的过失、其行为属于侵权责任法上的自甘风险行为，应自行承担相应的损害后果。❷

---

❶ 北京二中院.涉"自甘风险"侵权纠纷典型案件和法官提示[EB/OL]. (2020-12-08)[2023-12-24]. https：// mp. weixin. qq. com /s/ _khcMJBDJHXTHP8nbE8bnw.

❷ 最高人民法院指导案例 141 号：支某 1 等诉北京市永定河管理处生命权、健康权、身体权纠纷案,2020-10-16。

本书选取以上三个案例作为民法典自甘风险规则研究具有代表性的案例，主要原因在于：首先，三个案例都是被作为民法典自甘风险规则适用的典型案例推选出来的，具有较强的代表性。其次，案情反映了不同类型的侵权行为，案例一是典型的多人参加的常见的体育运动类型，案例二是骑马这类非多人参加的体育运动，案例三是遛狗这类并非典型的体育运动行为。最后，这三个案例的裁判结果都遵循了自甘风险规则完全免责的抗辩事由的规定，即被告可以基于自甘风险免于承担侵权责任。

民法典自甘风险规则体现了立法者的严谨态度，意图避免滥用该规则产生不公平的司法后果而不利于当事人合法权益的保护。因此，规则设计反映了立法者的态度，但是司法实践中立法者对此做出了不同的回应。本书筛选以上三个典型案例，对于法院在适用自甘风险规则的立场进行具体分析。

案例一作为被最高人民法院推选出来的适用民法典自甘风险规则第一案，裁判文书的说理足够充分，而且案件中的行为属于民法典自甘风险规则预设的典型行为，即具有一定风险的文体活动，而且是活动参加者之间发生的运动伤害，所以人民法院适用自甘风险规则完全免除被告的责任。因此，将该案作为一个标志性案例来验证民法典的立法目的，在适用中不存在较大的争议，并无过多讨论的空间。在民法典出台后，各地人民法院在处理此类案件时都积极适用自甘风险规则，在裁判文书中都强调了自甘风险规则的适用条件，同时更加明确了立法目的在于促进人们参加体育运动，增强人们身体健康。

案例二中骑马应当属于具有一定风险的文体活动类型。该风险现实化导致骑马人受到损害，并非由其他参加者的行为造成，那么，此处适用自甘风险规则是否合理，就需要对该规则进行充分的解释论证。此案中，被告一方出借自己的马匹给原告，本身对损害的发生并未实施任何行为，而原告骑马即原告本身成为马匹的控制人、管理人。因此，如比较法上观点认为，只要骑马就有摔下来的危险，即应该适用自甘风险规则。❶ 这也是审

---

❶ 申海恩. 文体活动自甘冒险的风险分配与范围划定[J]. 法学研究,2023(4).

理法院在论述中采纳的观点，即依据自甘风险规则判决被告免于承担责任。有不同的观点认为，骑马行为导致损害的具体情形不同，是否适用自甘风险规则要根据具体情况加以判断。此外，还应该注意自甘风险规则与动物致害侵权责任的适用关系。本案中，原告一方作为马匹的控制人，当然无法适用动物致害侵权责任（即《民法典》第1245条）要求对方赔偿。我国司法实践中发生争议最多的是骑马旅游项目，通常是经营者提供马匹供游客娱乐，游客在骑马过程中受伤。这不属于我国《民法典》第1176条发生于文体活动参加者之间的自甘冒险。换言之，除非马匹饲养人、管理人同时参加骑马活动（如民间赛马），成为文体活动的参加者，否则马匹饲养人、管理人难以依据第1176条对骑乘其马匹且因马匹固有危险受伤者主张自甘风险抗辩。❶ 可以看出，我国也有学者对于骑马等非多人参加的文体活动致害案件适用自甘风险规则持 十分谨慎的态度，即对自甘风险规则选择限缩解释的立场。对于骑马等行为是否适用自甘风险规则，本书认为，应认真考察案件中的具体情况。比如，上述案例中，当事人作为俱乐部成员，应当充分了解运动中的风险。这与上述学者论述中列举的游乐场骑马旅游行为完全不同，游乐场骑马旅游的参加者本身不具备相关知识且不了解运动中的风险，故无法适用自甘风险规则。而前述案例中当事人遭受损害，被告可以主张自甘风险而免于承担侵权责任。这也与最高人民法院主张扩张解释的立场一致。

案例三中，当事人支某在非公共区域冰面遛狗溺亡，原告主张要求被告承担违反安全保障义务侵权责任是不成立的。支某作为完全民事行为能力人，其应该知道冰面有溺水的危险，仍选择在冰面行走。虽然支某的行为并非自甘风险规则中典型的具有一定风险的文体活动，但是作为二审法院的北京市第二中级人民法院对自甘风险规则作扩张解释，把自甘风险的适用范围扩展到了"自愿参加具有危险性的活动受到损害的"情形。❷ 本案也被北京市第二中级人民法院作为适用自甘风险规则的典型案例予以发布。

---

❶ 申海恩.文体活动自甘冒险的风险分配与范围划定[J].法学研究,2023(4).

❷ 北京二中院.涉"自甘风险"侵权纠纷典型案件和法官提示[EB/OL]. (2020-12-08) [2023-12-24]. https://mp. weixin. qq. com /s/ _khcMJBDJHXTHP8nbE8bnw.

最高人民法院在其主编的释义著作中明确列举了"李秋月等诉广州市花都区梯面镇红山村村民委员会违反安全保障义务责任纠纷案",并认为自甘风险规则可以被类推适用于该类户外运动致害案件中。如前所述,杨立新教授对自甘风险规则的解释也坚持扩张适用,其论述在户外运动等致害案件中应当类推适用自甘风险规则,才能够实现自甘风险规则预期的立法目的,从而促进体育及类似活动的推广。因此,民法典自甘风险规则中体现谨慎立法态度的规则设计已经被法院在适用中推翻了,司法适用显然更追求规则设计的立法目的和价值衡量。❶ 自甘风险规则不应该被限缩解释,而应该在考虑立法目的的基础上进行适度扩张。这应该由人民法院在适用中依据个案具体情况在裁判文书中进行充分论证,依法发挥自由裁量权,从而准确适用自甘风险规则分配行为风险,维护当事人的合法权益,促进全民健康。

综上,三个具有代表性的案例为人民法院在将来对民法典自甘风险规则的司法适用提供了参考意见。同时对立法者在制度设计中存在的可以完善之处提供了实践经验,并为学者对规则的解释研究提供了充分论证。民法典自甘风险规则在立法设计中始终保持谨慎,采取了过度限制性的规则设计。值得注意的是,人民法院在适用规则中主张扩张解释并类推适用,也强调这样更加符合制度的立法目的。也有学者支持自甘风险规则进行扩张解释,突破规则设计中的过度限制。虽然民法典出台后,学术研究及司法适用应该采取解释论视角,但是不应该绝对局限于规则设计的窠臼。在经过充分的理论和实践检验后,自甘风险规则被合理解释和准确适用于解决侵权纠纷,并进一步尝试完善规则设计,才能体现其在民法典中的功能,从而进一步实现民法典的立法目的并满足社会对规则的需求。

四、本章小结

通过上文对自甘风险规则的含义及其适用条件的剖析,结合我国司法

---

❶ 最高人民法院民法典贯彻实施工作领导小组.中华人民共和国民法典侵权责任编理解与适用[M].北京:人民法院出版社,2020:119.

实践的数据分析，我们有理由认为自甘风险规则可以成为高度危险责任❶、产品责任、体育运动侵权责任等类型案件中的抗辩事由。本书采取列举和类案结合的方法，对我国司法实践中适用自甘风险规则的立场进行梳理，对于法律适用背后存在的问题及其原因进行梳理，同时结合立法、学理，试图补正规则适用中存在的不准确和错误。当然，司法适用的立场也为立法和学理提供了实践经验，为规则完善提供了充分的实证基础。

基于普通法的遵循先例的传统，案例是法律规则形成的素材，因此，学者们或法官们相信法院的判决中包含了依据案例生成的规范，这些规范随着时间流逝而得到发展和进化。如果对案件进行历史脉络的分析，就能够赋予这些案例规范更丰富的意义。我国并不是以判例为主的法律体系，类型化的案例分析方法是论证中常见的且比较有说服力的手段。我国在积极建设案例数据库，案例汇编工作也取得了前所未有的进步，案例汇编可以为司法裁判提供一种思维模式❷，也是对抽象法律规则准确适用的具体化指导，可减少同案不同判的司法谬误，在保证社会公平的情况，司法会更加注重个案公平。❸

另外，在我国司法体制下，自甘风险规则主要涉及法院在审理过程中的法律适用问题，法律适用通常是当事人意识到的最直观的结果，也是其最为关注的问题。法律适用是法院在审理案件中最为关键的环节之一，也是法律推理的必然结果之一。错误的法律推理或者分析过程很可能导致错误的裁判结果❹，因此，自甘风险规则的适用要求法院必须进行正确的、充分的论证分析。自甘风险规则被认为是过失侵权责任的抗辩事由之一，所以法院在案件事实认定过程中必须对被告行为是否构成过失侵权或原告行为是否存在过失进行判断。如果跳过该必经步骤，直接认定原告是否知道

---

❶ 王利明.论高度危险责任一般条款的适用[J].中国法学,2010(6).

❷ 吴光荣."功夫在身外"浅议案例指导制度的运行环境[J].法学方法论论丛,2012(1):44-346.

❸ 郭春镇.务实的法治观应立足于裁判的亚确定性[J].法学研究,2012(6);陈林林,王云清.论情理裁判的可普遍化证成[J].现代法学,2014(1);陈兴良.案例指导制度的法理考察[J].法制与社会发展,2012(3).

❹ MOORE D L. Please watch your language:the chronic problem of assumption of risk[J]. Catholic university law review,2011,175(61):189-190.

并自愿承担风险，这种推理过程就缺少了基本的前提论证，必然会导致发生错误裁判的可能。在原告主张过失侵权责任的案件中，如果法院要求被告证明其行为并不存在过失，该案件就能够适用自甘风险规则。❶ 但是，当法院证实被告行为无过失或者其未违反注意义务时，确定原告行为是否存在过失就不再必要。❷ 如前所述，被告对原告不负注意义务或其未违反注意义务是适用主要自甘风险规则的一个典型类型，原告自愿接受内在风险的行为也可成为被告不负注意义务的正当理由。对于某一法律规则的论证或案例分析，不应以其法律效果作为始点，每个规则背后的更根本的法律理论才是其产生和存在的根基，也是成为案件裁判依据的最根本原因。支撑法律规则的理论基础不同，其规范范式与其他法律规则也未必相同，尽管表面上可能发生类似的责任分配等法律效果。

最后，当评价侵权责任的法律效果时，符合人民的正义感和公平感是最常被提及的标准。而符合正义的标准很难证明，换言之，描述非正义远比描述正义容易得多。❸ 不论立法者、司法者还是当事人都很难直接说明法律规则是不是正义的，反之，主体都能指出法律制度的不正义之处，尤其是利益受到侵害的当事人很可能直觉地评价法律适用的不公正之处。因此，能否适用自甘风险规则也取决于司法判决是否符合正义的价值要求及能否总体上满足当事人的正义感。

---

❶ MOORE D L. Please watch your language：the chronic problem of assumption of risk [J]. Catholic university law review，2011，175(61)：188.

❷ 同❶：190.

❸ CAHN E N. The sense of injustice, bloomington [J]. Indiana university press, 1964.∥盖多·卡拉布雷西. 事故的成本：法律与经济的分析[M]. 毕竞悦，等，译. 北京：北京大学出版社，2008：22.

结　语

Volenti Non Fit Injuria 规则是源自罗马法的古老规则，后来由它发展形成的自甘风险规则在美国侵权法中曾经发挥过重要作用。但是，随着社会变迁，侵权责任分配的范式发生了曲折甚或往复的变化，自甘风险规则作为过失侵权责任中一个重要的规则，其命运也随着侵权责任分担范式的发展而不断演进，规则产生、扩张发展、逐渐被淡化甚至被否定，重整旗鼓再次发挥作用，后又不断被颠覆，曲折地变化着。无论如何，自甘风险规则是美国侵权责任分担体系中一直存续并发挥重要作用的一部分。规则的产生与发展是对社会发展的回应，规则背后的基本法理是其存在的正当性依据。在今天，自甘风险规则的合理性和独立性仍然能够在庞杂的侵权责任法体系中找到法理根据和实践意义。因此，本书对于自甘风险规则的历史流变、规则背后的基本法理，以及与我国立法和司法实践的适应与融合问题进行了一个全面的考察与论证，预期使自甘风险规则能够被明确认识及合理适用于司法裁判。尽管自甘风险规则自比较过失出现后受到了各种质疑，但学者和法院并不能提供一个更好的规则代替自甘风险规则的功能。因此，自甘风险规则本身尽管存在不足但仍存在于侵权法中，且未出现可能消失的信号。[1] 当下，自甘风险规则已经成为我国民法典中的免责抗辩事由。

本书论述的真正目的在于澄清自甘风险规则本身的性质、规范含义及其在实践意义上可能发挥的作用。在我国民法典出台后，对自甘风险规则

---

[1] FELDMAN E A,STEIN A. Assuming the risk：tort law，policy，and politics on the slippery slopes[J]. DePaul law review，2010，259(59)：302.

的规范分析还立足民法典具体制度进行，同时对于立法中存在的问题也给出了相应的建议。另外，司法实践中已有的案例的裁判说理，在引用自甘风险规则时存在准确性不足或误用的可能性，本书也结合具体的案件类型对法律适用问题提供了可行性的参考。再者，从比较法的视角来看，自甘风险规则的出现及发展对于不同的法系及立法模式的反映有差异。例如，在判例法为主的美国法中，自甘风险规则的产生是基于处理该规则产生时的数量巨大的侵权案件与当时社会经济发展的矛盾问题；而法官造法的体制下，应对巨大的类似案件而创制新的规则也是法院司法过程的一个必然和合理选择。❶ 基于上述目的的造法活动以及政策在司法中的关键作用，能够体现某些规则产生的时效性，但社会发展变化的过程中也会显现出该规则的不妥当或者不正当性。因此，产生于在某个特定语境下的法律规则往往会丧失当初独当一面的作用并不再适应于处理当今的社会纠纷，或者被援引解决当下的纠纷时会凸显其不合适或不正当的弊端。换言之，自甘风险规则或许仍可以存在于当今的法律体系中，但由于其功能不再如该规则产生初期那么重要，或者其他更匹配当今社会纠纷处理的新的规则已被接纳，那么旧规则就会逐渐淡出法院或学者的视野。为了寻求司法统一的目的，法院也会采纳后来出现的并且被更普遍采纳的新规则以代替旧规则。可以看出，以判例法为主的美国法律规则体系虽然具有其自身的诸多优点，比如，规则更加具体、更具有可操作性、法院在规则的制定中能够发挥重要作用、立法和司法之间的距离被缩小等，但是也会随之暴露出一些不足。就像自甘风险规则在美国司法及学理研究中所体现出来的弊端一样，虽然造法的效率比较高，却部分丧失了规范本应该具有的稳定性，即使规则能够及时解决法律纠纷，但也会相对缺乏可预见性。

我国民法典编纂中，自甘风险规则能否成为独立的、完全免责的抗辩事由，曾经引发了立法者的激烈争论。随后几经讨论，自甘风险规则最终作为完全免责抗辩事由被民法典采纳，但是自甘风险规则的设计仍然采纳了比较谨慎的态度，尤其在适用范围上设定了较多的限制，避免其被广泛

---

❶ 卡多佐.法律的成长［M］.李红勃，李璐怡，译.北京：北京大学出版社，2014：139-145.

适用而产生司法不公平后果。当然，这种立法设计也出现了一些弊端，比如，如何解释适用该条款，就存在较多问题。这需要回答何为文体活动，如何界定具有一定风险的文体活动，能否适用于文体活动以外的行为中，是否可以适用于活动参加者以外的主体等。对于这些问题的回答需要对规则进行解释，因此，人民法院在适用该规则时需要认真对其进行法律解释，才能准确适用。

自民法典出台后，最高人民法院及各学者团队都积极完成了民法典的释义工作。对上述问题的回答，本书在论述中主要结合最高人民法院的释义立场、多位学者的观点以及司法裁判中的观点。根据最高人民法院的释义观点，自甘风险规则可以类推适用于文体活动外的行为中。杨立新教授等学者也论证了自甘风险规则适用范围应当适当扩大。对于规范适用的主体范围，应该合理地将其他参加者范围界定为能够知道风险并自愿接受活动风险的人，比如，在体育运动中应包括运动员、裁判以及特定情况下的观众。本书认为，适用自甘风险规则的关键问题还在于如何界定风险。首先，此风险应该是行为内在的或固有的风险，不能是行为人制造的风险。其次，风险程度的判断应主要结合具体行为和其他参加者对行为风险的认知进行，但是不需要完全排除高度危险行为。对于知道和接受风险的判断，本书认为应该采取更为主观的方法进行，而非以客观的标准进行界分。这虽然在司法实践中存在一定困难，但是会提升自甘风险规则适用的合目的性和司法公平。对于规则适用的法律效果问题，民法典中规定了完全免责的法律效果，学者认为可以参考比较过失规则进行损失分担，而不是绝对的完全免责。人民法院在裁判中也往往采纳此观点。当然，完全免责的法律效果也存在于一些案例中。本书认为在体育侵权、户外运动侵权等案件中，可以采纳完全免责的法律效果；在其他类型案件中，可以结合当事人的认知、活动的风险程度、保险情况等，采纳非完全免责效果。民法典出台后，学者们主张民法的研究应该从立法论转向解释论的轨道，对于民法典的研究要立足解释论的视角，自甘风险规则的研究也应当主要立足解释论。因此，在适用中应该充分利用法律解释方法，避免肆意适用带来的不公平结果。

民法典出台后，适用自甘风险规则的案例已经出现，各级人民法院积极报道了典型案例，也组织编写了适用自甘风险规则的案例集。但是，人民法院在适用自甘风险规则中仍然存在解释上的差异，仍存在适用范围的不统一。在将来的司法适用中，人民法院应该合理进行法律解释，进行充分的裁判说理，提升适用的准确性，从而实现司法公平正义。

编纂民法典是推进全面依法治国、推进国家治理体系和治理能力现代化的重大举措。❶ 民法作为社会生活的百科全书，应告诉人们可以、必须以及禁止做什么，应具有很强的明是非、辨对错、止纷争的指引功能。❷ 自甘风险规则被认为是我国民法典编纂中的创新规范，其在司法审判中能够得到准确的解释适用，公平合理地解决诸如文体活动侵权纠纷，更好地保护当事人的合法权益。这可以促进群众积极参加文体活动，提升全民的身体健康，实现健康中国计划，也能够保障我国司法公平，最大限度地提升司法效率，让人民群众能够体会到司法公平正义。在民法典时代，只有充分发挥民法的行为规范功能，才能起到鼓励合法行为、威慑违法行为的社会效果，引导社会公众自觉守法，弘扬社会主义核心价值观。❸

---

❶ 王晨.关于《中华人民共和国民法典(草案)》的说明——二〇二〇年五月二十二日在第十三届全国人民代表大会第三次会议上[N].人民日报,2020-05-23.

❷ 黄文艺.民法典与社会治理现代化[J].法制与社会发展,2020(5).

❸ 张新宝."公平责任"的再定位[J].法商研究,2021(5).

参考文献

一、著作

[1]王泽鉴.侵权行为[M].北京:北京大学出版社,2009.

[2]王泽鉴.民法总则[M].北京:北京大学出版社,2009.

[3]彼得罗·彭梵得.罗马法教科书[M].黄风,译.北京:中国政法大学出版社,2005.

[4]E.博登海默.法理学:法律哲学与法律方法[M].邓正来,译.北京:中国政法大学出版社,2004.

[5]张文显.法哲学范畴研究[M].北京:中国政法大学出版社,2001.

[6]迈克尔·桑德尔.公正:该如何做是好?[M].朱慧玲,译.北京:中信出版社,2011.

[7]约翰·罗尔斯.正义论[M].何怀宏,等,译.北京:中国社会科学出版社,1988.

[8]莫顿·J.霍维茨.美国法的变迁:1780—1860[M].谢鸿飞,译.北京:中国政法大学出版社,2001.

[9]曾世雄.损害赔偿法原理[M].北京:中国政法大学出版社,1998.

[10]迪特尔·施瓦布.民法导论[M].郑冲,译.北京:法律出版社,2006.

[11]程啸.侵权责任法[M].3版.北京:法律出版社,2021.

[12]杨立新.侵权责任法[M].2版.北京:法律出版社,2012.

[13]王利明.侵权责任法研究[M].北京:中国人民大学出版社,2011.

[14]张新宝.侵权责任法立法研究[M].北京:中国人民大学出版社,2009.

[15]王胜明.中华人民共和国侵权责任法释义[M].北京:法律出版社,2010.

[16]全国人大常委会法制工作委员会民法室.侵权责任法立法背景与观点全集[M].北京:法律出版社,2010.

[17]克雷斯蒂安·冯·巴尔.欧洲比较侵权行为法:下卷,[M].焦美华,译.北京:法律出版社,2004.

[18]李响.美国侵权法原理及案例研究[M].北京:中国政法大学出版社,2004.

[19]韩世远.合同法总论[M].3版.北京:法律出版社 2011.

[20]理查德·波斯纳.法律的经济分析[M].蒋兆康,译.北京:法律出版社,2012.

[21]罗伯特·考特、托马斯·尤伦.法和经济学[M].史晋川,董雪兵,等,译.上海:上海人民出版社,2005.

[22]格兰特·吉尔莫.契约的死亡[M].曹士兵,等,译.北京:中国法制出版社,2005.

[23]陈忠五.契约责任与侵权责任的保护客体:"权利"与"利益"区别正当性的再反省[M].北京:北京大学出版社,2013.

[24]王竹.侵权责任分担论:侵权损害赔偿责任数人分担的一般理论[M].北京:中国人民大学出版社,2009.

[25]鲁道夫·冯·耶林.罗马私法中的过错要素[M].柯伟才,译.北京:中国法制出版社,2009.

[26]王卫国.过错责任原则:第三次勃兴[M].北京:中国法制出版社,2000.

[27]威廉·M.兰德斯,理查德·A.波斯纳.侵权法的经济结构[M].王强,杨媛,译.北京:北京大学出版社,2005.

[28]G.爱德华·怀特.美国侵权行为法:一部知识史[M].王晓明,李宇,译.北京:北京大学出版社,2014.

[29]梁慧星.民法解释学[M].北京:中国政法大学出版社,1995.

[30]William Burnham.英美法导论[M].林利芝,译.北京:中国政法大学出版社,2003.

[31]我妻荣.债权在近代法中的优越地位[M].王书江,张雷,译.北京:中国大百科全书出版社,1999.

[32]史尚宽.债法总论[M].北京:中国政法大学出版社,2000.

[33]迈尔文·艾隆·艾森伯格.普通法的本质[M].张曙光,等,译.北京:法律出版社,2004.

[34]乌尔里希·马格努斯.社会保障法对侵权法的影响[M].李威娜,译.北京:中国法制出版社,2012.

[35]卡尔·拉伦茨.法学方法论[M].陈爱娥,译.北京:商务印书馆,2003.

[36]乌尔弗里德·诺伊曼.法律论证学[M].张青波,译.北京:法律出版社,2014.

[37]简资修.经济推理与法律[M].北京:北京大学出版社,2006.

[38]于敏,李昊,等.中国民法典侵权行为编规则[M].北京:社会科学文献出版社,2012.

[39]梁慧星.中国民法典草案建议稿附理由:侵权行为编[M].北京:法律出版社,2013.

[40]彼得·凯恩.阿蒂亚论事故、赔偿及法律[M].6版.王仰光,等,译.北京:中国人民大学出版社,2008.

[41]杨立新.侵权损害赔偿[M].北京:法律出版社,2008.

[42]杨立新.侵权责任法[M].北京:北京大学出版社,2014.

[43]曾隆兴.详解损害赔偿法[M].北京:中国政法大学出版社,2004.

[44]张民安.侵权法上的作为义务[M].北京:法律出版社,2010.

[45]欧内斯特·J.温里布.私法的理念[M].徐爱国,译.北京:北京大学出版社,2007.

[46]魏振瀛.民事责任与债分离研究[M].北京:北京大学出版社,2013.

[47]盖多·卡拉布雷西.事故的成本:法律与经济的分析[M].毕竞悦,等,译.北京:北京大学出版社,2008.

[48]穗积陈重.复仇与法律[M].曾玉婷,魏磊杰,译.北京:中国法制出版社,2013.

[49]克里斯蒂安·冯·巴尔.大规模侵权损害责任法的改革[M].贺栩栩,译.北京:中国法制出版社,2010.

[50]塞缪尔·普芬道夫.人和公民的自然法义务[M].鞠成伟,译.北京:商务印书馆,2010.

[51]郭佳宁.侵权责任免责事由研究[M].北京:中国社会科学出版社,2014.

[52]多布斯.侵权法:上册[M].马静,等,译.北京:中国政法大学出版社,2014.

[53]王成.侵权责任法[M].北京:北京大学出版社,2014.

[54]彼得·凯恩.侵权法解剖[M].汪志刚,译.北京:北京大学出版社,2010.

[55]小詹姆斯·A.亨德森,等.美国侵权法:实体与程序[M].7版.王竹,等,译.北京:北京大学出版社,2014.

[56]布吕格迈耶尔,朱岩.中国侵权责任法:学者建议稿及其立法理由[M].北京:北京大学出版社,2009.

[57]沈志先主编.侵权案件审判精要[M].北京:法律出版社,2013.

[58]潘维大.英美侵权行为法案例解析[M].北京:高等教育出版社,2005.

[59]韩勇.学校体育伤害的法律责任与风险预防[M].北京:人民体育出版社,2012.

[60]郭树理.体育纠纷的多元化救济机制探讨:比较法与国际法的视野[M].北京:法律出版社,2004.

[61]黄本莲.事故损害分担研究——侵权法的危机与未来[M].北京:法律出版社,2014.

[62]欧洲民法典研究组,欧盟现行私法研究组.欧洲示范民法典草案:欧洲私法的原则、定义和示范规则[M].高圣平,译.北京:中国人民大学出版社,2012.

[63]U.马格努斯,M.马丁-卡萨尔斯.侵权法的统一:共同过失[M].叶名怡,陈鑫,译.北京:法律出版社,2009.

[64]珍妮·斯蒂尔.风险与法律理论[M].韩永强,译.北京:中国政法大学出版社,2012.

[65]乌尔里希·贝克.风险社会:新的现代性之路[M].张文杰,何博闻,译.南京:译林出版社,2018.

[66]凯斯·R.桑斯坦.行为法律经济学[M].涂永前,等,译.北京:北京大学出版社,2006.

[67]彭诚信.主体性与私权制度研究——主体性与私权制度研究[M].北京:中国人民大学出版社,2005.

[68]弗里德曼.选择的共和国——法律、权威与文化[M].高鸿钧,等,译.北京:清华大学出版社,2005.

[69]许传玺.美国产品责任制度研究[M].北京:法律出版社,2013.

[70]本杰明·N.卡多佐.法律的成长[M].李红勃,李璐怡,译.北京:北京大学出版社,2014.

[71]欧姆瑞·本·沙哈尔,卡尔·E.施耐德.过犹不及:强制披露的失败[M].陈晓芳,译.北京:法律出版社,2015.

[72]王利明,周友军,高圣平.侵权责任法疑难问题研究[M].北京:中国法制出版社,2012.

[73]张新宝.侵权责任构成要件研究[M].北京:法律出版社,2007.

[74]最高人民法院民法典贯彻实施工作领导小组.中华人民共和国民法典侵权责任编理解与适用[M].北京:人民法院出版社,2020.

[75]张新宝.中国民法典释评·侵权责任编[M].北京:中国人民大学出版社,2020.

[76]杨代雄编著.袖珍民法典评注[M].北京:中国民主法制出版社,2022.

[77]程啸.侵权责任法[M].3版.北京:法律出版社,2021.

[78]GOLDBERG J C,SEBOK A J,ZIPUESKY B C. Tort law:responsibilities and redress[M]. 3rd ed. New York:Wolters Kluwer,2012.

[79]KEETON W P,DOBBS D B,KEETON R E,et al. Prosser and Keeton on torts[M]. 5th ed. Maryland:West publishing company,1984.

[80]ALI,A concise restatement of torts[M]. 3rd ed. American Law Institute Pulishers,2013.

[81]ALASTAIR MULLIS,KEN OLIPHANT. Torts[M]. 2nd ed. Law Press China,2003.

二、期刊

[1]蔡立东,曹险峰.中国特色社会主义民法学理论研究[J].当代法学,2013(3).

[2]蔡立东.论法人之侵权行为能力——兼评《中华人民共和国民法典(草案)》的相关规定[J].法学评论,2005(1).

[3]孙良国.法律家长主义视角下转基因技术之规制[J].法学,2015(9).

[4]孙良国.论新《消费者权益保护法》中的主要规制技术[J].当代法学,2014(4).

[5]孙良国.违反保护他人的法律的侵权责任及其限度——以"儿童模仿《喜羊羊与灰太狼》烧伤同伴案"为例[J].法学,2014(5).

[6]李建华,管洪博.大规模侵权惩罚性赔偿制度的适用[J].法学杂志,2013(3).

[7]李建华,王琳琳,麻锐.民法典人格权客体立法设计的理论选择[J].社会科学战线, 2013(11).

[8]李建华,王国柱.我国民法典总则编私权客体制度的立法设计[J].吉林大学社会科学 学报,2012(3).

[9]马新彦,邓冰宁.论惩罚性赔偿的损害填补功能——以美国侵权法惩罚性赔偿制度为 启示的研究[J].吉林大学社会科学学报,2012(3).

[10]于莹,石浩男.Cookie跟踪中的隐私权保护——美国经验与中间选择[J].求是学刊, 2015(1).

[11]马新彦,邓冰宁.现代化通信工具大规模侵权惩罚性赔偿制度构建[J].求是学刊,2013 (1).

[12]孙学致.公平规范的本质[J].东北师大学报,2006(4).

[13]孙学致.契约自由、"契约自由权"与契约权利——一个私权逻辑理论视角的分析[J]. 吉林大学社会科学学报,2006(5).

[14]孙学致,郑倩.生成于法条与政策之间的裁判理性[J].吉林大学社会科学学报,2013(2).

[15]曹险峰.填补损害功能的适用与侵权责任法立法——兼评《侵权责任法草案(三次审 议稿)》的相关规定[J].当代法学,2010(1).

[16]曹险峰.无过错责任原则之真实意蕴——兼论我国《侵权责任法》相关条文之原则性 设定[J].烟台大学学报(哲学社会科学版),2009(4).

[17]曹险峰.论侵权责任法规范的适用[J].社会科学战线,2012(1).

[18]李国强,孙伟良.民法冲突解决中的利益衡量——从民法方法论的进化到解释规则的 形成[J].法制与社会发展,2012(1).

[19]李国强.论消费者的民事主体定位与民法语境下消费者权益保护理念的解释[J].社 会科学战线,2014(6).

[20]杨立新,吕纯纯.侵权案件应当适用自甘风险作为免责事由[N].人民法院报, 2010-03-24(005).

[21]王轶.论侵权责任法中的损失分配制度[J].社会科学战线,2010(9).

[22]王轶.民法价值判断问题的实体性论证规则——以中国民法学的学术实践为背景[J]. 中国社会科学,2004(6).

[23]郭明瑞.侵权立法若干问题思考[J].中国法学,2008(4).

[24]郭明瑞.关于公平责任的性质及适用[J].甘肃社会科学,2012(5).

[25]杨立新,房绍坤.中国需要什么样的侵权行为一般条款[N].中国社会科学报, 2009-07-02(009).

[26]王利明.抛掷物致人损害的责任[J].政法论坛,2006(6).

[27]张新宝,宋志红.论《侵权责任法》中的补偿[J].暨南学报,2010(3).

[28]王利明.侵权责任法的中国特色[J].法学家,2010(2).

[29]张新宝.侵权责任法立法的利益衡量[J].中国法学,2009(4).

[30]张新宝.我国侵权责任法中的补充责任[J].法学杂志,2010(6).

[31]张新宝,明俊.侵权法上的原因力理论研究[J].中国法学,2005(2).

[32]王利明.论高度危险责任一般条款的适用[J].中国法学,2010(6).

[33]崔建远.论归责原则与侵权责任方式的关系[J].中国法学,2010(2).

[34]孙宪忠,窦海阳.《侵权责任法》实施中的重大法律问题研究[J].苏州大学学报(社会科学版),2011(6).

[35]程啸.论侵权行为法上的过失相抵制度[J].清华法学,2005(2).

[36]程啸.过失相抵与无过错责任[J].法律科学(西政政法大学学报),2014(1).

[37]程啸.论侵权行为法中受害人的同意[J].中国人民大学学报,2004(4).

[38]程啸.试论侵权行为法之补偿功能与威慑功能[J].法学杂志,2009(3).

[39]程啸.侵权法中"违法性"概念的产生原因[J].法律科学.西北政法大学学报,2004(1).

[40]王长发.好意同乘及其债法规制[J].法治研究,2010(11).

[41]张力,刘中杰.户外自助旅游遇险事件法律分析——从"南宁7.9案"到"重庆7.11事件"[J].广西社会科学,2010(5).

[42]王竹.解释论视野下的侵害患者知情同意权侵权责任[J].法学,2011(11).

[43]廖焕国,黄芬.质疑自甘冒险的独立性[J].华中科技大学学报(社会科学版),2010(5).

[44].汪传才.自冒风险规则研究[J].法律科学(西北政法大学学报),2009(4).

[45]叶名怡.侵权法上故意与过失的区分及其意义[J].法律科学(西北政法大学学报),2010(4).

[46]徐爱国.侵权法的历史散论[J].法学,2006(1).

[47]王占明.论英美法违反"告知后同意"过失侵权的构成要件[J].环球法律评论,2009(4).

[48]王竹,赵尧.论建筑物抛掷物、坠落物致害道义补偿责任——兼论建筑物抛掷物、坠落物强制责任保险制度的建立[J].政法论丛,2010(5).

[49]江溯.过失犯中被害人自陷风险的体系性位置——以德国刑法判例为线索的考察[J].北大法律评论,2013(1).

[50]车浩.过失犯中的被害人同意与被害人自陷风险[J].政治与法律,2014(5).

[51]马栖生.比较法视野下故意侵权理论体系之构建[J].法学评论,2010(4).

[52]葛云松.《侵权责任法》保护的民事权益[J].中国法学,2010(3).

[53]张民安."侵权行为的构成要件"抑或"侵权责任的构成要件"之辨——行为人对他人承担侵权责任条件的称谓[J].政治与法律,2012(12).

[54]陈兴良.案例指导制度的法理考察[J].法制与社会发展,2012(3).

[55]杨春福.风险社会的法理解读[J].法制与社会发展,2011(6).

[56]朱岩.风险社会下的危险责任地位及其立法模式[J].法学杂志,2009(3).

[57]朱虎.过错侵权责任的发生基础[J].法学家,2011(1).

[58]苏力.好的研究与实证研究[J].法学,2013(4).

[59]许德风.论法教义学与价值判断以民法方法为重点[J].中外法学,2008(2).

[60]解亘.论管制规范在侵权行为法上的意义[J].中国法学,2009(2).

[61]王成.侵权法归责原则的理念及配置[J].政治与法律,2009(1).

[62]叶名怡.论违法与过错认定——以德美两国法的比较为基础[J].环球法律评论,2009(5).

[63]叶金强.侵权构成中违法性要件的定位[J].法律科学(西北政法大学学报),2007(1).

[64]李承亮.侵权责任的违法性要件及其类型化——以过错侵权责任一般条款的兴起与演变为背景[J].清华法学,2010(5).

[65]魏振瀛.侵权责任方式与归责事由、归责原则的关系[J].中国法学,2011(2).

[66]王成.侵权之"权"的认定与民事主体利益的规范途径——兼论《侵权责任法》的一般条款[J].清华法学,2011(2).

[67]孙维飞.通说与语词之争——以有关公平责任的争论为个案[J].北大法律评论,2011(2).

[68]李中原.析二元结构模式下的侵权过失评价机制[J].法学,2013(8).

[69]劳东燕.责任主义与违法性认识问题[J].中国法学,2008(3).

[70]魏振瀛.制定侵权责任法的学理分析——侵权行为之债立法模式的借鉴与变革[J].法学家,2009(1).

[71]王雷.情谊侵权行为论——以好意同乘中的侵权行为为例[J].私法研究,2013(14).

[72]黄京平,陈鹏展.竞技行为正当化研究[J].中国刑事法杂志,2004(6).

[73]赵毅.对体育侵权中受害人同意规则的再认识——与艾湘南教师商榷[J].武汉体育学院学报,2013(9).

[74]张念明,崔玲.摒弃"公平"的公平之路以体育领域中的风险自负为视角[J].政法论丛,2008(3).

[75]李钧.论过错原则下的体育损害责任[J].体育科学,2015(1).

[76]杨林,万荣.风险自负原则适用与阻却[J].社会科学家,2014(11).

[77]叶名怡.重大过失理论的构建[J].法学研究,2009(6).

[78]廖焕国.注意义务与大陆法系侵权法的嬗变——以注意义务功能为视点[J].法学,2006(6).

[79]梁上上.制度利益衡量的逻辑[J].中国法学,2012(4).

[80]黄胜开.我国踩踏事故民事责任制度的检讨[J].河北法学,2015(6).

[81]武雁萍.自助游的法律风险及其防范[J].河北法学,2010(4).

[82]郑丽清.美国无救助义务规则的修正[J].北方法学,2012(3).

[83]王刚.营救者的损害与自我答责原则[J].法学研究,2010(3).

[84]李志.论自甘风险制度[J].洛阳理工学院学报(社会科学版),2014(3).

[85]刘苏.我国户外运动法律规制模式研究[J].武汉体育学院学报,2011(4).

[86]陈宏.对体育运动中公平责任与自甘冒险的比较分析[J].贵州工业大学学报(社会科学版),2007(1).

[87]高晓.论自愿承担风险[J].福建政法管理干部学院学报,2005(4).

[88]梅龙生.自冒风险规则在侵权责任法中的功能探析[J].行政与法,2009(8).

[89]李连芳,伊秀芝.论自愿承受风险[J].江西金融职工大学学报,2008(S1).

[90]艾湘南.体育侵权案中如何适用自甘风险规则——以侵权责任法为视角[J].武汉体育学院学报,2010(12).

[91]艾湘南.体育侵权案中如何适用受害人同意规则[J].武汉体育学院学报,2012(3).

[92]田雨.论自甘风险在体育侵权案件中的司法适用[J].武汉体育学院学报,2009(11).

[93]康均心,刘水庆.体育运动中合理冲撞的法律解析[J].成都体育学院学报,2013(1).

[94]王倩.论侵权法上抗辩事由的内涵[J].现代法学,2013(3).

[95]韩勇.体育伤害自甘风险抗辩的若干问题研究[J].体育学刊,2010(9).

[96]韩勇.体育活动中安全保障义务的判断标准[J].体育学刊,2009(12).

[97]黄立嵘.论美国侵权法"行为人自担风险"规则——兼论我国侵权责任原则的完善[J].中国社会科学院研究生院学报,2014(6).

[98]刘雪芹,黄世席.美国户外运动侵权的法律风险和免责问题研究——兼谈对中国的借鉴[J].天津体育学院学报,2009(3).

[99]赵毅.体育侵权中受害人同意和自甘风险的二元适用——由"石景山足球伤害案"引发的思考[J].武汉体育学院学报,2014(4).

[100]赵毅.论体育侵权中的受害人同意规则——历史起源域外视野与法理分析[J].体育与科学,2013(2).

[101]赵毅.高校学生体育伤害判例二则:法解释学的视角[J].首都体育学院学报,2014,26(2).

[102]梁亚,李延生.自愿承受风险原则研究[J].河北法学,2007(3).

[103]韩衍杰.自甘冒险规则在大众体育运动健康权侵权中的适用[J].政法论丛,2013(5).

[104]汪传才.自冒风险规则研究:死亡抑或再生?[J].比较法研究,2009(5).

[105]赵毅.体育伤害案件适用法律的误区及补正——"林州少年篮球伤害案"判决评析[J].体育与科学,2014(3).

[106]简资修.过失责任作为私法自治之原则[J].北大法律评论,2014(1).

[107]梅龙生.论人体医学试验的风险与损害赔偿责任[J].江汉大学学报(社会科学版),2010(3).

[108]赵毅.从公平责任到损失分担之嬗变——近年我国法院裁判体育伤害案件的最新立场[J].体育学刊,2014(1).

[109]易军.个人主义方法论与私法[J].法学研究,2006(1).

[110]保罗·霍尔登·安德森,贺媛.论《侵权法重述》[J].私法研究,2011(1).

[111]赵家仪.高度危险责任的功能与制度设计[J].私法研究,2011(1).

[112]杨立新.我国侵权责任法草案对国外立法经验的借鉴[J].中国法学,2009(5).

[113]李开国.侵权责任构成理论研究——一种新的分析框架和路径的提出[J].中国法学,2008(2).

[114]克里斯蒂安·冯·巴尔,宋岩.欧洲《共同参考框架草案》及其第六编"合同外责任"——作为欧洲私法上的"工具箱"[J].法学家,2009(4).

[115]朱岩.论侵权责任法的目的与功能——兼评《中华人民共和国侵权责任法》第1条[J].私法研究,2010(2).

[116]金可可,胡坚明.不完全行为能力人侵权责任构成之检讨[J].法学研究,2012(5).

[117]李友根.论产品召回制度的法律责任属性——兼论须防性法律责任的生成[J].法商研究,2011(6).

[118]高圣平.论产品责任的责任主体及归责事由——以《侵权责任法》"产品责任"章的解释论为视角[J].政治与法律,2010(5).

[119]星野英一,渠涛.民法典中的侵权行为法体系展望[J].法学家,2009(2).

[120]叶名怡.论侵权责任预防责任对传统侵权法的挑战[J].法律科学(西北政法大学学报),2013(2).

[121]叶金强.风险领域理论与侵权法二元归责体系[J].法学研究,2009(2).

[122]周友军.德国民法上的违法性理论研究[J].现代法学,2007(1).

[123]Ellen M. Bublick,王竹,赵尧.实施中的侵权法:合理注意的预期[J].私法研究,2011(1).

[124]刘文杰.论侵权法上过失认定中的"可预见性"[J].环球法律评论,2013(3).

[125]李昊.德国危险责任体系的生成与演进——兼及我国危险责任立法模式的选择[J].私法研究,2010(1).

[126]叶名怡.法国法上的重大过错——兼论对中国法的参照意义[J].北方法学,2013(4).

[127]叶名怡.法国法上的见义勇为[J].华东政法大学学报,2014(4).

[128]叶金强.侵权过失判断之中的理性人标准的建构[J].中德法学论坛,2010(8).

[129]叶金强.私法中理性人标准之构建[J].法学研究,2015(1).

[130]刘水林.风险社会大规模损害责任法的范式重构——从侵权赔偿到成本分担[J].法学研究,2014(3).

[131]陈兴良."应当知道"的刑法界说[J].法学,2005(7).

[132]王新.我国刑法中"明知"的含义和认定——基于刑事立法和司法解释的分析[J].法制与社会发展,2013(1).

[133]李延舜.论未成年人隐私权[J].法制与社会发展,2015(6).

[134]黄文艺.民法典与社会治理现代化[J].法制与社会发展,2020(5).

[135]张新宝."公平责任"的再定位[J].法商研究,2021(5).

[136]王利明.论受害人自甘冒险[J].比较法研究,2019(2).

[137]杨立新.自甘风险:本土化的概念定义、类型结构与法律适用——以白银山地马拉松越野赛体育事故为视角[J].东方法学,2021(4).

[138]周晓晨.论受害人自甘冒险现象的侵权法规制[J].当代法学,2020(2).

[139]韩勇.《民法典》中的体育自甘风险[J].体育与科学,2020(4).

[140]申海恩.文体活动自甘冒险的风险分配与范围划定[J].法学研究,2023(4).

[141]张鸣起.民法典分编的编纂[J].中国法学,2020(3).

[142]张新宝.侵权责任编:在承继中完善和创新[J].中国法学,2020(4).

[143]李鼎.论自甘风险的适用范围——与过失相抵、受害人同意的关系[J].甘肃政法大学学报,2021(1).

[144]石记伟.自甘风险的法教义学构造[J].北方法学,2022(1).

[145]唐林垚.自甘风险规则的世界观与方法论——基于82份司法判决的法律分析[J].人大法律评论,2020(1).

[146]谭小勇.自甘风险规则适用学校体育伤害侵权的司法价值与挑战[J].上海体育学院学报,2020(12).

[147]陈龙业.论《民法典》侵权责任编关于免责事由的创新发展与司法适用[J].法律适用,2020(13).

[148] DIAMOND J L. Assumption of risk after comparative negligence: integrating contract theory into tort doctrine [J]. Ohio state law journa, 1991, 1717 (52).

[149] Hardvard Law Review Association. note, Assumption of risk and strict products liability [J]. Harvard law review, 1982, 95 (1).

[150] DORFMAN A. Assumption of risk, after all [J]. Theoretical inquiries in law, 2014, 293 (15).

[151] SIMONS K W. Assumption of risk and consent in the law of torts: a theory of full preference [J]. Boston university law review, 1987, 213 (67).

[152] KIONKA E J. Implied assumption of risk: does it survive comparative fault? [J]. Southern Illinois university law journa, 1982, 1371 (7).

[153] WRIGHT R H. Assumption of the risk in boating racing: a study in maritime jurisprudence [J]. Loyola maritime law journal, 2013, 271 (11).

[154] GOLDBERG J C P, ZIPURSKY B C. Sheilding duty: how attending to assumption of risk, attractive nuisance, and other "quaint" doctrines can improve decisionmaking in negligence cases [J]. Southern California law review, 2006, 329 (79).

[155] GREENHILL J. Assumption of risk [J]. Baylor law review, 1964, 111 (16).

[156] JAMES F. Assumption of risk [J]. Yale law journal, 1952, 141 (61).

[157] SIMONS K W. Reflections on assumption of risk [J]. UCLA law review, 2002, 50 (2): 481–529.

[158] WADE J W. The place of assumption of risk in the law of negligence [J]. Louisiana law review, 1961, 5 (22).

[159] JAMES F. Assumption of risk: unhappy reincarnation [J]. Yale law journal, 1968, 185 (78).

[160] SUGARMAN S D. Assumption of risk [J]. Valparaiso university law review, 1997, 833 (31).

[161] SCHWARTZ G T. Contributory and comparative negligence: a reappraisal [J]. Yale law journal, 1978, 697 (87).

[162] OREN BAR-GILL, OMRI BEN-SHAHAR. The uneasy case for comparative negligence [J]. American law and economics review, 2003, 2 (5).

[163] KIONKA E J. Implied assumption of risk: does it survive comparative fault? [J]. Southern Illinois University law journal, 1982, 371 (7).

[164] POWERS W. Sports, assumption of risk, and the new restatement [J]. Washburn law journal, 1998, 771 (38).

［165］ GOODHART A L. Rescue and voluntary assumption of risk ［J］. The Cambridge law journal, 1934 (5).

［166］ GIDDENS A. Risk and responsibility ［J］. Modern law review, 1999, 1 (62).

［167］ JAFFEY A J E. Volenti non fit injuria ［J］. The Cambridge law journal, 1985, 87 (44).

［168］ SCHUCK P H. Rethinking informed consent ［J］. Yale law journal, 1994, 899 (103).

［169］ MANSFIELD J H. Informed consent in the law of torts ［J］. Louisiana law review, 1961, 17 (22).

［170］ GEISTFELD M A. Risk distribution and the law of torts: carrying calabresi further ［J］. Law and contemporary problems, 2014, 165 (77).

［171］ BOHLEN F H. Voluntary assumption of risk ［J］. Harvard law review, 1906, 14 (20).

［172］ WARREN C. Volenti non fit injuria in action of negligence ［J］. Harvard law review, 1895, 457 (8).

［173］ GOUDKAMP J. When is a risk of injury foreseeable? ［J］. Law quarterly review, 2008 (124).

［174］ GOUDKAMP J. Negligence and defendants with special skills ［J］. Cambridge law journal, 2010 (69).

［175］ TWERSKI A D. Old wine in a new flask—restructuring assumption of risk in the products liability era ［J］. Iowa law review, 1974, 1 (60).

［176］ KORSMO C R. Lost in translation: law, economics, and subjective standards of care in negligence law ［J］. Penn State law review, 2013, 285 (118).

［177］ PROSSER W L. Comparative negligence ［J］. Michigan law review, 1953, 465 (51).

［178］ DENISTON M K. Hubbardv. Boelt: the fireman's rule extended ［J］. Pepperdine law review, 1981, 197 (9).

［179］ PETITTI V J. Assuming the risk after Hubner: New Jersey supreme court opinion spurs review of the equestrian activities liability act ［J］. Seton Hall legislative journal, 2015, 59 (39).

［180］ ANDERSON J E. The defense of assumption of risk under comparative negligence ［J］. St. Mary's law journal, 1974, 678 (5).

［181］ SCHWARTZ G T. Reality in the economic analysis of tort law: does tort law really deter? ［J］. UCLA law review, 1994, 377 (42).

［182］ URSIN E, CARTER J N. Clarifying duty: California's no-duty-for-sports regime ［J］. San Diego law review, 2008, 383 (45).

［183］TUCKER N R. Assumption of risk and vicarious liability in personal injury actions brought by professional athletes ［J］. Duke law journal, 1980, 742 (1980).

［184］FERGUSON K D. Blurring the boundary lines between amateur and professional sports ［J］. UMKC law review, 2008, 3 (76).

［185］HESS L. Sports and the assumption of risk doctrine in New York ［J］. St. John's law review, 2002, 457 (76).

［186］HAYES L D. Assumption of risk in Montana: an analysis of the Supreme Court's treatment of the doctrine ［J］. Montana law review, 1992, 291 (53).

［187］STEENSON M K. The role of primary assumption of risk in civil litigation in Minnesota ［J］. William Mitchell law review, 2003, 115 (30).

［188］SANDERS J. Matthew B. Kugler, Lawrence M. Solan, John M. Darley, Must torts be wrongs? an empirical perspective ［J］. Wake Forest law review, 2014, 1 (49).

［189］DARLEY J M. Matthew B. Kugler, Joseph Sanders, Lawrence M. Solan, Creating harm without doing wrong ［J］. Journal of empirical legal studies, 2010, 30 (7).

［190］KEATING G C. Is tort a remedies institution? ［J］. USC legal studies research paper No. 10-10.

［191］KEATING G C. Distributive and corrective justive in the tort law of accidents ［J］. Southern California law review, 2000, 193 (74).

［192］NOEL D W. Defective products: abnormal use, contributory negligence, and assumption of risk ［J］. Vanderbilt law review, 1972, 93 (25).

［193］POSNER R A. The concept of corrective justice in recent theories of tort law ［J］. The journal of legal studies, 1981, 187 (10).

［194］BRUMMET T. Looking beyond the name of the game: a framework for analyzing recreational sports injury cases ［J］. U. C. Davis law review, 2001, 1029 (34).

［195］TRAVELLA D F. Duty of care to spectators at sporting events: a united theory ［J］. Florida A & M university law review, 2010 (5).

［196］GOLDBERG J C P. Twentieth－century tort theory ［J］. Georgetown law journal, 2003, 513 (91).

［197］SCHWARTZ G T. Mixed theory of tort law: affirming both deterrence and corrective justice ［J］. Texas law review, 1997, 1801 (75).

［198］DENNER K. Taking one for the team: the role of assumption of the risk In sports torts cases ［J］. Seton Hall journal of sports and entertainment law, 2004, 209 (14).

［199］ HANSEN C, DUERR S. Recreational injuries & inherent risks: Wyoming's Recreation Safety Act ［J］. Land & Water law review, 1993, 149 (28).

［200］ GEARHART J J. Rini v. Oaklawn jockey club: assumption of risk rides again ［J］. Arkansas law review, 1988, 657 (41).

［201］ MARY C. St. JOHN. Strike one, and you're out: should ballparks be strictly liability to baseball fans injury by foul balls? ［J］. Loyola of Los Angeles law review, 1986, 589 (19).

［202］ HURST T R, KNIGHT J N. Coaches' liability for athletes' injuries and deaths ［J］. Seton Hall journal of sport law, 2003, 27 (13).

［203］ CATHERINE HANSEN-STAMP. Recreational injuries and inherent risks: Wyoming's Recreation Safety Act-an update ［J］. Land and Water law review, 1998, 249 (33).

［204］ DRAGO A J. Assumption of risk: An age-old defense still viable in sports and recreation Cases ［J］. Fordham intellectual property, media & entertainment law journal, 2002, 583 (12).

［205］ FEUERHELM K, LUND J, CHALAT J H, et al. From Wright to Sunday and beyond: is the law keeping up with the skiers? ［J］. Utah law review, 1985, 885 (1985).

［206］ FELDMAN E A, STEIN A. Assuming the risk: tort law, policy, and politics on the slippery slopes ［J］. DePaul Law review, 2010, 259 (59).

［207］ SUGARMAN S D. Misusing the "no duty" doctrine in torts decisions: following the Restatement (Third) of Torts world yield better decisions ［J］. DePaul law review, 2006, 539 (55).

［208］ CALABRESI G. Some thoughts on risk distributions and the law of torts ［J］. Yale Law Journal, 1961, 498 (70).

［209］ ESPER D A, KEATING G C. Abusing "duty" ［J］. Southern California law review, 2006, 265 (79).

［210］ ADLER M D. Risk, death and harm: the normative foundations of risk regulation ［J］. Minnesota law review, 2003, 1293 (87).

［211］ SCHWARTZ G T. Contributory and comparative negligence: a reappraisal ［J］. Yale law journal, 1978, 697 (87).

［212］ MOORE D L. Please watch your language: the chronic problem of assumption of risk ［J］. Catholic University law review, 2011, 175 (61).

［213］ HORTON D. Extreme sports and assumption of risk: a blueprint ［J］. University of San Francisco law review, 2004, 599 (38).

[214] END J P. The open and obvious danger doctrine: where does it belong in our comparative negligence regime? [J]. Marquette law review, 2000, 445 (84).

[215] SUGARMAN S D. A century of change in personal injury law [J]. California law review, 2000, 2403 (88).

[216] SERGIENKO G S. Assumption of risk as a defense to negligence [J]. Western State University law review, 2006, 1 (34).

[217] SCHWARTZ G T. The beginning and the possible end of the rise of modern American tort law [J]. Georgia law review, 1992, 601 (26).

[218] ZIPURSKY B C. Reasonableness in and out of negligence law [J]. University of Pennsylvania law review, 2015, 2131 (163).

[219] SIMONS K W. Doctrinal change in tort law: some methodological musings [J]. Georgia law review, 1992, 757 (26).

三、学位论文

[1]段荣芳.体育运动伤害侵权责任研究[D].济南:山东大学,2011.

[2]王钦杰.英美侵权法上注意义务研究[D].济南:山东大学,2009.

[3]成澎.论"自甘风险"制度的适用[D].济南:山东大学,2011.

[4]邢楠竹.论侵权法中的自冒风险规则[D].哈尔滨:黑龙江大学,2013.

[5]周勇.论体育伤害侵权中的自甘冒险[D].北京:中国政法大学,2008.

[6]刘璐.侵权法自甘冒险规则研究[D].长春:吉林大学,2011.

[7]刘海安.过错对侵权法上无过错责任赔偿范围的影响[D].长春:吉林大学,2010.